中国高等教育学会医学教育专业委员会规划教材
全国高等医学院校教材

体育与健康
Physical Education and Health

主　　编　刘大川　杨春玲　王钟音

副主编　周　彤　高玲娣　杨树堃

编　　者　（按姓名汉语拼音排序）

　　　　　高玲娣（首都医科大学）
　　　　　刘大川（北京大学医学部）
　　　　　刘国兵（北京大学医学部）
　　　　　卢　凤（北京大学医学部）
　　　　　聂振霞（首都医科大学）
　　　　　盛　颖（北京大学医学部）
　　　　　王钟音（首都医科大学）
　　　　　许　琛（首都医科大学）
　　　　　杨春玲（首都医科大学）
　　　　　杨树堃（首都医科大学）
　　　　　周　莉（首都医科大学）
　　　　　周　茜（北京大学医学部）
　　　　　周　彤（北京大学医学部）
　　　　　庄　静（首都医科大学）

北京大学医学出版社

TIYU YU JIANKANG

图书在版编目（CIP）数据

体育与健康 / 刘大川，杨春玲，王钟音主编 . —北京：
北京大学医学出版社，2013.12（2019.7 重印）
ISBN 978-7-5659-0769-2

Ⅰ．①体… Ⅱ．①刘… ②杨… ③王… Ⅲ．①体育 – 高等学校 –
教材 ②健康教育 – 高等学校 – 教材 Ⅳ．① G807.4

中国版本图书馆 CIP 数据核字（2013）第 317043 号

体育与健康

主　　编：刘大川　杨春玲　王钟音
出版发行：北京大学医学出版社
地　　址：（100191）北京市海淀区学院路 38 号　北京大学医学部院内
电　　话：发行部 010-82802230；图书邮购 010-82802495
网　　址：http://www.pumpress.com.cn
E-mail：booksale@bjmu.edu.cn
印　　刷：北京溢漾印刷有限公司
经　　销：新华书店
责任编辑：宋小妹　　　责任校对：金彤文　　　责任印制：罗德刚
开　　本：850 mm×1168 mm　1/16　　印张：12.75　　字数：368 千字
版　　次：2013 年 12 月第 1 版　2019 年 7 月第 3 次印刷
书　　号：ISBN 978-7-5659-0769-2
定　　价：25.00 元

版权所有，违者必究

（凡属质量问题请与本社发行部联系退换）

全国高等医学院校临床专业本科教材评审委员会

主 任 委 员　王德炳　柯　杨

副主任委员　吕兆丰　程伯基

秘 书 长　陆银道　王凤廷

委　　　员　（按姓名汉语拼音排序）

　　　　　　白咸勇　曹德品　陈育民　崔慧先　董　志
　　　　　　郭志坤　韩　松　黄爱民　井西学　黎孟枫
　　　　　　刘传勇　刘志跃　宋焱峰　宋印利　宋远航
　　　　　　孙　莉　唐世英　王　宪　王维民　温小军
　　　　　　文民刚　线福华　袁聚祥　曾晓荣　张　宁
　　　　　　张建中　张金钟　张培功　张向阳　张晓杰
　　　　　　周增桓

序

  北京大学医学出版社组织编写的全国高等医学院校临床医学专业本科教材（第2套）于2008年出版，共32种，获得了广大医学院校师生的欢迎，并被评为教育部"十二五"普通高等教育本科国家级规划教材。这是在教育部教育改革、提倡教材多元化的精神指导下，我国高等医学教材建设的一个重要成果。为配合《国家中长期教育改革和发展纲要（2010—2020年）》，培养符合时代要求的医学专业人才，并配合教育部"十二五"普通高等教育本科国家级规划教材建设，北京大学医学出版社于2013年正式启动全国高等医学院校临床医学专业（本科）第3套教材的修订及编写工作。本套教材近六十种，其中新启动教材二十余种。

  本套教材的编写以"符合人才培养需求，体现教育改革成果，确保教材质量，形式新颖创新"为指导思想，配合教育部、国家卫生和计划生育委员会在医药卫生体制改革意见中指出的，要逐步建立"5＋3"（五年医学院校本科教育加三年住院医师规范化培训）为主体的临床医学人才培养体系。我们广泛收集了对上版教材的反馈意见。同时，在教材编写过程中，我们将与更多的院校合作，尤其是新启动的二十余种教材，吸收了更多富有一线教学经验的老师参加编写，为本套教材注入了新鲜的活力。

  新版教材在继承和发扬原教材结构优点的基础上，修改不足之处，从而更加层次分明、逻辑性强、结构严谨、文字简洁流畅。除了内容新颖、严谨以外，在版式、印刷和装帧方面，我们做了一些新的尝试，力求做到既有启发性又引起学生的兴趣，使本套教材的内容和形式再次跃上一个新的台阶。为此，我们还建立了数字化平台，在这个平台上，为适应我国数字化教学、为教材立体化建设作出尝试。

  在编写第3套教材时，一些曾担任第2套教材的主编由于年事已高，此次不再担任主编，但他们对改版工作提出了很多宝贵的意见。前两套教材的作者为本套教材的日臻完善打下了坚实的基础。对他们所作出的贡献，我们表示衷心的感谢。

  尽管本套教材的编者都是多年工作在教学第一线的教师，但基于现有的水平，书中难免存在不当之处，欢迎广大师生和读者批评指正。

王德炳　柯杨
2013年11月

前　言

根据教育部最新颁发的《全国普通高等学校体育课程教学指导纲要》等关于加强教材建设的要求，为了满足高等医学院校体育教学工作的需要，我们总结了我国高等院校体育发展与改革的经验，借鉴不同时期大学体育成功经验及理论研究成果，特别注意总结了体育与健康课程改革的成功经验，组织编写了本教材。在编写过程中，我们依据高等学校体育与健康教学目的和任务，针对高等医学院校体育与健康教育的实际状况和大学生的生理、心理特点，注重教材内容的科学性、系统性、实用性和可读性。

本教材具有以下特点：

第一，树立"健康第一"的观念。紧紧围绕"体育与健康"这一主题进行叙述和分析，建立强身育人和发展个性，增强终身体育意识和培养体育能力，养成自觉锻炼习惯、促进健康水平的教育体系。

第二，侧重体医结合的内容。针对高等医学院校体育教学的特点，突出地讲授了体适能、运动处方、体育卫生保健和医疗体育保健等方面知识，为学生将来用体育的方法治疗疾病和促进患者康复奠定理论基础。

第三，应用性强。本书注重理论联系实际，使学生学以致用，书中配有体能和健康的自我评价，有助于学生了解自己的体能水平和健康状况；阐述了学生如何根据不同人群和每个人不同情况开出运动处方，从而达到最佳的健康效果。

第四，结构新颖。每章设有"学习导言""学习提要""思考题"等模块。本书紧紧围绕培养目标，力求通俗易懂、内容精炼、层次分明、图文并茂，可读性强。

本书共分两篇十四章，第一章至第八章为基础理论篇，以体育健康理论知识为主，旨在启发和引导学生树立正确的体育健康观，培养学生积极、主动地参与体育锻炼的兴趣，逐渐形成健康的体育生活习惯。第九章至第十四章为运动技能篇，着重介绍体育运动项目的基本技术、特点和科学的锻炼方法。针对现代大学生的身心特点，介绍了一些同学们在今后工作、生活环境中可能接触到的一些实用的休闲体育项目，使同学们了解运动项目的基本规则、基本技术及练习方法。

本教材编写分工如下：第一章由杨春玲编写；第二章由刘大川编写；第三章由高玲娣编写；第四章由杨树堃编写；第五章由王钟音编写；第六章由许琛编写；第七章由庄静编写；第八章由周莉编写；第九章由聂振霞编写；第十章由周彤和刘国兵编写；第十一章由盛颖编写；第十二章由高玲娣编写；第十三章由周茜编写；第十四章由卢凤编写。在统稿过程中王钟音老师和卢凤老师做了大量工作，在此表示衷心的感谢。

由于编写人员水平有限，教材中难免存在不当之处，恳请批评指正，以便再版时修订。

刘大川

2013 年 12 月

目 录

基础理论篇

第一章 健康与体育……………2
  第一节 健康概述 ……………2
  第二节 体育运动对健康的影响 ……5

第二章 健康的生活方式…………8
  第一节 生活方式概述 ……………8
  第二节 生活方式对健康的影响 ……9

第三章 关注心理健康…………13
  第一节 大学生心理健康概述 ………13
  第二节 影响心理健康的因素分析 …16
  第三节 体育运动对心理健康的影响 18

第四章 体育健身的基础知识……21
  第一节 体育健身内容的选择 ………21
  第二节 体育健身的基本原则 ………22
  第三节 体育健身的相关知识 ………24
  第四节 健康体适能的应用 …………26

第五章 运动处方………………32
  第一节 运动处方概述 ………………32
  第二节 运动处方的实施方法 ………34
  第三节 运动处方事例 ………………36

第六章 体育卫生保健……………44
  第一节 体育锻炼的医务监督 ………44
  第二节 常见运动性疾病与运动性
         损伤的防治 …………………45

第七章 医疗保健体育概述………55
  第一节 医疗保健体育概述 …………55
  第二节 传统保健养生方法 …………61

第八章 体质健康评价……………63
  第一节 体质健康评价概述 …………63
  第二节 体质健康评价的原则 ………64
  第三节 体质健康评价事例 …………66

运动技能篇

第九章 田径运动…………………76
  第一节 田径运动概述 ………………76
  第二节 跑 ……………………………76
  第三节 健身走 ………………………79

第十章 球类运动…………………85
  第一节 足球 …………………………85
  第二节 篮球 …………………………89
  第三节 排球 …………………………94
  第四节 乒乓球 ………………………98
  第五节 羽毛球 ………………………101
  第六节 网球 …………………………105

第十一章 武术运动………………111
  第一节 武术运动概述 ………………111
  第二节 套路运动 ……………………112
  第三节 散打运动 ……………………148

第十二章 游泳运动………………150
  第一节 游泳概述 ……………………150
  第二节 熟悉水性 ……………………151
  第三节 蛙泳 …………………………152
  第四节 自由泳 ………………………155

第十三章 健身健美运动…………159

目 录

　第一节　健美操 …………………159
　第二节　健美运动 ………………166
　第三节　街舞 ……………………174
　第四节　瑜伽 ……………………176

第十四章　休闲运动……………**179**

　第一节　跆拳道 …………………179
　第二节　轮滑 ……………………183
　第三节　定向越野 ………………187
　第四节　攀岩 ……………………188

主要参考文献………………………**191**

基础理论篇

第一章 健康与体育

学习导言

随着科学技术的迅猛发展和经济的全球化，人类社会的物质文化生活水平在整体上有了很大提高，许多疾病得到了根治，大众健康状况大为改善。但是，现代化生产和生活方式使大众体力活动减少、心理压力增大，"亚健康状态"的人群在不断扩大，对大众的健康造成了日益严重的威胁。体育是健康的推进器，是促进人的生理和心理健康最有效的办法，并且起到了防治疾病的作用。体育与健康在人生的发展中扮演着重要角色。通过本章的学习，大学生可提高和加深对体育与健康的认识，坚持锻炼，增强体能，促进身体健康，养成健康的生活方式。

学习提要

1. 了解健康的概念及标准。
2. 了解亚健康状态形成的原因。
3. 了解体育锻炼对健康的影响。

第一节 健康概述

健康是生命之本，健康是一切的保障。健康是人类生存和发展的第一要素，没有健康就没有一切。每个人只要来到世界上，都会面临着健康与疾病的问题，健康是人类永恒的主题，是人类生命生存的正常状态，是经济发展、社会进步、民族兴旺的重要保证。

一、健康的概念及标准

（一）健康的概念

世界卫生组织（WHO）1948年首先提出了健康的含义，认为"健康是一种在身体上、精神上和社会上的完美状态，以及良好的社会适应能力，而不仅仅是没有疾病和不衰弱状态"，从而明确地将人类健康与生理、心理及社会因素联系在一起。而到了1989年，世界卫生组织将健康重新认定为"心理健康、身体健康、道德健康和社会适应良好"的四维概念。心理健康是精神与智力处于完好状态，内心世界丰富充实，适应外界的变化；身体健康是指躯体、器官、组织及细胞的形态、功能的完整；道德健康是指从道德观念出发，每个人不仅对自己的健康负有责任，同时也对他人和社会健康承担义务。良好的社会适应能力是指有良好的人际交往和社会角色功能。

（二）健康的标准

如何衡量一个人是否健康？世界卫生组织提出了健康的十条标准：

1. 精力充沛，能从容不迫地应付日常生活和工作的压力。
2. 处事乐观，态度积极，乐于承担责任，事无巨细，不挑剔。
3. 善于休息，睡眠良好。
4. 应变能力强，能适应各种环境的变化。

5．能够抵御一般性的感冒和传染病。
6．体重适当，身材匀称，站立时头、肩、臀比例协调。
7．眼睛明亮，反应敏锐，眼睑不易发炎。
8．牙齿清洁，无缺损，无疼痛感，齿龈颜色正常，无出血现象。
9．头发有光泽，无头屑。
10．肌肉丰满，皮肤富有弹性。

十条标准中前四条主要是心理健康和社会适应能力方面的内容，后六条主要是身体方面的健康标准。这些内容是健康概念的具体体现，也是用来检验自己是否健康的标准。

（三）预防亚健康状态

亚健康状态是近年来医学界提出的新概念，是一个比较"年轻"但却富含哲理的医学新名词，也是现代医学科学中的新事物。一般是指机体虽无明显疾病，却呈现出活力下降，适应能力减退的一种生理状态。

1．**亚健康的含义** 现代医学将健康称作"第一状态"，疾病称作"第二状态"，将介于健康与疾病之间的生理功能低下的状态称作"第三状态"，也称"亚健康状态"或"灰色状态"。亚健康状态是机体在内外环境不良刺激下引起的心理、生理异常变化，但尚未达到明显病理性反应的程度。从生理学角度来讲，亚健康就是人体各器官功能稳定性失调尚未引起器质性损伤，医学检查所得各项生理、生化指标均无明显异常，医生无法做出明确诊断。

2．**亚健康状态形成的原因** 亚健康状态的形成主要受心理、社会、环境、营养、劳动、生活方式与行为等诸多方面的影响。吸烟、酗酒、娱乐失度、紧张和睡眠不足引发机体代谢紊乱；饮食无节制、营养不合理给健康造成潜在危害；人体受到细菌、病毒、寄生虫及化学物质的污染，均可导致亚健康状态的一些具体症状，如神态疲倦、体力不支、心烦意乱、郁郁寡欢等。

亚健康状态是人体生理上、心理上多种因素共同作用引起的，对人体危害极大。预防和消除亚健康状态应针对其形成的原因，因人而异地采取综合性对策，调整心理状态、保持心理平衡，以适应瞬息万变的社会压力；养成良好、科学的生活方式；劳逸结合，经常自觉地参加体育锻炼，提高身体素质，彻底消除病患状态。

二、现代社会对人类健康的挑战

人类社会进入 21 世纪，关于健康的话题似乎变得越来越沉重了。随着科技的进步，人类自身赖以生存的地球生态环境不断恶化，社会激烈竞争带来的生活压力不断加剧，肿瘤、心脑血管疾病、糖尿病已成为现代人类健康的三大杀手，目前仍呈上升趋势，我们喝的水、吃的食物、呼吸的空气，都因现代文明的不断开发受到不同程度的污染，导致各种疾病丛生，发病率之高、病种之多和蔓延之广是前所未有的。如何创造良好的健康环境，提高人们的健康水平，已成为全球性的重大课题和挑战。

（一）环境污染和生态环境破坏

资源和环境是人类赖以生存、繁衍和发展的基本条件。随着工业化的高度发展和人民生活水平的不断提高，人类生存环境的污染程度日趋严重，人类健康面临的威胁也越来越大，主要包括环境污染和生态环境破坏两个方面。

环境污染主要表现为对有关地区大气、水、土壤和食物的污染。环境中具有异常含量的微量元素和化学物质从不同渠道进入人体，在人体内逐步积累而致病。环境污染对人类的危害十分严重，其主要特征表现为广泛性、长期性、潜伏性、复合性和不明性等。

自然界中一切物质都是由化学元素组成的，人体也不例外。人体通过呼吸、饮水和进食，从自然界中摄取化学元素，从而与地球表面的物质和能量进行交换；随着自然界的不断变化，人体总是从内部调节自己的适应性来与不断变化的环境物质保持着某种动态平衡。

由于人类缺乏远见，为了眼前的利益，使自然资源与自然生态环境遭到严重破坏，由于小范围的气候调节失控，生态环境严重恶化，灾害频发，人民生命、财产遭受严重威胁和损失。

（二）营养过剩

随着社会的进步和经济条件的改善，人们的餐桌变得越来越丰盛，由于暴饮暴食、过分节食、过分偏食等不良的饮食习惯和长期的运动不足，导致一部分人营养过剩或营养不良，特别是高营养、低消耗造成人体内能量积累的过剩，引发心血管疾病。

（三）运动不足

现代社会改变了我们的行为方式和生活方式，摩托车和汽车的出现改变了人们行走和骑自行车的习惯；遥控器、洗衣机、计算机和电梯的出现，使人们的体力劳动和生活技能让位于自动控制系统。许多人变成了机器的奴隶，变得越来越懒惰，社会文明给他们带来了严重的运动不足，导致人体功能下降，体质严重下降。

（四）紧张和压力

生活节奏日趋加快，大众传媒日益普及，人际交往更加频繁，升学、就业、婚恋、事业等方面的社会竞争越来越激烈，人们承受的心理压力也日趋增加，如果不能适应这些社会变迁和竞争压力，身体就会出现不堪重负的感觉。压力过大有可能会损害身体健康，现代医学证明，心理压力会削弱人体免疫系统，从而使外界致病因素引起机体患病；现代生活的压力，像空气一样无时无刻不在挤压着人们，当人的承受力满足压力的要求时，工作往往做得更出色、更完美；反之，如果不能承受压力，就会使人陷入衰弱及无力自拔的境地，从而损害人的健康。

三、影响健康的主要因素

健康是一个动态的平衡过程，影响健康的因素时刻存在，当影响健康的因素作用于人体并超过了机体的防御能力时，健康体系就被破坏，导致疾病的发生。随着社会的发展、科学的进步以及医学模式与健康观念的转变，人们对健康有了更深刻的认识，为了防病于未然，有必要了解影响健康的主要因素，以便采取积极的预防保健措施。

（一）环境因素

1. 自然环境因素　自然环境是人类赖以生存的物质基础。人类的生活和生产活动使自然环境的构成或状态发生变化，扰乱和破坏了原有的生态平衡，对人的健康产生了直接、间接或潜在的危害，称之为环境污染；环境污染对健康的危害具有机制复杂、周期长、范围大、后果重的特点。自然界养育了人类，同时也随时产生、存在和传播着危害人类健康的各种有害物质，人类一方面要享受它的结果，一方面也要接受它所带来的危害。

2. 社会环境因素　社会环境包括政治、经济、文化、教育等多方面的内容，不良的社会环境直接或间接地危害着人们的健康。在社会环境中，社会政治制度的变革、社会经济的发展、人口增长、文化教育的进步都与人类的健康紧密相连。

经济是社会进步的基础和保障。人们的劳动方式、生活方式、营养状况和人口状态无不受经济的制约，经济发展的同时也带来了废水、废气、废渣，对人类的危害极大；不良的风俗习惯、有害的意识形态，也有碍人类的健康。

文化是社会的上层建筑，享有文化和接受教育的权利是人全面发展的重要前提，也是享有健康的前提。受教育程度和文化素养决定着人的健康观和健康价值观，决定着人是否能做出有益于健康的决策。

（二）生物学因素

引起传染性疾病、感染性疾病的病原微生物和导致遗传疾病及伤残与障碍等遗传和非遗传的内在缺陷的因素，归类为生物学致病因子。随着人类对疾病认识的不断加深，现已查明遗传性疾病和非遗传的内在缺陷也可导致人体发育畸形、代谢障碍、内分泌失调和免疫功能异常。

病原微生物可通过水、空气、食物及其他载体侵入人体，这些病原微生物多来自人类粪便、排泄物、污水和自然灾害。WHO发表报告警告说："艾滋病、结核病、淋巴腺鼠疫（黑死病）和黄热病等新出现的或卷土重来的传染病对人类健康的威胁正在上升，而且病原微生物的抗药性已成为全球性问题，一些轻微的感染有时都很难找到有效的治愈方法。"今天，我们对病原微生物的危害仍不可忽视。

由生殖细胞或遗传物质突变所引起的疾病称为遗传病。由非遗传而出生伴有的缺陷所引起的疾病称为先天性疾病。遗传因素在影响人类健康的同时，常与环境因素、行为因素共同作用、相互制约。许多遗传病并未表现出临床症状，便成为异常基因库，会对人类健康产生更大的潜在危险。

（三）行为和生活方式因素

行为和生活方式指的是人们长期受一定的文化、民族、经济、社会和家庭等因素影响而形成的一系列比较固定的生活习惯、生活制度和生活意识。行为和生活方式两者紧密联系，互相贯通，作为致病因素的不良行为和生活方式，是指人们自身的不良行为和生活习惯给个人、群体和社会的健康带来直接或间接的危害，这种危害具有潜袭性、累积性和广泛影响性的特点。现在人们通常把行为和生活方式导致的疾病，称为生活方式病，包括肥胖、高血压、冠状动脉粥样硬化性心脏病（简称冠心病）、脑卒中等心脑血管疾病，糖尿病和一部分恶性肿瘤。这些疾病现代医学尚难以治愈，并严重危害人们的生命和健康。开私家车上下班、坐在计算机前完成一天的工作、餐桌上推杯换盏、灯红酒绿的夜生活等生活方式都可导致上述疾病。据世界卫生组织预测，到2015年生活方式病将成为人类的头号杀手。

（四）卫生保健服务因素

卫生保健服务是卫生医疗机构和专业人员，为了达到防治疾病、增进健康，运用卫生资源和医疗手段，有计划、有目的地向个人、群体和社会提供必要的服务活动。良好的卫生服务包括健全的医疗卫生机构、完善的服务网络、充足的卫生资源及其合理配置与科学分配。世界卫生组织把保健服务分为初级、二级和三级。实现初级卫生保健是当今世界各国的共同目标。

卫生保健服务质量的优劣对个人和群众健康有着重要的影响，而效益的高低、覆盖面的大小从侧面反映了社会经济发展状况和卫生政策的优劣，影响着人们对卫生服务的需求和健康水平的提高。

第二节 体育运动对健康的影响

一、体育运动对生理健康的影响

（一）增强心肺功能

心肺功能的强弱是反映一个人体质状况的重要标志，也是影响人的寿命和工作效率的重要生理因素。学生的主要任务是学习，以脑力劳动为主。在紧张的脑力活动时，大脑对氧气和血液的需求量增大，通过运动可以使全身肌肉参与工作，血液循环明显加快，增加的血流量使大脑得到充足的血流供应，保证了大脑有充分的营养供应。

（二）改善神经系统功能

许多运动如健美操、武术等错综复杂的变化需要及时做出协调、准确、迅速的反应，因而经常进行这些锻炼会明显提高大脑的神经细胞的工作能力，使大脑的兴奋性、灵活性和反应速度大大提高，视觉、听觉更加敏锐，增强记忆力和综合分析能力。另外，体育锻炼还可以消除大脑疲劳，提高学习和工作效率。

（三）强身健体，促进体格健壮

科学规律的身体运动，特别是对身体不同部位有针对性的锻炼可以使肌肉丰满而结实、筋骨强壮而有力。通过锻炼，可以促进骨骼的生长发育，使骨密质增厚、骨直径增粗，对抗外力的机械作用明显增强，使人的体型更加优美，精力更加充沛。

（四）消除疲劳，保持精力充沛

疲劳是一种综合性症状，有身体疲劳和心理疲劳，这与人的生理和心理因素有关。积极的体育锻炼有利于机体恢复，使人身心愉悦，从而达到消除疲劳的目的。

二、体育运动对社会适应能力的影响

社会适应能力是指人为了在社会更好生存而进行的心理上、生理上以及行为上的各种适应性的改变，与社会达到和谐状态的一种执行适应能力。社会适应能力是一个人综合素质能力高低的间接表现，是融入社会、接纳社会能力的表现；从某种意义上来说就是指社交能力、处事能力、人际关系能力。

（一）规范行为，培养独立性和自立能力

体育运动中有各种明确而详细的行为规范，如比赛规则、竞赛规程等，这些规范是体育运动得以开展的必要条件。体育运动可以规范人们的行为，培养遵规守纪的习惯，确定目标并为实现这一目标而努力，有助于培养积极的人生态度，使其具有更强的独立性和自立能力。

（二）有助于人际定位，提高沟通能力

一个人要符合社会的要求，取得社会成员的资格，就必须学会接受适当的社会角色，而各种体育运动的场合则有机会让学生体验不同的角色，在体育锻炼和各种竞赛中通过人与人、队与队之间的交往，增进友谊，提高人际交往及沟通能力。

（三）有助于培养合作意识，提高团队凝聚力

合作意识是指个体对共同行动及其行为规则的认知与情感，是合作行为产生的一个基本前提和重要基础；经常参加体育活动，特别是参与集体性的体育活动，有助于加强合作意识，培养团队精神。

（四）有助于形成竞争意识和进取精神

现代社会竞争无处不在，竞争标志着人类社会的进步和发展。在体育运动过程中，时时刻刻都充满着竞争，既有对自己运动能力的挑战，也有与他人的争胜，双方运动员都要全身心的投入，争取比赛的胜利；经常参加体育竞赛可以培养人不断进取、勇于拼搏的精神，从而以积极的心态面对生活，迎接挑战。

（五）能使大学生勇于承担责任，建立诚信意识

大学生是社会成员中的重要角色，承担着较强的社会使命。在体育运动中能否完成自己应负的责任、取得他人良好的信任度，不仅对于提升自己在运动中角色的地位起着重要作用，还为进入社会提前做了一定的适应准备。

三、体育运动对道德健康的影响

道德是调整人与社会、人与人之间关系的一种特殊的意识形态和行为规范的总和，它是一种社会现象，是社会意识形态之一，是以行为规范的形式反映社会生活。道德作为社会意识形态，受社会物质生活条件的制约，随着社会的发展而发展，是调节社会关系行为规范的完整体系。

（一）对人生观、价值观的影响

通过体育运动，学会辩证思维、公正观察、分析问题，遵从事物的客观规律，运用自己的智慧、技巧，找出解决问题的方法，凭借自己的实力和人格理念，战胜活动中遇到的困难，形成科学的世界观、人生观、价值观。

（二）对意志品质的影响

意志是人自觉地确定目的，并根据目的支配调节自己的行动，克服各种困难以实现预定目的的心理过程，是人的主观能动性的突出表现形式。人的意志品质包括意志的目的性、果断性、自制性、坚韧性。这些良好的意志品质都是人的一生发展所必须具备的。

体育运动中的全身心投入，失败时不气馁、顽强拼搏；胜利时不骄傲自满、冷静对待，使人的独立性、果断性、坚韧性、自制力和自觉性等方面得到有效的改善，从而获得健全的道德力量。

（三）对个性的影响

个性是指一个人身上经常地、稳定地表现出来的不同于他人的心理特点的总和，也是一个人的基本精神面貌。在体育运动中，无论是个人项目自己练习，还是集体项目大家一起练习，都必须学会尊重别人、尊重自己，都需要自尊、自爱、自强不息，这对塑造大学生的性格有着十分重要的影响。

（四）对品德的影响

品德是指道德在个体身上表现出来的稳固的心理特征。体育活动是在严格的规则约束下进行的健康文明活动。在体育活动中遵守规则、尊重裁判、尊重对方、公平竞赛，促进诚实、团结、相互尊重等优良品德的形成。

（五）对人际交往的影响

人际交往是指个体通过一定的语言、文字或肢体动作、表情等表达手段将某种信息传递给其他个体的过程。正确的自我认识，有助于自我社会定位，扮演好自己的社会角色。在实际生活中，以往经常参加体育活动的学生会比不经常参加体育活动的学生性格开朗，交际能力强，交际范围广，通过体育活动也加强了该群体中个体之间的了解，使人获得心理需求的满足。

思考题

1. 健康的概念是什么？
2. 亚健康形成的原因有哪些？影响健康的因素有哪些？
3. 体育运动对健康的影响有哪些？

（杨春玲）

第二章 健康的生活方式

学习导言

世界卫生组织的专家指出：生活方式疾病，如高血压、心脏病、脑卒中等，不仅在发达国家蔓延，而且在发展中国家以至在世界各国蔓延。因生活方式疾病而导致死亡的人数，目前在发达国家占总死亡人数的 70%～80%，在发展中国家也占 40%～50%。有医学家甚至预言：大约在 2015 年，生活方式疾病将成为人类头号杀手。

世界卫生组织研究结果表明健康 15% 取决于遗传，10% 取决于社会条件，8% 取决于医疗条件，7% 取决于自然环境，而 60% 取决于自己习惯的生活方式。由此可见，健康和生命掌握在自己手中，关键看你如何善待自己，采取什么样的生活方式。

学习提要

1. 了解生活方式的概念。
2. 了解不良生活方式对健康的危害。
3. 理解健康生活方式在生活和学习中的重要性。

第一节 生活方式概述

一、生活方式的概念

"生活方式"这一概念，最初由社会学家马克斯·韦伯提出，他认为："生活方式是人们长期受一定文化、民族、经济、社会、风俗、规范等影响而形成的一系列生活习惯、生活态度、生活制度和生活意识，包括个人嗜好、认知方式和业余时间的行为活动等"。我国学者王稚林在《人类生活方式的前景方式》中把生活方式理解为"不同的社会和时代中生活的人们，在一定的社会条件制约下和在一定的价值观指导下，所形成的满足自身需要的生活活动形式和行为特征的总和"。

吴曾基等人主编的《现代社会学》一书把生活方式划分为广义和狭义两种。广义即"人们在物质生活和精神生活资料的生产方式，又包括他们的消费方式"。狭义的理解，则是把社会生活方式概念限定在物质资料和精神生活资料的消费方式，社会交往方式和日常生活方式的范围内。同时，该书作者把生活方式的内容划分成劳动生活方式、物质资料生活方式、精神生活方式和闲暇生活方式四种。

二、影响生活方式的主要因素

生活方式是客观存在的，是人们活动的重要形式，是人们所采取的生活模式。每个人选择生活方式可以不同，然而，无论是什么样的生活方式，都要受以下因素的影响和制约：

（一）生产方式决定生活方式

生产方式的不同，造成了生活方式的差异。每人的生活方式与自己所从事的生产方式关系密切。如脑力劳动者与体力劳动者，他们在生活方式上就存在着很大的差异，各自有着不同特征的生活模式。

（二）社会经济发展水平对生活方式的制约

生活方式与经济状况、生活水平、消费层次密切相关。随着经济的发展、科技和社会的进步，现代化、城市化和信息化时代的到来，传统简单的生活方式已经受到现代生活方式的冲击，人们的生活方式也随之发生改变。在"大健康"时代背景条件下，生活方式应该由单纯的物质满足转向社会和精神满足，增进健康水平，提高生活质量和生命质量。

（三）自然、地理环境对生活方式的影响

生活在不同的地理气候环境下，人们对于衣、食、住、行方式会有所不同。牧民生活离不开牲畜，食物结构是牛羊肉；而海边渔民的生活离不开渔船，以海虾和鱼为主要食物。俗话说，"一方水土养一方人"便是很好的体现。因此，自然地理环境对人们的生活方式有着很大的影响。

（四）文化传统对生活方式的影响

生活在不同的文化背景下，人们在世界观和价值取向等方面有所不同，因而生活习惯和消费模式也会有所差异。不同的文化传统使世界各国各民族的生活方式多种多样，个性更加鲜明。因此，文化传统对人们的生活方式产生了深远的影响。

总之，不同的生产方式、社会经济以及不同的自然环境和文化传统，使得长期生活在特定环境下的人们形成特定的生活方式。

第二节 生活方式对健康的影响

一、不良生活方式对健康的危害

不良生活方式是指一组习以为常的、对健康有害的行为习惯，如吸烟、酗酒、不良饮食习惯、久坐不动等。对健康的影响具有潜伏期长、特异性差、协同作用强、个体差异大、广泛存在等特点。不良生活方式与肥胖、冠心病、糖尿病、恶性肿瘤、高血压等多种慢性非感染性疾病的发生有非常密切的关系。

（一）吸烟

近年来，我国青少年吸烟人数显著增加，烟民队伍日趋年轻化，大学生对吸烟有害健康的认识不够全面和深刻，大学生吸烟率处于高水平，校园内的吸烟问题已经成为当前需要迫切解决的社会问题。

吸烟具有成瘾性。烟草烟雾中含有数百种有害物质，至少69种为致癌物，这些致癌物会引发机体内关键基因突变，正常生长控制机制失调，最终导致细胞癌变和恶性肿瘤的发生。有充分证据说明吸烟可以导致肺癌、口腔和鼻咽部恶性肿瘤、喉癌、食管癌、胃癌、肝癌、胰腺癌、肾癌、膀胱癌和宫颈癌，而戒烟可以明显降低这些癌症的发病风险。

许多研究认为，吸烟是许多心脑血管疾病的主要危险因素，吸烟者的冠心病、高血压、脑血管病及周围血管病的发病率均明显升高。统计资料表明，冠心病和高血压患者中75%有吸烟史。冠心病发病率吸烟者较不吸烟者高3.5倍，冠心病病死率前者较后者高6倍。吸烟与慢性支气管炎等疾病密切相关。

烟草危害是当今世界最严重的公共卫生问题之一，WHO曾把吸烟称为"20世纪的瘟疫"，是"慢性自杀"，全球每年因吸烟导致的死亡人数高达600万，超过因艾滋病、结核病、疟疾导致的死亡人数的总和。我国吸烟人群逾3亿，每年因吸烟相关疾病所致的死亡人数超过100万。如对吸烟流行状况不予控制，至2050年每年死于吸烟相关疾病的死亡人数将突破300万，

将对人类生命健康和社会经济发展造成巨大损害。

(二) 过量饮酒

大学生饮酒已成为一种普通的社会行为，应提高过量饮酒对健康危害的认识，消除社会上一些不良因素的影响，倡导健康的生活方式。

适量饮酒有益健康，但长期过量饮酒有害健康，特别是长期酗酒危害更大。酗酒对健康影响可分为急性与慢性两大类，前者如乙醇（酒精）中毒（包括猝死），后者如酒瘾综合征、肝硬化、心脑血管疾病、消化道肿瘤、精神疾病等。酗酒同时大量吸烟，具有协同致癌作用。酗酒者的死亡率及患病率比一般居民都要高。

过量饮酒也会引发一些社会问题，不仅影响家庭和睦，同样增加社会负担：长期过量饮酒人数的增加已经直接导致因酒精中毒而罹患各种疾病的人数增多；因酒驾引发的交通事故有所增加；酗酒也致使自杀率和暴力事件数量持续上升。

(三) 不良的饮食习惯

1．进食过多　生产力的提高减轻了人们的体力活动，热量消耗减少，长期过度进食，会导致过多的热量转化为脂肪堆积，成为高脂血症、冠心病、高血压、代谢性疾病以及某些恶性肿瘤发病的重要原因。在城市，肥胖、超重已越来越司空见惯，在城镇、郊区也有增长趋势。而肥胖、超重是与动脉硬化、高血压、糖尿病有直接关系的健康问题。

2．饮食不规律　睡懒觉，错过早餐时间；错过晚饭时间，吃夜宵，时而挨饿时而进食过多。长期如此，不但会影响身体正常生长发育和体质健康，还会诱发一些消化系统疾病，如消化性溃疡、慢性胃炎以及糖尿病等。

3．偏食、挑食　对某些食物的偏爱会导致一些食物的过剩，而其他一些食物摄入过少，造成人体营养不平衡。长期偏食和挑食会影响健康，甚至引起营养缺乏。一些学生只凭个人饮食喜好长期只吃一类或几类食品，导致体内营养素不平衡。如有的大学生长期不吃肉导致体内优质蛋白质不足，有的偏食荤菜，又会导致热能过剩，维生素和无机盐缺乏，易发生动脉粥样硬化。

4．好吃零食　有的大学生饮食不规律，养成了糖果、糕点、冷食、冷饮不离口的不良习惯，消化系统没有建立定时进食的条件反射，胃肠得不到充分休息，引起消化不良、食欲缺乏，影响正常进食。

(四) 久坐不动

随着经济的发展和社会的进步，技术化、自动化和信息化不断提高，"劳动"是人的社会生活第一需要的内容发生了显著的改变，已从体力劳动向脑力劳动转化。人们从事劳动和工作的时间减少，生活中体力活动减少，静态生活方式比例增加。

世界卫生组织对危险因素研究的一项数据初步表明：静态生活方式导致体力活动的缺乏是死亡、疾病和伤残的一个主要潜在原因，在全世界有60%～85%的成年人已经习惯于一种久坐不动的生活方式，全球每年有接近200万人的死亡可归于缺少体育活动。世界卫生组织关于危险因素的研究结果显示久坐方式是导致死亡、疾病和残疾的十大原因之一。缺少体育活动会增加所有疾病的死亡率，患心血管疾病、2型糖尿病和肥胖的危险性也将成倍增加，也会增加高血压、骨质疏松症、抑郁和焦虑等疾病的危险性。此外，缺少运动也是引起亚健康状态的原因之一。

WHO目前正在评估全球22种健康危险因素的疾病负担，其中就包括缺少运动这一项。有一点非常明确，缺少运动正成为一个影响全世界所有地区广大人群的主要公共卫生问题。

(五) 心理失衡与情绪恶劣

伴随经济社会的发展，社会结构不断变化和环境不断更换，不断地要求大学生具备与之相适应的价值观念和生活方式，否则就会产生心理压力。多重心理压力交互作用，一旦超出心理防御底线，就会造成心理失衡。心理失去平衡后，如果不能及时地加以调节控制或干预，就会使人的感知、思维、想象、注意、情绪、意志、性格等心理受到不同程度的影响。如果这种失衡过于强烈或持久，超过了心理的调节和控制限度，就可能造成认知能力障碍；或者不能有效控制情绪和情感，导致各种精神障碍和躯体疾病，危及人的身心健康。而恶劣情绪主要包括忧愁、悲伤、愤怒、紧张、焦虑、痛苦、憎恨等，长期恶劣情绪会引起行动缓慢和精神疲惫，丧失进取心，严重时会使自我控制力和判断力减弱，正常行为瓦解；长期的恶劣情绪，也会使生理方面的变化延长，久而久之，就会通过神经机制和化学机制引起心血管系统、消化系统、泌尿生殖系统、呼吸系统、内分泌系统等各种疾病。高度紧张的现代生活方式对大学生的身心承受能力提出了新的挑战，大学生必须提高自我心理调节能力，防止心理失衡以及恶劣情绪现象的发生。

二、健康的生活方式

起死回生是神医，因而华佗流芳百世，但受益者屈指可数；治病救人是仁医，也能受人敬重，但患病后的治疗无异于亡羊补牢，实为被动；而防治未病是上医。如此说来，只要我们追求幸福、珍惜生命、关爱健康、积极生活，都可以成为上医。而追求健康的生活方式是通往健康的康庄大道。

"合理饮食、戒烟限酒、适当运动、心理平衡"被国际社会称为"健康基石"。除此之外，合理地安排作息时间，形成良好的作息制度，有规律的生活，对大学生的学习和健康也是非常重要的。

（一）合理营养

营养是大学生生长发育最主要的物质基础。合理的营养意味着机体能够摄入保持身体健康所必需的所有营养成分，并且各种营养素的比例符合人体的需要。营养素缺乏、各种营养素摄入不均衡、膳食结构不合理等，不但会引起生长发育迟缓，而且会导致各种急、慢性营养不良和各种营养缺乏症。因此，合理营养与膳食平衡能够更好地促进大学生健康成长。

（二）戒烟限酒

吸烟对身体有百害而无一利，这是众所周知的。吸烟是心血管疾病、慢性肺部疾病等的危险因素，也是多种癌症的病因，而且还严重污染环境和威胁周围不吸烟者的身体健康。适量饮酒对健康是有益的，但长期过量饮酒会造成肝功能不全、脂肪肝或酒精性肝硬化。世界卫生组织统计，全球因饮酒而死亡的人数超过吸毒而死亡的人数，酒成为仅次于香烟的第二号杀手。所以，大学生都应该戒烟限酒，养成健康的生活方式。

（三）适当运动

缺少运动也是现代人生活中重要的特征，上楼有电梯、出门有汽车、洗衣不用手，生活中不但缺少运动，连一般的劳动也被简化了，人的体能被节约，日久便退化，于是肌肉无力、骨质疏松、脂肪堆积、肥胖、腰椎病、颈椎病等随之而生，所以运动也是文明生活的一个标志。运动的重要性应该如同每天吃饭一样，是生活乃至生命中的必须活动内容之一。

研究发现，保持每天进行体育锻炼对个人情绪、集中精力、思维活跃度都有明显提升。经常参加体育锻炼的人身体含氧充分，工作起来身体所拥有的能量就自然更充足了。

大学生除了自己坚持体育运动外，还应积极参加学校的体育活动。

1. 坚持参加早操和课外锻炼，养成经常性参加课外锻炼的习惯。早操和课外锻炼虽然不像体育课那样必须学习一定的技术动作和理论知识，但是早操是体育课的延伸和补充，是学校作息制度中规定的学生必须参加的体育活动，是保证学生每天1小时体育锻炼的重要环节，对促进学生身心发展、养成良好的生活习惯有特殊的作用。

2．积极参加体育社团和俱乐部的活动。高校体育社团活跃了学生参与体育活动的氛围，社团活动内容形式多种多样，是培养学生体育能力的好形式。社团在校园举办和组织大型体育比赛，开拓了学生的视野，提高了学生的组织能力和体育素养，丰富了学生的业余生活和校园文化。

（四）心理平衡

心理平衡作用可以说超过其他一切保健作用的总和。现代医学研究表明，持续的心里紧张和心理冲突会造成精神疲劳，免疫功能下降，容易引发疾病。

在人生健康的四大基石中，合理膳食占25%，适量运动和戒烟限酒占20%，而心理平衡一项就占50%。正确对待自己，正确对待他人，正确对待社会，掌握心态平衡就掌握了身体健康的金钥匙。

洪昭光教授为大家开了一个"养心八珍汤"的妙方：第一味药，慈爱心一片；第二味药，好肚肠二寸，一个人对世界充满爱心又善良，帮助人；第三味药，正气三分；第四味药，宽容四钱，人必须度量大，对他人宽容；第五味药，孝顺常想；第六味药，老实适量；第七味药，奉献不拘；第八味药，回报不求。

这八味药，经常思考，精磨细研，越细越好，三思为末。可净化心灵，升华人格，物我两忘，宠辱不惊。心理要平衡，一个人既要奉献社会，还要会享受生活。过去只提贡献不全面，还要享受生活。这里的享受是指需要更多的业余爱好，知识面要宽一点，有越多的业余爱好，心理就越容易平衡。

（五）合理安排作息时间，有规律的生活

人的一切生理活动有周期性的节律，我们称生物钟。一切健康长寿的生命体，都必须与环境和生活规律保持平衡。如果能根据人体的这一生物钟合理安排作息时间，使生活节奏符合人体的生理自然规律，就可以保持充沛的精力，不容易患病。中医讲阴阳"天为阳，地为阴；男为阳，女为阴；昼为阳，夜为阴"，现在许多大学生不分黑天白天，晚上工作熬夜，白天睡懒觉，违背了人的正常生理规律，有损身体健康。道家讲"人法地，地法天，天法道，道法自然"，就是指对应自然界的规律，人体也要有相应的变化。该起床时就起床，该工作时就工作，该吃饭时就吃饭，该睡觉时就睡觉，保持一个有规律的生活，使身体、心理都达到一个最佳状态，充分发挥个人的聪明才智，才能做出更大的成就。

学校生活有着严格的规律，那就是按作息时间表有条不紊地进行。饮食、起居、学习、锻炼都有固定的时间。这种活动，能在神经细胞和体力消耗最节约的情况下收到最好的效果。

作息不规律、睡眠不充足是导致学习压力大、身体功能不断下降的严重原因之一。熬夜给人们带来的危害不仅仅是黑眼圈、长痘痘或是肝火上升那么简单，它对身体的危害极大，可使人体处于亚健康状态甚至使机体器官受损而出现各种疾病，不仅影响到学习，而且影响到健康。因此，大学生应该遵守合理的作息时间，养成有规律的、健康的生活方式。

思考题

1．什么是生活方式？
2．不健康的生活方式危害有哪些？
3．健康的生活方式主要包括哪些？

（刘大川）

第三章 关注心理健康

学习导言

随着社会的飞速发展，来自各方面的压力也与日俱增。抑郁、精神分裂、自杀等现象普遍出现。"心理健康"问题愈加受到大家的关注。

如何避免或消除大学生因心理压力而造成的心理应激、心理危机或心理障碍，增进身心健康，以积极的心理状态去适应社会环境，预防精神疾病和心理疾病的发生是现阶段大学生迫切需要关注和解决的问题。体育运动可以起到缓解压力、提高自信、培养团队精神，对加强心理认知和抚平心理创伤有着积极的作用。

学习提要

1. 了解心理健康的重要性。
2. 了解心理健康的概念。
3. 掌握心理健康的标准以及大学生心理健康的标准。

第一节 大学生心理健康概述

狄更斯说：一个健全的心态比一百种智慧更有力量。有专家预测：21世纪心理疾病将严重危及青少年的身心健康。世界卫生组织对许多国家的调查研究证明，在全世界的人口中，每时每刻都有1/3左右的人有这样或那样的心理问题。而处于社会转型期的中国，社会的变革冲击着家庭、学校和社会的各个方面，在对成年人造成心理冲突的情况下，必然会影响到青少年的心理健康。

一、心理健康的概念

关于心理健康，国内外学者曾有过不少的研究和论述，但受限于所处的社会文化背景以及研究问题的立场、观点和方法的不同，对心理健康的解释也有所不同。迄今为止，心理健康还没有一个统一的定义。

1946年第三届国际心理卫生大会曾这样定义："所谓心理健康，指在身体、智能及感情上与他人心理健康不相矛盾的范围内，将个人心境发展成最佳状态。"

《简明不列颠百科全书》的定义是："心理健康指个体心理的本身在环境许可范围内所能达到的最佳功能状态，不是指绝对的十全十美状态。"

肖汉仕教授认为："心理健康的基本含义是指心理的各个方面及活动过程处于一种良好或正常的状态。"

综合国内外不同学者对心理健康的定义，从广义上讲，心理健康是指一种高效而满意的、持续的心理状态；从狭义上讲，心理健康是指人的基本心理活动的过程，内容完整、协调一致，即认识、情感、意志、行为、人格完整和协调，能适应社会，与社会保持同步。

心理健康是一个相对的概念，健康与不健康没有本质的区别。另外，心理健康是一个发展的文化的概念，会随着社会的发展变化而发生变化，也会因不同的社会文化背景而有不同的解释。

二、大学生心理健康的标准

心理健康的理想状态是保持性格完美、智力正常、认知正确、情感适当、意志合理、态度积极、行为恰当、适应良好的状态。由于心理健康概念的不同，与之对应的心理健康的衡量标准也有所不同。

（一）经典的心理健康标准

美国心理学家马斯洛（Maslow）和米特尔曼（Mittelman）提出的心理健康的十条标准被公认为是"最经典的标准"，包括：充分的安全感；充分了解自己，并对自己的能力作适当的估价；生活的目标切合实际；与现实的环境保持接触；能保持人格的完整与和谐；有从经验中学习的能力；能保持良好的人际关系；适度的情绪表达与控制；在不违背社会规范的条件下，对个人的基本需要作恰当的满足；在集体要求的前提下，较好地发挥自己的个性。

（二）大学生心理健康标准

根据大学生的心理特征，国内学者总结出了我国大学生心理健康的标准：

1. 智力正常，且正常发挥　智力正常是人正常生活最基本的心理健康条件，良好的智力水平是学业成功、事业有成的心理基础。一般来讲，大学生是高智商人群，智力发育良好，但能否正常发挥自己的智力水平，是大学生完成学习任务、适应周围环境变化所必需的心理保证。衡量大学生智力正常的关键，是看其是否以积极乐观的态度投身于学习生活中，即有强烈的求知欲，乐于学习，学习兴趣和效率相对较高，能够积极参与各种学习活动。

2. 情绪健康　情绪在一个人的精神生活中占有重要的位置，反映着人的心理状态。情绪健康的标志是情绪稳定和心情愉快，主要表现为：乐观开朗，热情大方，对生活充满希望；情绪较稳定，对自己的情绪既能克制又能合理宣泄；把握自己的情绪反应与所处的环境相适应。

3. 意志健全　意志是自觉地确定目的，并为实现目的而支配调节自己的行动，克服各种困难的心理过程。它包括意志自觉性、果断性、坚毅性、自制性。意志是成功的阶梯，参与并影响着人的认知、情感和性格等心理活动。爱迪生说："伟大人物最明显的标志，就是他坚强的意志，不管环境变换到什么地步，他的初衷与希望仍不会有丝毫的改变，而最终克服困难，以达到预期的目的。"意志健全的大学生能够运用自己所学的知识解决所遇到的问题，采用合理的方式解决所遇到的困难和挫折等。

4. 人格健全　心理健康的最终目标是使人人格健全。心理学家黄希庭教授认为，人格是个体在行为上的内部倾向，它表现为个体适应环境时在能力、情绪、需要、动机、兴趣、态度、价值观、气质、性格和体质等方面的整合，是具有动力一致性和连续性的自我，是个体在社会化过程中形成的给人以特色的身心动力组织。其特点是：自尊、自立、自信、不断进取。人格健全的人，在能力、情绪、需要、动机、兴趣等方面都能够向健康的方向发展，能正确处理人际关系，发展友谊，把自己的智慧和能力有效地用到能获得成功的事业上去。

5. 正确的自我评价　自我评价是指一个人对自己的思想、愿望、行为和个性特点的判断和评价，正确的自我评价是大学生心理健康的重要条件。正确认识自己的水平、能力以及所处的环境，建立良好的人际关系，设定合理的奋斗目标，有效地开发自己的潜能，促进自我发展、自我完善、自我实现。

6. 和谐的人际关系　人际关系是人与人在交往中建立的直接的心理上的联系，是人们在交往中心理上的直接关系或距离，它反映了个人寻求满足其社会需求的心理状态。人的交往活动能反映人的心理健康状态，人与人之间正常友好的交往不仅是维持心理健康的必备条件，也是获得心理健康的重要方法。

7. **良好的社会适应性** 社会适应性起源于达尔文进化理论学说"适者生存"一词。后来专指人与社会的关系，是一个人在心理上适应社会生活和社会环境的能力，是人在社会上生存所需要的心理和生理上的各种适应性的改变。良好的社会适应性可以使个体在与社会环境的交互作用过程中，主动顺应、调控和改变环境，最终达成个体与社会环境间的和谐关系和平衡状态。

8. **心理行为符合大学生的年龄特征** 人的一生要经历各个不同的年龄段，每个年龄段都有其特点。大学生应具有与自己年龄、角色相对应的心理行为特征，对自己，有良好的自我意识；对别人，友好、宽容，有良好的人际关系；对工作，投入极大的热情；对环境，有良好的适应能力。

三、大学生心理健康教育的意义

心理健康教育是依据人的发展变化规律，在人的心理层面进行有目的、有计划的培养教育，以受教育者为主体，尽可能开发人的发展潜能，帮助其主动积极发展，全面培养良好的心理素质，预防和消除心理障碍与行为问题的教育活动。大学生心理健康教育是指依据在校大学生生理、心理及所处社会环境的特点而进行较强针对性的心理健康教育。

（一）树立正确的健康观念

健康是一个人事业成功、生活幸福的基石，大学生正处在心理发展日趋成熟的阶段。通过心理健康教育，使大学生认识到心理健康的重要性，学习和掌握心理健康知识，预防心理问题和心理障碍，避免和减少各种心理问题、疾病的发生，保持心理健康，养成良好的生活方式，提高适应环境、社会变化的能力。

（二）培养良好的心理素质，提高心理健康水平

心理素质是在先天素质的基础上，经过后天的环境与教育的影响而逐步形成的，包括人的认识能力、情绪和情感品质、意志品质、气质和性格等个性品质诸方面。心理素质是个人整体素质的一个重要方面，心理健康教育是素质教育的一个重要组成部分。

21世纪是一个思想文化激荡、价值观念多元、新闻舆论冲击、社会瞬息万变的世纪，面对如此纷繁复杂的世界，大学生很可能在某一时刻出现心理危机，他们的心理承受能力经受更为严峻的考验。通过大学生心理健康教育，不断加强大学生适应性、承受力、调控力、意志力、思维力、创造力以及自信心等心理素质的教育，培养他们积极乐观的人生态度、百折不挠的意志品质，提高社会适应、挫折承受和情绪调节的能力。

（三）改进大学生思想政治教育工作

大学生正处于成长发展和世界观、人生观、价值观形成的关键时期。通过大学生心理健康教育与思想政治教育的有机结合，帮助大学生树立正确的人生观、价值观，解决成长过程中遇到的各种困难和矛盾，使大学生感受到自身存在的价值，科学地看待理想和现实，提升自我意识，调节个人情绪，正视挫折和压力，做好个人的职业生涯规划，选择个人成长道路，找到自己的发展方向和社会定位。

（四）开发潜能，助其成才

教育的目的之一就是要开发受教育者的潜能。通过心理健康教育，激发大学生的自信心，帮助大学生在更高的层次上认识自我，从而实现角色转换，增强对环境的适应能力，最终使潜能得到充分发挥。

实践表明，心理健康可以使人拥有轻松、愉快、乐观的心态，这种心态可以使人增强记忆力，提高观察力，并能充分发挥个人潜能，提高学习效率，实现智力的充分发展。此外，在人际交往中，心理健康的人对环境的适应能力增强，人际关系融洽，能更好地保持心理平衡，从而创造出更多的成果。

第二节　影响心理健康的因素分析

一、大学生心理健康问题的现状

国家教委的调查结果显示：仅有14.8%的大学生自认为心理健康状况"比较好"和"非常好"。北京高校大学生心理素质研究课题组的报告显示：有16.51%的大学生存在中度以上的心理问题，而且还在继续增加。2010年《大学生》杂志社联合中国大学生网对大学生的心理健康状况进行了网络调查，结果显示：27%的大学生认为自己经常有心理方面的困扰，66%的大学生认为自己偶尔有心理方面的困扰。大学生受心理问题困扰的人数在日趋增多，由此导致的负性事件也越来越多，影响了大学生的正常生活，表现为意志薄弱，缺乏承受挫折的能力、适应能力和自立能力，缺乏竞争意识和危机意识，缺乏自信心，依赖性强等。

二、大学生常见的心理问题

大学生存在的心理问题主要表现在：适应问题、自我意识问题、人际交往问题、情感问题、学习问题、就业问题等几个方面。

（一）适应问题

身处于一个新的环境，加入到一个新的群体，需要去适应、去磨合，这就产生了适应问题。

1．自身角色转换问题　进入到大学阶段，学生所处的环境、学习方式、生活方式等都发生了根本性的变化，已经适应了应试教育和家庭教养模式的他们，需要独立处理事情、独立安排生活、独立规划学习方向、独立安排时间等，这对大学生的自主发展和自我控制提出了严峻的挑战，在这些挑战过程中容易出现一些问题，影响大学生的正常生活、学习等。

2．环境适应问题　在校大学生多来自不同地区，由于家庭经济条件、地域文化、生活习惯等的不同，给大学生造成不同程度的压力和心理上的不适应；同时，现实的大学生活与理想的大学生活也存在不小的差距，使得有些学生出现了迷茫的现象。

（二）自我意识问题

自我意识是人格的核心，只有充分认识自己才能正确地评价自己。由于现在的大学生大多数是独生子女，在进入大学之前受家长们望子成龙、望女成凤以及应试教育模式的影响，学生的自我意识发展水平较低、生活自理能力较差，再加上学生自身的社会生活知识、能力和经验等的不足，不能正确处理自我完善和社会发展的关系。尤其是信息时代，很多人喜欢在网络的虚拟空间内畅游，容易使人脱离现实而产生心理上的问题，如情感冷漠、自我封闭、自我为中心，等等。

（三）人际交往问题

大学生受到信息网络冲击较大，很多人宁可在网上"游荡"也不愿意和同学一起学习、娱乐；网络的发展，使得同学之间的交往也越来越少，这样就阻碍了同学之间的正常交往与合作，表现出来的问题就是沟通和互动能力的缺失。

另外，我国的独生子女政策，导致很多学生以自我为中心，遇事多从自身角度考虑，总希望他人和周围的环境依顺自己，很少站在对方的角度考虑问题，缺少理解和包容，从而导致人际交往问题的产生。

（四）情感问题

处于青春期的大学生，生理功能已经成熟，逐渐产生了恋爱的要求。情感丰富、热情奔放的他们情绪波动较大，对自我的控制能力和恋爱的理智能力不够，导致他们因为情感问题产生困扰。进入社会之前，简单的校园生活经历，导致他们社会化的过程后延，缺乏对社会的认知，容易造成现实和理想上的落差，而导致心理问题的发生。改革开放使传统社会人们共识共守的行为准则、社会规范、价值观念发生了改变，再加上我国性教育薄弱、性心理教育滞后等原因，许多学生没有建立正确而健康的恋爱观，使他们陷入茫然以至无所适从。由于人际交往问题的存在，也不同程度地影响到情感问题的产生。大部分学生为独生子女，个性强、较任性，在家娇生惯养又没有受过挫折，所以遇到一些事情就会想不开，从而产生心理问题。

（五）学习问题

进入大学后，学习的目标、内容、方式和态度等发生了根本的变化。

1．学习目标 中学时的学习目标很明确，就是竭尽全力考上一个好的大学，到了大学，需要重新设定自己的学习目标，有一部分学生出现了规划上的问题，失去学习的兴趣和动力，产生心理问题。

2．学习内容 学习内容可以用"多、难"来形容。"多"主要体现在课程的数量和课程的内容上。大学开设的课程有基础课、专业课，还有一些选修课，很多课程的学习时间短，教学进度快，每节课都有很多新内容，再加上授课方式的改变，课上很难完全掌握，也就出现了学习内容"难"的问题。"难"除了因为内容多而难以快速掌握外，还有内容抽象性强，更多的是由于探究事物的本质和涉及很多科学前沿的问题。

3．学习方式 由于学习内容的变化，必将影响到学习方式的变化，要针对大学课程的变化，找到适合自己的学习方法，需要有较强的自学能力、独立思考和解决问题能力。但由于应试教育的影响，达到学习的自主性和独立性还需要调整，调整不到位就会在学习上出现问题。

4．学习的态度 从紧张的高考中脱颖而出，许多大学生到了大学就想放松一下，不知不觉放纵了自己。到了大学虽然没有了升学的压力，但学习任务还是十分艰巨的，在完成专业知识学习的同时还要学习相关知识，同时还要学习科学研究的方法、实验、技术操作等，放纵的结果就会在学习上出现问题。另外，大学是优秀人才云集的地方，有些学生从原来的鹤立鸡群到现在的平凡普通，心理上产生了很大的落差，失落感油然而生。

（六）就业问题

对于普通人而言，就业是人生的重要转折点，但是随着高校毕业分配制度的改革以及现在的社会环境，严峻的就业形势给在校大学生带来了新的压力。一方面大学生渴望毕业找到一份好工作施展自己的抱负，另一方面由于社会竞争的加剧，大学生想找工作或者说要找理想的工作越来越难。目前的就业现状，容易使部分大学生产生心理问题。

三、大学生产生心理问题的原因

引起当代大学生心理问题的原因很多而且很复杂，下面主要从社会、家庭、学校和个人四个方面进行分析。

（一）社会方面

改革开放在促进我国经济的迅速发展和市场经济体制不断完善的同时，也导致了竞争和物质欲望的加剧，使社会结构、生活方式、价值观念和行为模式都发生了巨大的变化，对正确人生观、价值观正在形成的大学生而言也是一个不小的冲击。很多不良的社会风气充斥着大学生活，导致部分大学生集体主义观念淡薄，同学之间交往功利化，缺乏友爱与关怀。由于市场经济竞争机制的引入，同学之间展开竞争，大学生平静的心理自然受到冲击，一些意志薄弱的学生面对这种挑战时就容易失去自信心，产生消极的心理状态。

（二）学校方面

为了追求升学率，中学实行的是应试教育，而这种教育模式忽视了学生综合素质的培养，造成心理素质先天不足，缺乏社会适应和承受挫折的能力。

（三）家庭方面

大多数学生家长长期以来只重视学生的考试成绩，疏于进行心理健康教育，导致一些学生心理发育不健全，虽然上了大学，但生活能力还停留在小学水平。当子女考入大学后，家长又将更多的精力转移到提供经济支持上，对子女的心理成长问题关注不够。

现在的大学生独生子女占多数，由于父母的溺爱，缺乏磨难和挫折经历，导致很多学生以自我为中心，形成了孤芳自赏、自命不凡的个性。

（四）个人方面

到了大学，学习目标、学习内容、学习方式、学习态度等都发生了变化，部分大学生由于缺乏对新的学习环境的适应和对学习的正确规划，感到难以适应大学的学习生活，进而出现厌学、自卑、自信心下降等一系列的心理问题。

第三节　体育运动对心理健康的影响

有调查表明爱好体育运动的大学生心理健康水平明显高于非体育运动爱好者。李国金认为：体育对人心理健康的积极促进作用是其他任何方式手段所无法替代的。在体育锻炼中既有身体活动又有心理活动，是身心统一的实践过程，并在这一过程中不断地认识自我、改造自我、完善自我。大学生通过体育锻炼，培养自己的进取心和创新意识，在身体得到锻炼的同时，使思想、道德、意志、情感等方面得到教育和提高。

一、对大学生智力的影响

智力作为大学生心理健康标准之一，既是人们日常生活中衡量一个人智能高低使用的名词，也是心理学的一个概念。体育是一门科学，蕴藏着丰富的文化知识，通过体育运动，一方面可以学习和掌握一定的体育知识和运动技能，另一方面体育运动过程中对动作技术的思考和运用，动员大脑的思维，最大限度地发挥大脑功能。

经常参加体育运动，能改善大脑能源物质和氧气的供应状况，而且不同性质的体育运动，可以锻炼和改善不同的心理功能，还能给大脑和神经系统提供信息刺激，使大脑的活力、功能都得到改善和提高，如棋类项目充分锻炼人的思维、判断和记忆能力；而体操、跳水、花样滑冰、健美操等运动项目则能充分发展人的创造力、想象力和美的表现力。

二、对大学生情绪的影响

情绪状态是衡量体育运动对心理健康影响的最主要标志，也是人的自然需要是否得到满足而产生的一种体验。据最新研究显示：一个人的成功，只有20%归于IQ（智商）的高低，而80%取决于EQ（情商）。从中可以看出学生学习效果的优劣，其情感取向发挥着重要的作用。而体育运动中的情感体验强烈而又深刻，课上、课下、比赛中的成功与失败，欢乐与痛苦相互交织，在运动过程中人的情感表现也相互感染，融合在一起。这些情感体验的刺激，有利于情感的成熟和情感自我调节能力的积极发展。通过体育活动，可以合理地发泄不良情绪、消除心理紧张、放松身心、维持心理平衡。

美国加利福尼亚大学的研究人员指出：经常参加体育锻炼，能显著地松弛紧张的神经，改善人们的自我感觉，消除失落和沮丧情绪，是保持和增进心理健康，消除心理疾病的一个重要方法。

三、对大学生健全人格的影响

健全的人格可视为大学生心理健康的核心因素。所谓健全人格，是指心理和行为的和谐统一。体育运动能够培养学生自信、自强、团结、合作和自我创造能力，以及善解人意的良好的社会适应能力，塑造大学生健全人格。

四、对大学生意志品质的影响

意志品质是指一个人的果断性、坚韧性、自制力以及勇敢顽强和主动独立等精神，意志品质既是在克服困难的过程中表现出来的，又是在克服困难的过程中培养起来的。

体育运动时身体需要承受一定的生理和心理负荷，而且常伴有紧张激烈的对抗，同时还要克服各种主观因素（胆怯和畏惧的心理、疲劳、运动损伤的担忧等）和客观因素（气候、温度、动作难度等）。因此在进行体育运动的过程，伴随着强烈的情绪体验和明显的意志努力，不断克服困难、超越自我。越能努力克服困难，越能培养良好的意志品质。

五、对大学生自我意识的影响

大学生多数是根据自己的兴趣、能力等选择体育运动项目，并在运动中体现自己的能力与水平，对自我有一个较符合实际的认识，并且会不断地修正自己的认识和行为，提高自己的运动能力和运动水平。根据自己的兴趣爱好选择运动项目，在运动过程中不断地获得成功的体验，有利于增强学生的自信心和自尊心。

在体育运动过程中由于运动的内容、难度和为达到目的与其他运动个体的接触，就不可避免地会对自己的行为、形象、能力等进行自我评价。同时体育运动有助于自我教育，在体育运动中暴露自己的缺点，发现自己的优点，正确对待成功和失败，培养和提高社会所需要的心理品质和各种能力，使自己将来更好地适应社会。

六、对大学生人际关系的影响

大学生以个体或群体的形式参与体育运动，在互相接触、切磋、合作、对抗等过程中，发生频繁而激烈的思想和行为交锋，在这一过程中，使他们学会如何处理人际关系的问题。

大学生在参加体育运动的过程中，会接触到更多各种类型的人，提高了对人际交往的适应能力，在交往过程中发现别人的优点和长处，增进对他人的了解，同时激励自己取长补短。

七、对大学生社会适应的影响

社会适应指个体的社会行为能适应复杂的社会环境变化，为他人所理解，为大众所接受，且能保持良好的人际关系，能受到别人的欢迎，最终达到与社会环境保持和谐的关系。体育运动中成功的喜悦、失败的挫折会对大学生心理产生一系列积极的影响。体育运动实质上就是对社会生活的一种模拟。

体育运动总是在一定的社会环境中进行，它总是与人群发生着交往和联系，尤其是集体体育项目的比赛和游戏，通过大家一起努力拼搏，不畏对手、相互配合，使公平、竞争的良好品德在体育竞赛中得到发挥和提高，同时体育比赛的失利需要承受失败的打击，对心理进行调适，这种调适过程就是社会适应能力的重要体现。

以独生子女为主的当代大学生，性格上以自我为中心，缺乏适当的社会关系，人与人之间关系淡漠，再加上快节奏的生活方式以及信息化时代的特点，人与人之间的联系减少，而相同的体育兴趣爱好将人与人之间的距离缩短，通过体育运动创造交流的机会，改善人际关系，提高社会适应能力。

人们在体育活动中还必须学会遵守规则、尊重裁判、尊重对手，这些观念迁移到社会生活中，则能有效地促进人的社会化进程，使人的个性日趋完善。

思考题

1．大学生心理健康的意义有哪些？
2．大学生心理健康的标准是什么？

（高玲娣）

第四章 体育健身的基础知识

学习导言

体育健身突出以身体练习为主要手段，通过对健身项目的选择和学习，培养自己的爱好和运动特长，获得科学健身的方法。要想使体育健身达到预期的最佳效果，必须遵循一定的规则，掌握科学健身的原理和方法。

学习提要

1. 了解体育健身的基本内容。
2. 了解体育健身的相关知识和基本原则。
3. 了解健康体适能在体育健身中的应用。

第一节 体育健身内容的选择

体育健身内容的选择，是一个选择与优化的过程，如果健身内容选择不当，不仅不能达到健身的目的，还可能对身体造成伤害。因此，在选择体育健身内容的时候，要兼顾性别、年龄、兴趣和项目等条件的合理性，避免盲动和不切实际。

一、常用的健身内容

（一）有氧耐力运动

有氧耐力运动是指人体在进行长时间肌肉活动时，提高机体的有氧代谢能力，以达到发展心肺功能水平的目的。在进行有氧耐力运动时，心率一般控制在 150 次/分钟左右。如果心率低于 140 次/分钟，心输出量达不到有效值，吸进的氧气较少，达不到预期的锻炼效果。相反，如果负荷强度过大，机体就会产生氧债，不利于发展有氧耐力。有氧耐力运动多采用健步走、慢跑、骑自行车、游泳、有氧健身操等运动项目。

（二）肌肉力量运动

肌肉力量运动是人们在体育健身过程中经常采用的一种锻炼形式，是在神经系统支配下进行的各种形式的肌肉活动。肌肉力量是其他运动形式的基础，它是指肌肉收缩所能够产生的最大张力，肌肉收缩时所能克服阻力的大小，通常采用负荷重量来表示。在进行肌肉力量健身时一般采用器械抗阻练习，如杠铃、哑铃、组合器械、单杠、双杠等。

（三）柔韧性运动

柔韧性运动是通过体育运动有效地提高关节的韧带、肌腱以及肌肉等组织的伸展性，增大关节的活动范围，有效减少运动过程中伤害事故的发生。经常采用的练习内容有，主动或被动静态伸展法、动态伸展法以及本体感受神经肌肉伸展法等。

二、健身内容的选择

正确选择健身内容不仅可以提高参与体育锻炼的效果，还能够防止运动中不必要的伤害事故发生。健身内容的选择主要取决于健身者主观的目的性，以及自身喜欢的体育运动项目。在选择体育健身内容时，还要根据自身的年龄、性别、健康状况、体质和兴趣爱好实际情况出发。

通常根据健身者的年龄特征和健康状况来说，对于健康的青年和成年人，他们有最充沛的体力和精力，在这一阶段他们的健身锻炼要增强自身的身体素质，使自身旺盛的精力和充沛的体力保持更长时间，这一阶段他们要选择一些对身体素质和体力要求较高的运动项目，如球类运动、健美、健美操、武术、游泳等运动项目作为健身手段；对那些健康中老年人来说，由于他们身体功能处于衰退阶段，应该采用一些延缓功能衰退的有氧运动，最好选择适量的有氧健身走、慢跑、骑自行车、爬山、韵律操、太极拳等运动项目；而对那些身体虚弱的人来说，由于身体功能所限，可以适当的选择一些如太极拳、保健按摩、气功、散步等轻松的运动项目。根据健身者的性别特征，男性在进行体育健身时，通常愿意选择一些对体能要求较高且有一定对抗性的项目，如各种球类项目、健美、武术、游泳等项目；而女性通常愿意选择一些发展体型的运动项目，如有氧健身操、瑜伽以及增加柔韧性的一些项目进行练习。

第二节　体育健身的基本原则

一、FITT 原则

体育健身的目的是增进健康和提高运动水平，要获得最佳体育锻炼效果，就必须遵循体育健身的基本原则，根据自身身体状况选择合理的运动项目和运动方式，制订科学的运动方案。目前世界上最流行的健身运动原则就是 FITT 原则，它是指运动频率（frequency）、运动强度（intensity）、运动时间（time）和运动种类（type of exercise）。

（一）运动频率

运动频率是指每周进行健身锻炼的次数。每周进行锻炼的次数越多，对机体的刺激频率越大。因此，为了获得最佳体育健身效果，每周至少进行 3~5 次体育锻炼。

（二）运动强度

运动强度是指在单位时间内所完成的运动量。运动强度的大小，与对机体刺激强度呈正相关。运动强度的控制，要遵循循序渐进的原则，充分考虑自身的身体功能状况。有氧运动心率要控制在靶心率范围内。

（三）运动时间

运动时间是指每次运动所持续的时间长短，它与体能消耗成正比。因此，进行健身运动时，不同的运动时间、运动强度和运动频率的组合，会产生不同的锻炼效果。例如，要提高身体有氧耐力水平，就必须延长运动时间，降低运动强度，提高运动频率。

（四）运动种类

运动种类是指不同的运动类型，可分为有氧运动、无氧运动和混合性运动。有氧运动项目主要包括慢跑、健步走、游泳、有氧健身操、骑自行车等，持续的时间要在 30 分钟以上；无氧运动项目主要包括短跑、举重、投掷等，是无氧能量系统供能进行短暂的爆发力的运动；混合性运动项目主要包括球类运动、拳击、摔跤、柔道等，它的特点是有氧和无氧系统交替供能的持续运动。

二、超负荷原则

在进行体育健身时，身体或特定部位的肌肉所受到的刺激强于不锻炼时或强于已适应的刺激强度。在进行身体练习时，通过超负荷训练，身体体能才能在原有的基础得到有效的提高。

进行超负荷身体锻炼的过程中，要采用适宜的负荷。负荷包括负荷量和负荷强度。负荷量通常采用练习的次数、时间、距离、总重量表示；负荷强度通常采用练习的速度、密度、难度表示，或者其占总练习的百分比来表示。负荷量和负荷强度二者是相互影响、相互制约，在强度最大时，负荷量可能是最小，反之亦然。虽然进行超负荷身体练习可以逐渐提高身体素质，但在练习过程中注意合理的负荷量和符合强度，否则，不仅起不到预期的锻炼效果，还有可能对身体造成伤害。

三、渐进性原则

在进行体育健身的过程中应循序渐进地增加负荷强度和运动时间，使机体逐渐适应运动量。人们之所以能够通过体育健身增强体质，主要是身体功能对内外环境适应的结果，人体的这种特点，称之为可训练性。但是，人体通常又具备在变化的环境中保持身体功能的相对稳定性，而不会因外环境的变化过大，造成身体功能的损伤。这就要求我们在体育健身时遵循循序渐进的原则，适宜的进行运动刺激，破坏机体以往的稳定性，使机体产生新的适应性。只有逐渐增加负荷进行练习，机体的适应能力才会逐步提高。

总之，在进行健身锻炼时，运动负荷的提高，应先增加运动量，再增加运动强度，要循序渐进，不要操之过急，否则，起不到预期的效果。

四、个别性原则

在体育健身活动中必须充分考虑个体特点和发展需要，选择适合自己的运动内容。由于每个人的年龄、性别、身体功能、健康状况不同，在制订健身计划时就要考虑到因人而异。对于老年健身者来说，由于内脏功能退化，在进行运动时就要降低运动强度；对于女性来说，由于身体形态、解剖结构和身体功能等方面与男性有较大的区别，在安排运动内容时就要考虑其生理和心理的特点；对于身体处于疲劳状态的健身者来说，需降低运动强度，以利于身体功能状态的恢复。

五、可逆性原则

根据"用进废退"的原理，中断健身锻炼，可引起身体素质和功能水平下降，这种现象称为身体活动的可逆性原则。经常进行体育锻炼的健身者，身体素质和功能得到发展，并能够长时间保持，且消退的速度较慢；而短时间发展起来的身体素质，由于达到的程度比较低，如果停止锻炼，消退的速度就比较快。这就要求体育健身者进行体育健身要持之以恒，才能够达到预期的效果。

六、恢复性原则

没有身体的疲劳就没有恢复。运动负荷—疲劳—恢复—提高的过程，实际上是人体结构与功能破坏与重建的过程，是代谢产物的增加与消除反复进行作用的过程。体育健身时增加机体的负荷，大量能源物质被消耗，引起细胞微细结构产生不同程度的损伤，造成内环境紊乱，产生疲劳积累；之后进入恢复阶段，机体利用自身的适应性的特点，重新进行结构和功能的重建，进一步提高了机体的素质和功能。

恢复性原则的关键是如何科学地控制身体锻炼后的休息时间，若得不到足够的休息，就可能引起疲劳综合征，其症状是注意力分散、食欲缺乏、睡眠障碍等现象。通常身体恢复期主要任务是补充营养，消除代谢产生的有害物质，修复运动过程中受损的机体组织。一般通过慢跑、伸展运动、按摩、理疗等积极休息的方法进行恢复，达到快速消除疲劳的目的。

第三节　体育健身的相关知识

一、运动的准备活动和整理活动

（一）准备活动

在运动或比赛前所做的各种身体练习统称为准备活动。它是通过有目的的身体活动，产生热量适当地提高体温，使中枢神经系统的兴奋性增强，提高呼吸系统和心血管系统的功能，同时降低了骨骼肌和韧带的黏滞性，增加弹性，促使关节分泌更多的滑液，减少关节的摩擦力，加大关节的灵活性。从而提高人体的运动幅度、速度、力量、灵敏和柔韧性等，防止肌肉、韧带和关节的损伤，促进身体的各器官系统功能互相适应和协调，使机体在运动过程中表现出最佳状态。因此，准备活动充分与否，直接影响到比赛中运动成绩发挥或最佳运动效果的取得，同时对预防运动损伤有着积极的生理意义。

准备活动的内容可分为一般性练习和专门性练习。通常一般性练习的内容主要有走、慢跑、徒手操、游戏等；专门性练习的内容主要是与运动项目相类似的身体活动形式，根据不同项目特点，采用徒手或者器械进行练习。一般性准备活动练习5～8分钟即可，使身体微微发热，专项准备活动一般需要30分钟，运动至身体微微发汗，功能状态达到最佳水平。

（二）整理活动

整理活动是指剧烈运动后所做的放松练习。运动对身体所引起的生理变化，并不会随运动的停止而立即消失。在进行剧烈运动时，肌肉常常处在缺氧的状态下。运动后内脏器官还得继续加强工作，以补偿运动时缺少的氧气。整理活动通常采用负荷较小的伸展和牵拉练习，使参与剧烈运动的肌肉得到放松，以减轻肌肉的疼痛和僵硬。

二、运动性疲劳与运动后的恢复

（一）运动性疲劳的概念

运动性疲劳是由于运动而引起的身体功能水平或工作效率暂时下降的现象，只要经过适当的休息就可以恢复到原有的功能水平。在体育运动过程中，疲劳对人体来说是一种保护性抑制，是运动到一定阶段必然出现的一种正常的生理现象。

（二）运动性疲劳的产生机制

关于运动性疲劳产生的机制，有多种学说，归纳为以下几个方面。

1. 衰竭学说　认为疲劳的产生是能源物质耗竭造成的。
2. 堵塞学说　认为疲劳的产生是由于乳酸等代谢产物在肌肉组织中堆积造成的。
3. 内环境稳定性失调学说　认为疲劳的产生是由于血液中的pH下降、水盐代谢紊乱以及血浆渗透压改变等因素导致的。
4. 保护性抑制学说　认为疲劳的产生是由于运动时大量冲动传导至大脑皮质相应的神经元，使其长时间兴奋导致能量消耗增多，为避免过分消耗，大脑皮质产生了保护性抑制。

（三）运动性疲劳的判断

科学地判断运动性疲劳的出现及程度，对合理安排体育运动具有实际意义。主要有以下几种判断方法。

1. 主观感觉判断法　运动性疲劳出现时，身体通常伴有四肢乏力、肌肉酸痛以及想立即停止运动的感觉，有些人还伴有口渴、心慌、气短、胸闷和虚脱的感觉，严重者还会有发热现象产生。

2．动作技能分析法　运动性疲劳出现时，通常会伴有技术动作的准确性、稳定性以及动作完成能力下降。

3．基础心率判断法　正常情况下基础心率相对稳定，如果经过大运动负荷练习后，经过一夜休息，基础心率每分钟比平时增加 5～10 次，则认为有疲劳积累的现象。

4．生理指标判断法　通过测定肌肉力量、血压、心电图等指标的变化，判断身体的疲劳程度。

（四）消除疲劳的措施

1．积极性休息　是指运动结束后，不立即停止身体活动，采用变换运动部位和运动类型，以及调整运动强度的方式来消除疲劳的方法。有研究表明，积极性休息可以促进乳酸的消除与利用，减少肌肉延迟性疼痛，有利于疲劳的消除。

2．物理手段　是指运动结束后，采用按摩、理疗、吸氧、针灸、气功等物理手段，促进身体功能恢复的方法。

3．营养学手段　是指运动结束后，运动时消耗的能源物质通过饮食中的营养物质进行补充，合理的膳食有利于恢复过程的加速。

三、运动过程中常见的生理现象

（一）生理"极点"与"第二次呼吸"

在剧烈运动开始阶段，由于自主神经系统的功能动员速率明显之后躯体神经系统，导致两个系统之间动态平衡关系失调，内脏器官活动满足不了运动器官的需要，出现一系列暂时性生理功能低下的综合征，称为极点。主要表现为呼吸困难、胸闷、肌肉酸软无力、动作迟缓不协调、心率剧增以及精神低落等症状。

"极点"出现后，可适当降低运动强度，经过一定时间的调整，自主神经系统和躯体神经系统的功能水平达到了新的动态平衡，"极点"症状明显减轻或消失，这时人体动作轻松有力，呼吸均匀、自如，这种功能变化过程和状态称为"第二次呼吸"。

在运动过程中，"极点"出现的迟早、反应的强弱以及"第二次呼吸"出现的快慢，不仅与运动项目、运动强度和训练水平有关，而且还与准备活动、赛前状态和呼吸方式等因素有关。"极点"出现后，通过继续坚持运动，适当降低运动强度，调整呼吸节奏，有助于"第二次呼吸"的出现。

（二）运动中腹痛

运动中腹痛是中长跑运动员运动中比较多见的症状，可由多种原因引起，并时常在运动过程中或运动结束时发生。运动中腹痛的发生，与身体功能状况、训练水平及运动前准备活动情况等因素有关。运动前不宜吃得过饱或饮水过多，运动前准备活动要做充分，运动中注意呼吸节奏。协调的呼吸动作，可以帮助运动员减少运动中腹痛现象的发生。

运动过程中出现腹痛，可适当降低跑进速度，及时调整呼吸节奏，增加呼吸深度，同时用手按压疼痛的部位或弯腰跑一段，做几次深呼吸，疼痛可以得到缓解；如上述处理效果不理想，则应停止运动，口服解痉药（阿托品等）、点掐穴位（内关、足三里），或请医生处理。

（三）肌肉痉挛

肌肉痉挛是肌肉不自主的强直性收缩，俗称抽筋。运动过程中肌肉痉挛最易发生在小腿腓肠肌，其次为足底部的屈趾肌。在未做准备活动或准备活动不充分的情况下，于低温环境下运动，肌肉可因低温寒冷的刺激而兴奋性增高，以致引起肌肉强直性收缩，发生痉挛；在高温环境下运动或长时间剧烈运动，会使体内的电解质（Ca^{2+}、Na^+、Cl^-）随汗液大量流失，造成体内电解质平衡失调，肌肉兴奋性增高而发生肌肉痉挛；在剧烈运动中，肌肉呈连续过快地收缩而放松不够（放松时间过短），肌肉发生强直收缩引起痉挛。

肌肉产生痉挛，通常采用牵引痉挛的肌肉缓解的办法，在牵引过程中注意用力宜缓，切忌暴力，以防肌肉拉伤。同时，可配合采用局部按摩（如按压、揉、揉捏），点穴（如承山、委中）等措施，有助于痉挛的迅速缓解。

冬季气温较低，在运动过程中需注意防寒、保暖；夏季气温较高，运动过程中由于出汗体内电解质大量流失，应注意及时补充水、盐、维生素等电解质，运动前一定要做好准备活动，这些都会有助于减少肌肉痉挛现象的发生。

（四）运动性中暑

运动性中暑是指肌肉运动时产生的热量超过了身体散发的热量，而造成体内过热的一种状态。夏季由于气温较高，长时间在高温环境中进行体育运动，特别是在温度过高且通风条件差的室内运动，身体大量出汗，易出现中暑现象，或者在烈日直接照射的情况下也容易发生中暑现象。根据中暑症状的主要表现，可分为先兆中暑、轻度中暑和重度中暑。

1．先兆性中暑　中暑者出现大量出汗、口渴、头晕、眼花、恶心、全身乏力、注意力不集中、定向力障碍等症状。

2．轻度中暑　除了有先兆中暑现象外，还表现有面色潮红、皮肤灼热、面色苍白、呕吐、皮肤湿冷、脉搏细速、血压下降等循环衰竭的现象。

3．重度中暑　主要表现为皮肤苍白，出冷汗，肢体软弱无力，脉细速，血压下降（收缩压小于80mmHg），呼吸表浅且快，体温变化较大，意识模糊，严重者会昏迷，甚至死亡。

发现中暑者，应迅速将其抬到通风、阴凉、干爽的地方，使其平卧并解开衣扣，松开或脱去衣服，并用冷毛巾擦拭身体，待意识清醒后，可饮用一些清凉饮料，适当地补充水分。如果失去知觉，可指掐人中、合谷等穴，使其苏醒；如呼吸停止或心跳停止，应立即实施人工呼吸或胸外心脏按压并及时送医院进行诊治。

炎热季节进行体育锻炼时，应尽量避免在一天中最热的时间（10：00—16：00）在室外运动，如有条件应安排在有良好通风、降温设备的室内进行运动，安排好活动期间的营养和供水，适当增加蛋白质的供给量，多吃新鲜的水果和蔬菜，通过电解质饮料等方式补充无机盐，运动时必备防暑药物，如人丹、解暑片等。

第四节　健康体适能的应用

体适能是指具有充足的精力从事日常工作或学习，而不感觉疲劳，同时还有精力享受休闲娱乐，能够适应各种突发状态的能力。健康体适能主要包括心肺耐力、肌肉力量与肌肉耐力、柔韧性和身体成分四个方面要素。

一、提高心肺耐力体适能的主要方法

心肺耐力体适能是指人体心血管系统和呼吸系统摄入、运送和吸收利用氧气，进行新陈代谢，产生能量的能力；良好心肺耐力的适应能力是防治某些慢性疾病和促进身心健康的基础。

（一）心肺耐力体适能概述

1．影响心肺耐力体适能的因素

（1）最大摄氧量：是影响心肺耐力体适能的首要因素，是有氧代谢功能的基础，人体摄氧能力越强，心肺耐力就越好。体内氧气供应主要与呼吸、循环和组织细胞代谢水平有关，一般普通人最大摄氧量为2～3升/分钟，而经常从事性耐力运动的人可达4～6升/分钟。

(2)氧分压：也是影响心肺耐力体适能的重要因素，血液中的血红蛋白与氧的结合主要受氧分压的影响。血液中血红蛋白含量的多少，直接影响肌肉组织利用氧的能力。

(3)心输出量：是反映心肺耐力水平的重要指标。主要是以每分钟心脏的射血量为单位，受心率和每搏输出量的影响，有氧耐力运动可以有效提高心容量和心肌收缩力，使心脏每搏输出量增加，从而提高心输出量。

(4)动静脉氧差：也是反映心肺耐力水平的主要指标，直接反映了组织细胞的代谢水平，氧差愈高说明组织细胞消耗氧愈多，对氧的利用能力愈强。

2．评定心肺耐力常用的指标

(1)评定运动强度的指标

①心率：通常体育运动过程中，心率作为评定运动强度的常用指标，一般用目标心率作为评定运动强度的主要指标。

$$目标心率 = (220 - 年龄) \times 60\% \sim 80\%$$

②最大摄氧量：是指人体在进行有大量肌肉群参与的力竭性运动中，当心脏泵血功能和肌肉利用氧的能力达到本人极限水平时，单位时间内（通常指每分钟）所能摄取的氧量称为最大摄氧量（maximal oxygen uptake，VO_2max）。是评定人体有氧工作能力的重要指标。

③梅脱：梅脱（metabolic equivalent of energy，MET）是能量代谢当量，指每千克体重，从事一分钟活动消耗 3.5 毫升的氧，其运动强度为 1 MET（指安静时每分钟的需氧量）。

梅脱作为评定心肺耐力体适能优劣的常用指标，用最大摄氧量除以 3.5，即可以得出其相应的梅脱值。

(2)评定心肺耐力体适能的指标

①心脏耐力体适能能力（functional capacity，FC）：是指机体在尽力活动时所能达到的最大值梅脱值（单位是 MET），或指在有氧范围内，机体所能完成的最大强度的梅脱值。

②运动能力（exercise capacity，EC）：是指进行提高心脏耐力体适能能力的运动处方锻炼时，应保持的运动强度（单位也是 MET），由 FC 的百分数计算而来。进行有氧耐力运动中，参与对象和锻炼目的不同，EC 所占 FC 的百分比范围也不同，最低可取 40%，而最高可以取到 90%。

③靶心率（target heart rate，THR）：是指心脏功能能力评定后确定的，在提高心脏功能能力的健身运动中应达到和保持的心率。

④最大预期心率：通常是指人体在最大强度进行练习时所能达到的最大心率。通常采用 220 减去年龄来计算，老年人可用 195 减去年龄来计算。

(二)提高心肺耐力体适能的锻炼方法

1．锻炼目标　提高人体有氧工作能力，增强心、肺功能，预防心血管疾病等。

2．运动内容　主要运用有氧运动的方法进行体育锻炼。锻炼时应遵循节律的、持续的、近似全身性运动的原则，主要有健步走、慢跑、骑自行车、游泳等项目。

3．运动强度　可以采用在靶心率的范围内进行运动，也可以采用最大吸氧量的百分比表示。一般普通人采用 40% ~ 50%VO_2max 进行有氧运动有较好的效果，70%VO_2max 为安全界限，超过 80%VO_2max 则容易出现危险。

4．持续时间　运动强度和持续时间共同决定一次训练的运动量和热量消耗。健身运动的持续时间，一般保持在 20 ~ 90 分钟。

5．运动频率　每周运动的次数，通常每周 3 ~ 5 次，隔天进行有氧运动就会取得较好的效果。

6．注意事项　为保证运动的安全性，根据健身者的特点，提出相应的注意事项，例如禁止采用危险的运动项目和易发生危险的动作，并且每次锻炼前准备活动要充分，锻炼后的整理活动要有针对性等。

二、提高肌肉力量与肌肉耐力的主要方法

肌肉力量与肌肉耐力对普通人群来讲，身体各肌群的力量应当得到适度的、均衡的发展，同时还需要重复多次，或持续一定时间的耐力，这样才能适应日常生活、工作、休闲活动和应对各种突发事件的需要。

（一）影响肌肉力量和耐力的因素

1．肌肉生理横断面　力量锻炼可使肌肉力量增加，主要是由于肌纤维横截面积增加形成的。肌纤维的增粗，包括肌肉收缩时肌凝蛋白的增加、肌肉毛细血管网增多、结缔组织增厚，以及肌糖原增加等，这些都有助于增大肌肉的收缩力量。

2．肌纤维的类型　人体肌肉组织中肌纤维的类型直接影响到肌肉力量与肌肉耐力。肌纤维的类型主要分为快肌纤维和慢肌纤维两种。数量相同时快肌纤维比慢肌纤维的收缩力更大，主要是因为快肌纤维内含有更多的肌原纤维，无氧功能酶的活性高，供能速率快，单位时间内可完成更多的机械功；而慢肌纤维中含有线粒体体积大且数量多，线粒体中有氧代谢酶的活性较高，肌红蛋白的含量比较丰富，毛细血管网比较发达，有氧代谢潜力较大，更有助于肌肉的耐力的增长。

3．神经支配调节能力的改善　肌肉力量与神经控制能力有一定的关系，神经控制能力能够有效调节肌肉内的运动单元的募集。运动水平低的练习者，只能动员60%的肌纤维，而运动水平高的练习者，可动员超过90%的肌纤维。神经支配调节对改善主动肌与协调肌和对抗肌间的相互协调关系有重要作用。中枢神经系统兴奋性增高，会导致肾上腺素、乙酰胆碱等其他一些生理物质的大量释放，这也是影响力量大小的重要因素。

4．肌纤维收缩时的初长度　肌肉在收缩前常会出现离心收缩将肌肉拉长，然后再做向心收缩，即通常所说的超等长收缩。有研究表明，肌纤维处于一定长度时，粗肌丝肌球蛋白横桥与细肌丝肌动蛋白结合的数目最多，从而使肌纤维的收缩力增加，肌肉收缩时肌纤维所处的这种长度叫做最适初长，此时肌小节长度为2.0～2.2微米。肌小节过短或过长将导致粗肌丝肌球蛋白横桥与细肌丝肌动蛋白结合的数目减少，从而使肌肉力量下降。肌肉被拉长后立即收缩所产生的力量远大于肌肉先被拉长间隔一段时间再收缩所产生的力量，这是因为快速收缩使肌肉出现牵张反射，反射性地提高了肌肉力量。

5．肌肉收缩时动员肌纤维的数量　组成肌肉各运动单位的运动神经元的兴奋性不尽相同。通常情况下，慢肌运动单位神经元的兴奋性较高，快肌运动单位神经元的兴奋性较低。当肌肉受到的阻力负荷较小时，主要由兴奋性较高的慢肌运动单位兴奋收缩完成，此时动员肌纤维数量较少，随着阻力负荷增加，运动中枢传出的兴奋信号也随之增强，兴奋性较低的运动单位亦被逐渐动员起来，参加收缩的肌纤维数量也随着增多。所以在进行肌肉力量练习时，负荷强度的大小决定着发展的是肌肉力量还是肌肉耐力。

6．骨杠杆的机械效率　在人体运动过程中骨杠杆的机械效率对肌肉力量发挥有直接影响。由于身体某部分运动环节位置的改变而引起肌肉的牵拉角度和骨杠杆的阻力臂与力臂相对长度比率发生变化，骨杠杆沿直角牵拉时产生的机械效率最大，远离直角的角度越大，拉力就越小。

7．年龄和性别　根据每平方厘米横截面积所具有的力量来看，男女之间没有区别。但是，两者之间肌肉体积和其有效力量存在区别。从事相同的锻炼男性力量更有优势，是由于男性体内雄性激素水平高于女性，而雄性激素是促进肌肉发展的主要生理因素。

一般人在25岁之后，力量开始衰退。系统的力量训练，无论什么年龄都有助于增强体质

或延迟力量的衰退。

（二）提高肌肉力量与肌肉耐力的主要方法

1. 锻炼目标　根据自身各部位肌肉力量和耐力现状，制订合理的训练计划，有针对性地提高某一肌群肌肉力量与肌肉耐力。

2. 活动内容的选择　根据练习者身体各部位的力量测试结果，选择要发展的部位。通常情况下采用等张练习的方法进行，在练习过程中首先选择大肌肉群进行练习，再选择小肌肉群进行练习，例如：在练习上肢力量时，先选择卧推，发展胸大肌、肱三头肌等大肌群，再选择弯举、腕屈伸等练习发展上肢小肌群力量。

3. 提高肌肉力量和耐力运动强度的确定　练习负荷的大小是影响肌肉力量提高的首要因素。练习负荷量的大小可用"最高重复次数"（RM）来表示。RM是指某一肌肉或肌群在疲劳前能举起某一指定次数的最大负荷。例如卧推，某人在疲劳前重复举起某一重量10次，那么这个重量就是最高重复10次的负荷，就是此人卧推10RM的负荷。RM只代表能最多连续重复某一重量的重复次数，而不能反映负荷的重量。因此练习者可根据自己的实际情况找出各肌群的最大负荷1RM的负荷重量，以满足发展不同肌群的需要，取得最佳的锻炼效果。5RM以内的负荷能使肌纤维增粗，肌肉的体积增大，对提高肌肉力量效果显著。普通练习者更适合于6～10RM的负荷进行锻炼。肌肉耐力一般采用15～30RM的负荷重量进行练习。

4. 练习的组数和重复的次数　对提高练习者肌肉力量，采用3～6组和2～10RM的负荷重量组成的等张力量练习，可使肌肉力量明显提高。采用6组以上和15～30RM的负荷重量组成的等张力量练习，可使肌肉耐力明显提高。采用6组左右和10RM的负荷重量组成的等张力量练习，对提高肌肉力量和肌肉耐力同样有较好的效果。

5. 练习频率　一般性力量每周练习3次，可使肌肉力量明显增加又不至于产生慢性疲劳。要求每次练习之间要有充分的恢复时间（隔天1次），而且每组之间也要使肌肉充分恢复，每组练习之间休息1～3分钟，肌肉耐力练习每组之间休息1分钟。

6. 注意事项　练习者在进行肌肉力量练习前，可根据自己身体的实际情况，必须充分做好准备活动，练习时必须遵循循序渐进的原则。使用器械时应注意安全，尤其是使用5RM以内重量进行练习时，必须有人保护，以免伤害事故发生。

三、提高柔韧性的主要方法

柔韧性体适能是健康体适能的重要组成部分。良好的柔韧性素质保证肢体有较大的活动范围，可自如地完成各种动作，提高应对各种突发事件的能力，并可在意外情况下预防肌肉拉伤、关节韧带扭伤的发生，或减轻损伤程度。

（一）影响柔韧性的因素

1. 关节结构及其周围组织　骨关节的结构是由关节头、关节窝以及周围的韧带和肌腱组成，它的活动范围是由关节头和关节窝的两个面的差所决定的，差值越大，关节活动幅度也就越大。

2. 年龄和性别　通常10岁之前柔韧性可获得自然发展，10岁之后则呈现自然下降的特点。从性别来看，不同年龄段的女性柔韧性都优于男性。

3. 温度　人体由于内外环境温度升高时，肌肉新陈代谢加强，供血增多，肌肉的黏滞性减少，从而提高柔韧性。由于一年四季室外温度的变化，身体的柔韧性也随着发生变化，身体的柔韧性在冬季最差，在夏季最好。

4. 运动项目　经常参加体育锻炼者，由于选择不同的运动项目进行体育锻炼，不同运动对柔韧性的要求不同，采用的方法、手段存在差异，柔韧性的水平差异也比较显著。

5．心理因素 由于心理紧张过度，会造成肌肉僵硬使肌肉的活动范围受限，从而影响肌肉的协调能力，关节的柔韧性显著下降。

6．遗传等相关因素 由于个体的遗传性状不同，造成先天关节活动范围、神经传导类型等差异较大，影响身体的柔韧性。

（二）提高柔韧性的方法

1．锻炼目标 根据自身各部位柔韧性的现状，制订合理的训练计划，加大关节的活动幅度及灵活性，提高肌肉、肌腱、韧带的延展性。

2．锻炼内容 对于健身锻炼者来说，关节本身一般没有活动障碍，影响柔韧性的是肌肉、肌腱、韧带的延展性。锻炼内容通常以牵张练习为主，锻炼方法主要有动力性和静力性肌肉伸展法以及本体感受神经肌肉伸展法（PNF法）。

3．运动负荷 主要包括负荷强度、持续时间、重复次数、间隔时间、运动频率等。

（1）静力性肌肉伸展法

①负荷强度：确定锻炼内容之后，按照动作要点进行练习，逐渐加大动作幅度，或逐渐加大给予的助力。练习者感到局部肌肉受到牵拉时的负荷，即为适合的负荷强度。

②持续时间和重复次数：锻炼初期，当练习部位出现牵拉感觉时，停留10~15秒，以后逐渐延长时间，几周后可以增加到每次停留30秒，重复3~4次。

③运动频率：柔韧性练习最好每天1次，如果时间不允许，至少要隔天1次。

（2）本体感受神经肌肉伸展法（PNF法）

①负荷强度：每次练习，需要有同伴帮助共同进行练习，首先在同伴的帮助下将肢体移动到可达到的最大幅度，然后做最大力量的静力性收缩对抗同伴的推力。

②持续时间和重复次数：对抗同伴的推力，肌肉做最大静力性收缩持续10秒钟左右，每次练习，重复3~5次。

③运动频率：每周3~4次，最好隔天1次。

4．注意事项

（1）柔韧性练习前应该先做准备活动，使身体发热，甚至微微出汗，活动开后再进行相应的练习。

（2）在练习结束后适当进行整理和放松活动，以减少锻炼肌肉的酸痛感。

（3）在进行柔韧性练习过程中，应避免突然用力过大，以免造成肌肉拉伤。

（4）注意场地器材的安全性，应尽量避免由于地板过滑使动作幅度突然加大而引起损伤。

四、改善身体成分的主要方法

身体成分是指人体脂肪组织和非脂肪组织（瘦体重）的含量在总体重中所占的百分比。身体成分是人体在生长发育过程中逐渐形成的，主要受遗传、营养、运动、环境和疾病等多种因素的影响，而营养和运动是影响身体成分的最重要因素。

（一）影响身体成分的主要因素

1．营养对身体成分的影响 人体在生长发育过程中，必须通过不断摄取食物中的营养成分来组建机体组织。合理的营养使人拥有强健的体魄；营养过剩会使身体脂肪过量堆积，引起肥胖症、糖尿病、高脂血症等相关疾病，影响人体功能的正常发挥；营养不良会影响机体的免疫力，使人体抵抗力下降，容易感染疾病，影响健康。科学合理的营养能够使人的身体成分更趋合理。

2．体育运动对身体成分的影响 体育运动是维持和促进人体健康的重要因素，对保持人体合理的成分起着重要的作用。运动可以有效地促进身体功能发育，加快脂肪在体内的分解；由于运动时肌肉组织对血液中的游离脂肪酸和葡萄糖的利用增加，促使脂肪细胞释放游离脂肪酸进行氧化分解，为运动提供能量，同时对糖的消耗增加，减少脂肪的合成；经常性的有氧运动可以促进血液中高密度脂蛋白酶的活性，提升高密度脂蛋白在血液中含量，加速脂肪的分解供能，有效改善血脂成分。有效的力量练习，可以适当提高体内肌肉比例，使体形更加匀称、健美。

（二）改善身体成分的主要方法

1．目标的确立　体育健身者根据自身的身体成分现状，确定相应的目标。

2．内容的选择　由于健身者身体成分现状不同，可以从控制膳食平衡和体育锻炼的角度出发，进行内容选择，达到改善身体成分的目标。

3．方法的采用

（1）热量均衡法：建立均衡营养理念，每天摄入膳食在人体内产生的热量能够满足机体新陈代谢的需要，使机体的热能能够收支平衡。如果热量摄入过多，多余的部分就会在体内转变为脂肪，增加了机体负担，影响了各系统的功能，易患高血压、脂肪肝等慢性疾病。

（2）平衡膳食法：形成科学的饮食观念，保证膳食中提供的营养物质均衡，合理摄入人体所需的蛋白质、糖类、脂肪、维生素、矿物质、纤维等营养物质，合理搭配早、中、晚三餐饮食的热量占比（30∶40∶30），养成良好的膳食习惯。

（3）体育健身法：体育运动可以使摄入过多物质产生的能量得以消耗，保持身体成分的合理。对于身体脂肪过多的人，可采用长时间低强度有氧耐力性项目（如健身走、慢跑、游泳、骑自行车等）进行身体练习，消耗体内多余的脂肪，达到减肥、降脂的目的；对于身体瘦弱的人，除了加强营养之外，适当增加肌肉力量和柔韧性练习，使身体肌肉得到发展，增加食欲，达到强壮身体的目的。

4．注意事项

（1）改善身体成分过程中，在控制营养物质的摄入时，一定要适量减少，不要急于求成。

（2）进行体育运动改善身体成分时，一定要循序渐进增加运动量。

思考题

1．体育健身包括哪些内容？
2．体育健身时应考虑哪些原则？
3．准备活动和整理活动的目的是什么？
4．如何判定运动性疲劳？
5．体育健身过程经常遇到的生理现象有哪些？
6．影响心肺耐力的因素有哪些？如何提高心肺耐力？
7．影响肌肉力量和肌肉耐力的因素有哪些？如何提高肌肉力量和肌肉耐力？
8．柔韧性的练习方法有哪些？
9．如何改善身体成分？

（杨树堃）

第五章 运动处方

学习导言

医学院校的学生不仅应该会给患者开具用药处方,还应当掌握指导患者进行科学锻炼以及防病于未然的运动处方。科学有效的运动处方不仅有助于患者更快康复,还能够使健身锻炼参与者的健身过程取得事半功倍的效果。

学习提要

1. 了解运动处方的概念。
2. 了解运动处方的实施原则。
3. 掌握基本的运动处方实施方法。

第一节 运动处方概述

一、运动处方的概念

处方是指医师给患者开具的药方,根据不同的病情或同一种疾病的不同程度使用不同的处方。处方具有针对性和唯一性。同样,运动处方则是根据处方对象的自身情况和目的,针对性地开具运动的要求、方法、注意事项等要素的处方,这样开出的运动处方能够使处方对象更好和更快地达到处方所规定的目的。

临床医生根据科学的医学检查结果诊断病人的病情,根据不同的病情开具不同的用药处方。不同的药品、不同的剂量和不同的服用方法,对疾病所起的作用和效果相差甚远。不同的运动形式、运动内容以及运动量,不同的负荷和不同的锻炼方法,对人体的作用效果也不一样,适宜的运动可以增强体力、提高机体的防御能力,起到预防和治疗疾病的作用。运动处方可以概括为:根据其医学检查结果和运动能力的测试结果,按照其自身健康、体力以及心血管功能状况,结合所处生活环境和运动偏好等特点,用处方的形式制订适当的运动项目、次数、强度及时间,并提出运动中的注意事项,以便有计划地进行经常性锻炼,达到健身或治病的目的。运动处方与药物处方的异同见表5-1。

所开具的运动处方要与临床医师为患者开具治疗处方的方法相同,处方对象按照运动处方进行有计划、安全、可靠、科学的锻炼,在最短的时间内可达到康复和健全身体的目的。

表5-1 运动处方与药物处方的异同

运动处方	临床药物处方
运动负荷试验	医学检查
运动项目及内容	药物名称
运动强度	用药剂量
运动频度	日服次数
运动的注意事项	服用方法及注意事项

二、运动处方的目的

运动处方的宗旨是指导人们有目的、有计划地进行科学锻炼,从而达到促进体质健康和康复疾病的目的。

从事体育锻炼必须遵循体育的科学规律。不同形式的体育运动,对人体免疫功能会产生正面或负面两种不同结果,适当负荷强度和运动频度的体育锻炼,能够有效地提高人体免疫功能,反之,锻炼强度过大、频度过高、持续时间过长,不仅不能增强人体的免疫功能,还会出现运动性免疫抑制的现象,导致人体免疫功能低下。因此,进行体育锻炼就要遵循科学性、安全性、有效性和个性化的原则。而制订运动处方正是按照处方对象的具体情况以及兴趣爱好,制订运动参加者所适合的运动项目、运动强度、运动时间和运动频率。按照正确的运动处方进行体育锻炼,可以以最短的时间和最少的付出,取得最佳的锻炼效果。

在提出运动处方的过程中,指导者首先要明确处方对象的目的是促进健康、治疗疾病还是减轻病痛。如果目的是为了减轻病痛和治疗疾病,一定要在职业医师和康复治疗师的参与下制订运动处方,并且要附有医师的签字,这样可以避免一些法律上不必要的纠纷。另外,针对以增强体质为目的的锻炼者制订运动处方的时候,首先要明确锻炼者从事锻炼的具体目的,与其共同协商制订锻炼的近期目标和远期目标。

三、运动处方的分类

运动处方有四种分类方法,在这四种分类的基础上还可以分为多个小种类,使用更加明确的分类有助于我们更好地运用运动处方,更加有效地发挥其作用。

(一)按照应用目的进行分类

1. 以增强体质和增进健康为目的的健身运动处方。
2. 以预防疾病和辅助治疗某些慢性病为目的的治疗性运动处方。
3. 以恢复身体运动功能及病后康复为目的的康复性运动处方。
4. 以提高专业运动成绩为目的的竞技训练运动处方。

(二)按照针对不同人体组织系统进行分类

1. 发展力量的运动处方(如发展上肢力量可采用卧推杠铃、引体向上等锻炼方式)。
2. 发展心、肺功能的运动处方(如以长跑或自行车运动来发展心功能和肺活量的锻炼方式)。
3. 发展速度的运动处方(如短跑、立定跳远、跳绳等运动内容)。
4. 发展灵敏性、协调性的运动处方(如健美操、球类运动等运动方式)。
5. 发展柔韧素质的运动处方(如瑜伽等运动方式)。

(三)根据锻炼者的期望获得锻炼效果分类

1. 塑造身体形态的运动处方(如提高身高的运动处方、改善体重的运动处方、改善胸围的运动处方等)。
2. 提高身体功能的运动处方(如增强心血管功能的运动处方、增强肺功能的运动处方等)。
3. 增强身体素质的运动处方(如提高肌肉力量、增强协调性和灵敏性的运动处方等)。
4. 调节心理状态的运动处方(如缓解心理压力的运动处方,以郊游、旅游为主等)。
5. 提高身体适应能力的运动处方(如拓展训练等形式的运动处方)。

(四)根据锻炼者的年龄特征分类

1. 针对幼儿的运动处方。
2. 针对青少年的运动处方。

3．针对成年人的运动处方以及针对老年人的运动处方。

同时，运动处方按照应用的目的和对象可分为以下三种类型：第一种是竞技训练类的运动处方，此类运动处方是根据运动员的运动项目进行科学训练，以提高身体素质和运动技术水平；第二种是预防保健类的运动处方，是以为年轻人和中老年人增强体质、提高健康水平为目的，按照运动处方进行科学有效的锻炼；第三种是临床治疗类运动处方，是针对患者以治疗疾病和提高康复医疗效果为目的应用型运动处方。

制订运动处方时要充分考虑到实施运动处方的环境因素，包括在实施运动处方时锻炼者所处的工作以及生活环境，如大部分人主要的锻炼场所是在公园、广场以及社区活动中心等；有些处方对象习惯在健身场所中去寻求更为专业的健身指导，还有些处方对象则选择购买健身器材在家中进行健身锻炼；等等。然而，大多数的学生则是在学校中进行各种体育活动。根据这些不同的场所和环境，可以把运动处方分为社区健身运动处方、健身场所运动处方、家庭健身运动处方以及学校健身运动处方。

第二节　运动处方的实施方法

运动处方的实施方法根据其目的和内容可以分为很多种，针对同一种目的也可以采用不同的方法进行锻炼，只是要求采取适合个体需求的方法，只要锻炼方法科学、有效都可以达到健身锻炼的目的。在针对患者康复制订运动处方时，出具运动处方的方法和手段受到患者身体及锻炼环境等条件的限制，具有一定的局限性。因此，对患者制订运动处方时，明确运动处方的实施原则就显得更加重要。

一、运动处方的实施原则

运动处方的实施原则直接关系到运动处方实施过程中的安全性以及实施效果。因此，把握好运动处方的实施原则就显得更加重要。根据处方对象科学、合理地安排运动的项目、强度、时间、频度等运动处方的基本内容，是最基本的要求。运动处方的实施原则分为以下几种：

（一）个性化原则

在制订、实施运动处方的过程中，首先要按照处方对象的体质现状和特点，选择适当的锻炼内容、锻炼手段、锻炼方法和运动负荷，以达到最佳的处方效果。在贯彻这一原则时，需要根据个人的身体体质特点，科学地制订运动强度、运动时间和运动频率，应用的手段也要根据其体质评价状态来进行选择，这是运动处方最基本的原则。

（二）安全有效性原则

安全是制订运动处方必须保证的原则，制订运动处方不能超出处方对象的身体承受能力。要充分了解锻炼者或患者的病史、家族史、运动经历等相关情况，同时还应当进行相应的医学检查，在制订运动处方的时候才不会超出锻炼者的身体承受能力，让锻炼者在安全的范围内进行有效的运动锻炼。

（三）可行性原则

可行性原则是指在制订运动处方的时候，要根据参加锻炼者所处的工作情况、生活环境条件和兴趣爱好来选定针对处方使用者可行性强的运动项目，如果选择的运动项目患者或锻炼者没有兴趣，或因居住环境不能实施，也无法达到预期的效果。

（四）调整性原则

运动处方在实施一段时间后，要根据处方对象在运动锻炼中身体的适应情况和体质健康状况等实际情况，进行及时调整。一般的运动处方，要进行一次或多次调整，使运动处方与处方对象在不同时期、不同身体条件下的具体情况密切吻合。安全、有效、愉快的运动处方不是一成不变的，需要根据具体情况及时进行修订。

二、运动处方的主要内容

根据受试者的个人健康状况，以运动处方的目的为基础，在完成了相应的功能评价之后，就可为受试者制订运动处方了。一个完整的运动处方的内容包括运动内容、运动强度、运动时间、运动频度和锻炼目标，以及相应的处方格式，缺少任何一项内容，都不是一个完整的运动处方。

（一）运动内容

运动内容是指锻炼时采用的方法和手段。根据处方对象的目的选择有针对性的运动项目，所选择的运动项目要符合处方对象的兴趣，便利、易于操作。例如，对健身或改善心功能、提高代谢能力，预防"文明病"、老年病为目的者，宜选择以有氧代谢为主的健身走、慢跑、游泳、自行车等耐力性项目；对增强肌肉为目的者，选择负重练习、卧推等力量性项目为主；对为了放松心情，预防高血压和神经衰弱等目的者，可选择五禽戏等传统体育健身项目，以及散步和瑜伽等放松体操项目。一般情况下，选择有氧运动项目要考虑以下三个条件：①选择比较喜欢的两三个项目；②所选择的运动项目能在日常生活中进行；③必须考虑对象的自身条件。

（二）运动强度

运动强度指在单位时间内完成的运动量（或做的功），是对机体的刺激强度。运动强度可用最大吸氧量、心率、功率等来表示。运动强度的大小对锻炼者的机体产生直接的影响，因此在运动强度的安排上，恰当与否是直接影响运动处方效果的关键，反映某一运动强度对身体承受负荷的强度，最简单的方法就是用运动后即刻测得的10秒钟心率来进行衡量。有条件的可用动态心率监测器来随时监测运动中的心率变化，这样能够保证运动强度控制在最佳的状态。因个人体质、锻炼目的和项目特点的不同，最佳的运动强度也因人而异，科学的方法是在对处方对象体能检测的基础上，按体育保健专家或者医生提供的运动处方来执行。

（三）持续时间

持续时间是指完成每次运动所需要的时间，以及达到处方要求强度的持续时间。运动时间的长短，要根据锻炼者个人身体情况、医学检查状况、运动频度的大小而定。在运动强度相同的情况下，运动持续的时间越长，身体所承受的运动刺激也就越大。运动持续时间与运动的强度呈反比，运动持续时间越长所需要的运动强度也就越小，反之亦然。中老年人及体弱多病患者适宜做低强度较长时间的运动，一般情况下每次运动时间为20～40分钟。

（四）运动频率

运动频率是指每周进行运动的次数。运动间隔时间过长或过短都会对运动处方的效果产生不同的影响，一定要根据处方对象自身情况来确定运动的频度。一般情况下，一日一次或隔日一次进行运动是普遍采用的形式，如果锻炼间隔超过一周，就会失去通过锻炼强身健体的意义。

（五）运动处方的格式

这一内容往往会被认为无关紧要，但是正确的处方格式有利于处方对象较为明确地掌握处方的实施细则，也可以为处方制订者提供系统的制订方案。运动处方可根据不同的需要采用不同的处方格式，但在处方中，必须明确地指出禁止参加的运动项目、锻炼的自我监督指标以及出现异常情况时停止运动的准则等。在制订和执行处方时，必须严格遵守循序渐进、个别对待的原则，锻炼过程中须加强医务监督，充分考虑安全。

第三节 运动处方事例

制订不同的运动处方需要共同遵循运动处方的制订原则,并且严格按照运动处方的制作流程,充分考虑到处方对象的个体差异性,明确处方对象的目的,运用有效且易于实施的方法,制订针对强、便于实施的运动处方。

一、运动处方的制作流程

运动处方的制订是建立在一系列科学检测和信息取得的基础上,针对处方对象的目的和体质健康状况,依据运动处方的原则制订的。运动处方的制作流程包括:一般性检查→临床医学检查及客观数据取得→运动负荷试验及体能测试→评价→制订运动处方→实施运动处方→医务监督→调整运动处方→运动处方的再实施。

(一)一般性问题的取得

一般性问题由五个步骤组成,通常用简单对象访问协议(simple object access protocol,SOAP)格式记录:

1. 主观数据的收集。
2. 客观数据的收集。
3. 一个问题列表的评价和产生。
4. 一个诊断和治疗计划的阐述。
5. 定期的再评价。

(二)临床医学检查及客观数据的取得

临床医学检查包括对运动系统、心血管系统以及呼吸系统的检查,该检查的目的在于为科学地评价处方对象的健康状况提供有效数据,及时发现运动禁忌证和潜在的疾病和危险因素。

(三)运动负荷及体能测试

运动负荷和体能测试是为了了解处方对象的体质健康状况和体能情况。具体实验分为以下几种。

1. 有氧运动试验 测量高耗氧率的能力,包括最大耗氧量(VO_2max)、耗氧峰值(VO_2peak)、心电图(ECG)、心率(HR)、血压(BP)、梅脱值(METs)、乳酸阈值。
2. 无氧运动试验 测量进行不连续的高强度运动能力,包括氧债、30秒峰值功率、乳酸峰值。
3. 耐力试验 测量长时间进行持续亚极量有氧运动能力,包括如12分钟跑等单位时间或一定距离内的运动成绩。
4. 力量试验 测量进行抗高阻力间断运动能力,包括峰值力矩、最大主动收缩力、等动力做功及最大重复次数等。
5. 柔韧试验 测量关节在活动范围内移动能力,包括关节角度及活动范围等。
6. 神经肌肉试验 测量进行需要协调和技能的活动能力,包括步态分析、平衡保持时间、反应时等。
7. 功能特性试验 测量日常生活中特殊身体活动的能力,包括限时步行、举物、步态等。

运动试验方案应该个性化,因为它是为形成运动处方可行性计划提供最佳信息的来源。为了这一任务的顺利实施,运动训练专业人员需要对受试者进行潜在运动能力的评价,根据专业知识等信息,应用这一评价以得到最佳的测试结果。

(四)进行评价

根据之前取得的信息和数据,制作形成一张问题样表。包括:①低氧能力;②低通气阈;③在75%氧容量下低耐力;④无力的髋部和膝部伸肌等。

在充分获得处方对象的信息之前，像这样的评价过程应当进行几个回合的测试和再评价，通过这样的评价过程才能获得处方对象的完整个人信息，这将直接影响到运动处方的制订。

（五）制订运动处方

运动处方的制订是一个诊断和治疗相结合的过程。针对慢性疾病或功能不全的对象制订运动处方相对来讲比较复杂。在通过反复的评价和试验获取处方对象的个人完整信息之后，才能够形成一个较为完整的、包含运动程序在内的可行性计划。首先，要建立一个实际并可达到的长期目标的运动处方；然后建立容易达到的中、短期目标，着重注意处方实施中的安全性原则，在进行运动的过程中有可能存在因运动而带来的风险，如运动损伤等。运动的危险性往往被狭义地理解为心脏病急性发作和猝死等内容，心脏病患者这方面的危险就会增加。在制订运动处方的时候要考虑到各种活动相关的危险因素，或因活动导致疾病的加重等危险因素，结合每个考虑到的因素，设计运动实施训练计划。从受试者当前的健康状况出发，选择运动的强度、持续时间以及频率的实际水平，而且必须严格按照标准程序（例如 20～40 分钟，每周 3～4 次），这样的计划可以减少心脏病急性发作和猝死等情况的发生。

二、脑血管意外的运动处方

要通过医学影像学（CT、MRI 等）明确脑血管意外患者的病情，结合药物治疗的同时确定运动处方的目的。

通过运动实验（步态、关节活动域等）评价患者的运动控制能力及肌力。一般采用 Brunnstrom 偏瘫功能评价法、Fugl-Meyer 法、上田敏法将脑血管意外后肢体偏瘫功能，根据肌张力的变化情况分为六阶段进行评价（表 5-2）。

表5-2 Brunnstrom偏瘫功能恢复六阶段及功能评价标准

功能评价	上肢	手	下肢
Ⅰ	无随意运动	无随意运动	无随意运动
Ⅱ	仅出现协同模式	仅有极细微屈伸	仅很少随意运动
Ⅲ	可随意发起共同运动	可做钩状抓握，但不能伸直	坐和站位上，有髋、膝、踝共同向弯曲
Ⅳ	出现脱离共同运动的活动：肩0°、肘90°下前臂旋前旋后；肘伸直肩可屈90°；手臂可触及腰骶部	患侧捏及松开拇指，手指有半随意的小范围伸展活动	坐位屈膝90°以上，可使足后滑到椅子下方，在足跟不离地的情况下能做足背屈
Ⅴ	出现相对独立的共同运动活动：肘伸直肩外展90°；肘伸直肩前屈30°～90°时前臂旋前旋后；肘伸直前臂取中间位	可做球状和柱状抓握，手指同时伸展，但不能独立伸展	健腿站，患腿可先屈膝后伸髋，在伸膝下做踝背屈（中心落在健侧腿上）
Ⅵ	运动协调接近正常，手指指鼻无明显辨距不良，但速度比健侧缓慢	所有抓握均能完成，但速度和准确性比非受累侧差	站立位可使髋外展到超出抬起该侧骨盆所能达到的范围；坐位下伸直膝可内旋下肢，能完成合并足内外翻

脑损伤康复的治疗可分为急性期、恢复期和后遗症期。

（一）急性期

急性期为病后数日，主要以急诊抢救为主。如果患者神志清醒又无进行性卒中表现，应当尽早进行康复治疗的干预，其目的主要是预防并发症和继发性损害。同时，调节和控制心理状态，为恢复期的功能恢复打好基础。

（二）恢复期

急性期过后患者生命体征稳定，意识清楚，在这种情况下即可进行运动训练，这一时期的目的在于进一步恢复神经系统功能，争取达到能够步行和生活自理的能力。

1. 恢复期分期　恢复期一般可分为软瘫期、痉挛期和改善期。Brunnstrom Ⅰ 即期软瘫期，以恢复提高肌张力，诱发主动运动为主；Brunnstrom Ⅱ～Ⅲ期即痉挛期，以控制肌肉痉挛和异常运动模式，促进分离运动的出现为主；Brunnstrom Ⅳ期即改善期，以继续控制肌肉痉挛促进选择性运动和速度运动的恢复为主。

运动训练要按照运动发展规律，由简到繁、由易到难的顺序进行：翻身→坐→坐位平衡→双膝立位平衡→单膝立位平衡→坐到站→站位平衡→步行。

2. 恢复期运动方法　脑损伤床上训练包括左右翻身、从健侧到患侧坐起、站立及平衡训练、步行训练上肢及手功能训练。通过翻身等躯干动作可以训练腰背肌、腹肌及呼吸肌；坐起及坐位平衡训练要求达到三级平衡。从坐到站起训练，掌握重心的转移；站立及平衡训练目的是为以后的步行做准备，要求能单腿独立负重，主动屈髋、膝和踝关节屈伸等练习。可进行起床训练、坐位提腿踏步、站立位双下肢重心转移、上下台阶及患腿向前向后迈步等训练。步行训练包括步行练习前的各种准备活动，在有人扶持立位下患腿做前后摆动、踏步、屈膝、伸髋训练等，注意避免膝过伸；上肢及手功能训练一般是针对大关节活动恢复较早较好。手部的精细动作恢复较慢较差，需进行强化训练患者的训练形式，包括肩关节和肩带的活动，仰卧位上举手臂，并向不同方向移动，坐位直臂前举、上举、外展等。

3. 后遗症期　为发病3个月以后，是为了防止患者功能性退化，并尽可能改善患者对周围环境的不适应，提高日常生活自理能力。对有工作能力的未退休患者，应当酌情进行职业康复训练。

三、提高耐力的运动处方

耐力是指人体对长时间工作的耐受能力。心、肺耐力是指人们持续进行身体活动的能力，主要与机体的呼吸系统和心血管系统的功能相关，直接反映人体的心、肺功能的适应能力，是人体健康水平或体质强弱的重要标志。

在制订运动处方前，通过运动耐力试验（exercise tolerance testing，ETT）测试，确定受试者的功能能力（functional capacity，FC），包括运动强度、活动内容、持续时间、运动频度及注意事项等。

低强度、长时间的运动强度与高强度、短时间的运动强度在提高心肺功能的作用方面可以收到同样的效果 [全美运动医学会（ACSM）1995]，但是比起高强度、短时间的练习，低强度长时间的练习可以有效避免运动损伤的发生概率。确定运动强度的常用指标是心率、吸氧量/MET、RPE。

在没有条件进行ETT测试的情况下，可以用靶心率（THR）简易推算法确定最大心率百分比（%HR max）。一般以最大心率（HR max）的70%～85%为靶心率；经常参加锻炼的人，靶心率取70%～85% HR max（相当于55%～75% VO_2max）；健康状况不佳和经常不活动的人，靶心率取55%～64% HR max即可达到提高心肺功能的目的。

在有条件的情况下，通过ETT测试取得FC后，可以确定相应的靶心率（THR）（表5-3），通过这种方法取得的数值比较准确；另外，还有采用二次负荷试验等方法获取处方对象的EC%，为运动处方的制订提供依据（表5-4）。

表5-3 不同年龄、心率运动强度、运动时间、距离参考对照表

强度	8~12岁	13~17岁	18~29岁	30~39岁	40~49岁	50~59岁	69岁以上
（大强度）100%	195	190	190	185	175	165	155
90%	180	175	175	170	165	155	145
80%	170	165	165	160	150	145	135
（中强度）70%	160	155	150	145	140	135	130
65%	150	150	140	140	135	130	125
60%	145	140	135	135	130	125	120
55%	140	135	130	130	120	120	115
（小强度）45%	130	125	120	115	110	105	105
40%	125	120	115	110	105	100	100
距离（米）	1500	3000	6000	5000	5000	4000	3000
时间（分钟）	30	50	50	60	60	60	60

表5-4 耐力运动处方制订原则

功能级别	病情	MET	FC/METs	EC%	次/周（日）	分钟/次	备注
四	有症状的病人	1	<3	40~50	2/日	1~5	医务监督 心电
		2					
三	病后恢复期	3	3~5	50~60	1~2/日	20~30	医务监督 心电?
		4					
二	健康脑力劳动者	5					
		6	5~7		3~4/周	20~60	医务监督 心电?
一		7		60~70			一般监督
		8					
	经常参加锻炼的人	9	8~10		3~5/周	30~60	
		10					
正常		11					
		12					
		13	10~15	60~80	3~5/周	30~60	
		14					
		15					
		16					
运动员	—	17					
		18	>16	70~90	3~6/周	60~120	
		19					
		20					

确定了运动强度以后，就要选择适合的活动内容（参照表5-5）。

表5-5 不同项目的运动强度表

项目	METs	项目	METs
射箭	3~4	打猎（小枪）	3~7
羽毛球	4~9	打猎（大枪）	7~14
篮球（练习）	3~9	慢跑	7~15
篮球（比赛）	7~12	爬山	5~10
仰卧、坐位上肢练习	1~2	水球	8~12
保龄球	2~4	帆船	2~5
划船	3~8	潜水	5~10
韵律体操	3~8	旱冰、滑冰	5~8
舞蹈	3~7	滑雪	5~12
击剑	6~10	冲浪	5~7
钓鱼	2~6	足球	5~12
橄榄球（进攻）	6~10	上台阶	4~8
高尔夫球	2~7	游泳	4~8
手球	8~12	乒乓球	3~5
徒步旅行	3~7	网球	4~9
骑马	3~8	排球	3~6
跳绳	12	垒球	3~6
骑自行车（20.8千米/小时）	9	桌球	2.3
韵律操	5.8~11	慢跑	5.6~12

四、柔韧性的运动处方

柔韧性是指人体关节活动幅度以及关节韧带、肌肉、肌腱、皮肤以及其他组织的弹性和伸展能力。它是一项在日常生活、劳动和体育运动中，必需的基本身体素质，柔韧性的下降可直接影响人们正常的生活和工作。

在制订柔韧性运动处方前，要针对处方对象进行柔韧性评定，测量柔韧性的方法比较简单，可以利用直尺、皮尺、量角器等工具直接对关节活动的最大幅度进行测量。

针对关节结构基本正常的处方对象，柔韧练习首先是提高肌肉的伸展性，其次是改善关节周围软组织的性能，因此，主要以牵拉肌肉的练习为主。柔韧性练习可以分为被动运动、主动运动、助力运动、阻力运动等形式。被动运动仅用于康复训练中，健身锻炼主要采用主动运动。最常用的柔韧练习是牵张练习，包括冲击性牵张练习和静力性牵张练习。

柔韧性练习的注意事项：

（1）以静力性练习和本体感受神经肌肉伸展法（PNF）练习为主，减少强力冲击性牵张练习，防止因过度冲击性牵张练习带来的附带损伤。

（2）主动性练习要控制好牵拉强度，掌握适中的牵拉强度可以更好地达到锻炼效果，避免引起附带损伤。

（3）在助力运动中一定要避免辅助者用力过猛，要随时掌握受力方的本体感受。

（4）练习之前需要做好充分的准备活动，使身体发热后才能进行练习。

(5) 练习之前要彻底检查场地器材以及着装的安全性。

(6) 提高柔韧性的康复治疗不会是一个直线上升的过程，此类练习需要持之以恒。

(7) 牵拉练习的过程中有可能会造成一些微小的损伤，可能使症状出现加重的现象（康复治疗过程中，会将粘连部分撕开以提高关节活动幅度）。练习后进行一定的降温处理，可以缓解这种症状。

各关节活动幅度正常值见表5-6。

表5-6 各关节活动幅度正常值

部位		屈	伸	内收	外展	内旋	外旋
躯干	颈	0°~60°/70°	0°~35°/45°	0°~45°/55°	0°~45°/55°（侧屈）	0°~80°/90°	0°~80°/90°（旋转）
	脊柱	0°~80°/90°	0°~30°/35°	0°~35°/45°	0°~35°/45°（侧屈）	0°~25°/30°	0°~25°/30°（旋转）
上肢	肩	0°~160°/180°	0°~35°/45°	0°~40°/45°	0°~170°/180°	0°~80°/90° 肩外展90°位	0°~80°/90°
	肘	0°~135°/145°	0°~5°/15°				
	前臂					0°~80°/90°	0°~80°/90°
	腕	0°~80°/90°	0°~60°/70°	0°~35°/45°（尺倾）	0°~15°/20°（桡倾）		
下肢	髋	0°~120°/125° 直膝0°~90°	0°~5°/10°	0°~5°/10°	0°~35°/45°	0°~35°/45°	0°~35°/45°
	膝	0°~130°/140°	0°~10°				
	踝	0°~35°/45°	0°~15°/20°	0°~35°/45°（内侧）	0°~15°/20°（外侧）		

五、几种慢性疾病的运动处方实施原则

（一）冠状动脉粥样硬化性心脏病慢性期

冠状动脉粥样硬化性心脏病（简称冠心病）是由于冠状动脉管腔出现严重狭窄或闭塞，导致心肌血流量减少，从而影响心脏的正常工作。冠心病是随着年龄增长，发病率也逐渐升高的、危及生命的常见心血管疾病。

1. 出院前的低水平运动试验（GXT） 出院前一定要在心脏病专科医生直接参与、严密监护下进行一次 GXT 测试，这一结果是制订运动处方的最基本数据基础。

2. 运动处方的制订原则 运动可以降低血脂，加强血液中抗凝系统的活性，对防止血栓的形成和心肌梗死的发生有重要的意义。针对冠心病患者制订运动处方的时候要注意以下几点：首先要避免运动前后的情绪激动，其次是运动前不宜过饱，第三点是要注意循序渐进和持之以恒，第四点是着装要适宜，第五点是要注意避免运动后马上洗澡，第六点是要注意运动后不要吸烟。

患者的低水平运动试验测试结果 FC 达到 3~5METs，或者患者可以按正常生活节奏连续

行走200米或上下1~2层楼而无明显症状和体征者,可以定为处方适用者。相应的生活内容负荷可以参照表5-7。

表5-7 日常活动中的MET值

活动内容	MET	活动内容	MET
静卧	0.9	打扫房间	2.5
静坐	0.9	擦玻璃	4.5
写字	1	拖地	4.5
谈话	1	洗漱	2.5
打电话	1	淋浴	4
站立	1.2	穿衣	2.5
谈话	2	整理衣物	2.3
烹饪	2.5	采购	2.5
进食	1.5	移动家具	6
收拾餐具	2.3	护理儿童	3

3．运动目的 冠心病患者运动处方的目的是要促进侧支循环的建立,增加心肌供血,从而减轻心脏负荷,降低冠心病发病风险。

4．运动种类和强度 冠心病患者康复锻炼的运动种类,首先是要选择以提高机体携氧能力和提高心肺功能的有氧运动项目为主。根据患者的GXT测试结果选取散步、太极拳、慢跑、游泳、自行车等适合的项目。运动强度控制在5 METs以内,靶心率低于110次/分。

5．运动时间和运动频率 冠心病患者不适宜长时间运动,处方锻炼运动时间一般为15~20分钟,准备活动5~10分钟,整理活动5~10分钟。运动中若出现气短、心律失常、头晕、恶心等不适症状,应立即中断运动并就医。

（二）高脂血症

高脂血症运动处方的目的是通过运动增加脂蛋白酯酶的活性和改善脂蛋白代谢。制订高脂血症患者运动处方要强调每周的运动总量,而不是强调运动强度。有氧运动要采用50%~60%FC的强度,每次持续30~60分钟以及每周5次,每周能量消耗要达到9240千焦(2200千卡)以上,这样的运动量能够达到有效降低血脂的效果;采用适当的力量练习,也可以达到相应的锻炼效果。

（三）肥胖症

肥胖症的运动处方主要适应证为单纯性肥胖患者,对继发性肥胖和因药物引起的肥胖也有一定的效果。

肥胖患者的运动处方以有氧运动项目为主,运动强度控制在40%~60%心率储备(HRR)中等运动强度,运动时间控制在40~60分钟,运动频率为每周5~7次。

超重和肥胖患者由于运动过程中身体负荷较大,应当选择对关节损害较小的运动项目,降低热量的摄取,减重目标以每6个月降低10%为宜。

六、运动处方用表的基本格式

运动处方用表所包含的内容有两个基本部分,包括对象的基本情况和专家意见。对象的基本情况要反映对象的基本体质健康状况和运动处方所针对的机体功能现状;专家建议一栏中要根据处方对象的基本情况给出具体的运动强度、锻炼项目、锻炼时间、锻炼频度、能量消耗及注意事项等，以表 5-8 为例。

表5-8 耐力运动处方样表

姓名：_____ 性别：_____ 年龄：_____ 岁：_____ 日期：：_____ 档案号：_____

体质状况评定：
　　身高：_____厘米　　体重：_____千克
　　基础代谢（BMR）：_____千卡　　体脂百分比：_____%
　　身体质量指数（BMI）：_____　　肥胖度（OBD）：_____%
　　心脏功能能力（FC）：_____METs　FC属于_____水平
　　您的心脏每分钟可供给全身的最大氧气量约为_____升
　　您的心脏每分钟可供给每千克体重的最大约为_____毫升

专家建议：
　　根据以上评定，建议如下：
　　运动强度：
　　运动能力（EC）：_____METs　主观疲劳感觉RPE：_____
　　靶心率（THR）：锻炼时心率保持在　次/分，低于这个强度的锻炼效果不佳；高于这个强度有可能在锻炼中出现意外。

锻炼项目：
　　周期性有氧运动：
　　适合您的运动项目是_____，速度大约为_____或_____
　　每400米用_____分_____秒，或每分钟走_____~_____步；
　　健身跑台：坡度为_____%，速度为_____~_____千米/小时；
　　功率自行车：功率为_____~_____瓦。
　　其他锻炼项目：_____等。锻炼时应随时按照靶心率进行调整，短时间内允许心率超过靶心率1~2次/10秒，但应及时降低运动强度，使心率回归靶心率范围之内。

锻炼时间：
　　每次_____~_____分。一次锻炼至少要持续30分钟，除准备活动和整理活动外，至少要有20分钟使心率保持在_____~_____次/分。

锻炼频度：
　　_____~_____次/周。坚持每周按照运动处方进行周期性有氧运动3次（隔日一次），即可收到锻炼的效果，如有时间，可每周增加1~2次您所喜爱的活动。

消耗热量：
　　按照运动处方锻炼，每次活动可以增加热量消耗_____千卡；
　　一周活动_____次，可增加热量消耗约_____千卡；
　　相当于减少脂肪_____千克；通过锻炼可以减少体内脂肪含量，增加肌肉的质量。

注意事项：
　1．请在锻炼时检测自己的心率，使之保持在靶心率的范围内。
　2．心率测量的方法：在运动5~10分钟后，暂停运动，测量桡动脉或颈总动脉10秒脉搏次数乘以6。或携带心率检测设备。
　3．注意平衡饮食，保持健康、乐观的心理状态。
　4．医生建议供锻炼时参考，如出现异常现象，请及时向专业人员咨询。

（王钟音）

第六章　体育卫生保健

学习导言

科学、合理的体育锻炼能够起到提高身体功能、增进健康、缓解心理压力、调节情绪和丰富文化生活的作用。但是，不正确的运动方法与运动负荷有可能对机体造成损伤，使运动者罹患运动性疾病。本章主要介绍运动过程中常用的医务监督的方法，分析常见运动性疾病与运动性损伤的病因，以及运动损伤的处理、治疗方法以及预防伤病发生的方法。

学习提要

1. 了解医务监督的概念与方法。
2. 了解运动性疾病的病因与症状表现，掌握常见运动性疾病的处理方法和预防原则。
3. 掌握运动性损伤的急救方法，掌握常见运动性损伤的处理方法与预防原则。

第一节　体育锻炼的医务监督

一、医务监督的概念

医务监督是体育保健学的重要组成部分，是科学健身、训练及比赛的保障。所谓医务监督，就是用医学的知识和方法，对运动者的健康和功能进行监护，防止锻炼中各种有害因素可能对身体造成的危害，督导和协助科学的锻炼和训练，使之符合人体生理和功能发展规律。主要包括自我监督和客观检查两个方面。

通过医务监督，可以保障运动者科学地进行体育锻炼，预防与减少运动过程中伤病的发生。

二、医务监督的方法

（一）自我监督

自我监督是运动者在体育锻炼或训练过程中，对自己的健康状况和身体功能状况进行自我观察的一种方法。通过自我监督，可以对运动量是否合适、运动内容设计是否合理、方法运用是否正确进行间接评定；可以及时监控过度疲劳、调整运动负荷、预防运动损伤及运动性疾病的发生。

自我监督内容包括：运动心情、不良感觉、睡眠、食欲、排汗量。

（二）客观检查

客观检查是通过科学检查的客观数据进行观察的方法。检查内容包括：脉搏、体温、体重、运动成绩、女性月经情况等。

（三）医务监督表的制订与填写

体育运动锻炼者应养成按时记录医务监督表的习惯，医务监督表是根据自我监督的内容来制订的，每日清晨及当日晚上进行填写。体重、运动成绩、女性月经情况等指标可定期填写

(表 6-1)。

表6-1 医务监督表

	自我监督	客观检查
运动心情	想练/一般/不想	晨脉：＿＿＿＿次；规律/不规律
不良感觉	良好/一般/不好	体重：＿＿＿＿千克；增/减＿＿＿＿千克
睡眠	良好/一般/不好	成绩：下降提高/稳定/；伤病：有/无
食欲	良好/一般/不好	月经周期：＿＿＿＿天；行经天数：＿＿＿＿次
排汗量	较多/一般/盗汗	经血量：多/正常/少；痛经：有/无

第二节 常见运动性疾病与运动性损伤的防治

一、运动性疾病

运动性疾病是指因训练安排不当或由于比赛时的运动负荷过大而造成的运动员身体功能下降或紊乱，以及由此而出现的各种疾病和症状。运动性疾病轻则影响运动成绩和身体健康，重则可能引发身体疾病甚至危害生命，常见的运动性疾病有过度训练、过度紧张、运动性腹痛、肌肉痉挛、运动性中暑、运动性冻伤、溺水、运动性月经紊乱等。

（一）过度训练

过度训练，又叫过度训练综合征，是一种慢性运动性疾病，由于运动负荷与身体功能状况不相适应，超出机体承受能力，导致疲劳连续积累而引起的一系列功能紊乱或病理状态。

1．病因与发病机制　过度训练是一种训练与恢复、运动与运动能力、应激与应激耐受性之间的失衡状态。过度训练的发生往往是多方面因素同时存在所致，主要包括运动者身体素质差或身体状况不良；不遵守科学训练原则，运动负荷量过大；缺乏必要的休息和合理的营养膳食；过度兴奋或焦虑不安、睡眠不足等。

2．症状与体征

（1）早期症状：疲乏无力，食欲缺乏，睡眠障碍（失眠、多梦、易惊醒），头晕、头痛，心情烦躁，易激动，记忆力下降，厌烦训练等。

（2）中后期症状：心悸、胸闷、恶心、呕吐、失眠、多汗、腹痛、腹泻、厌恶训练或恐惧训练。女性出现月经紊乱，运动成绩显著下降。个别可能出现消化道出血、肝大，运动后蛋白尿、血尿，脑电图异常改变等。

3．处理方法　过度训练经过正确治疗后，一般预后良好。处理原则是消除病因、调整训练、加强营养、对症治疗。

（1）调整训练计划，减少运动量，控制运动强度，减少力量性训练，减少或暂停专项训练和比赛，增加放松性练习。

（2）加强营养，多吃易消化、富含蛋白质、维生素和高糖食物；保证充足的睡眠，有条件的可以给予按摩、理疗，以消除疲劳。

4．预防措施

（1）加强医务监督，及时了解和掌握运动者对运动负荷量的适应情况。

（2）遵守科学训练原则，加强身体全面训练，特别是身体素质的基本训练。

（3）保证充足的睡眠和必需的营养供给，在大运动负荷训练和比赛后积极休息。

（4）重视运动伤病并及时治疗，伤病恢复期运动量安排要循序渐进。

（二）过度紧张

过度紧张是指在体育健身、运动训练或比赛时，运动负荷超过人体的承受能力而导致的生理功能紊乱或病理现象。

1．病因与发病机制　过度紧张是由于强烈的运动刺激和高度的精神紧张，引起运动员脑部、心肌以及内脏供血不足所致。多发生在训练水平不高、比赛经验不足及因故长期中断训练或病后初愈的运动者中，可以在一次剧烈运动或比赛后立即出现，也可在运动或比赛后一段时间发生。

2．症状与体征

（1）虚脱：表现为剧烈运动或比赛后出现头晕、恶心、呕吐、面色苍白、大汗等。运动后出现虚脱现象应选择平卧位休息，轻者休息片刻即好转，重者需要卧床休息 1～2 天症状才能得到缓解。

（2）晕厥：是由于运动中或运动后脑部一时性供血不足或脑血管痉挛引起的突然的、短暂的意识丧失，清醒后表现为精神不佳、面色苍白、头晕、头痛、乏力、恶心、呕吐、出冷汗等。

（3）脑血管痉挛：表现为运动中或运动后即刻出现一侧肢体麻木、无力、动作不灵活或僵硬，运动障碍，同时伴有头痛、恶心、呕吐等症状，严重者可出现晕厥。

（4）急性胃肠功能紊乱：情绪紧张和剧烈运动时大脑交感神经兴奋，大量血液流向体表与四肢，胃肠血液循环量大大减少，引发胃肠道蠕动功能紊乱，导致胃黏膜血管痉挛或出血性糜烂。表现为剧烈运动后短时间内出现头痛、头晕、恶心、呕吐、面色苍白等症状，体检腹部有轻压痛，脉搏可稍加快，血压大多正常。

（5）急性心功能不全和心肌损伤：主要表现为运动中或运动后出现呼吸困难、胸痛、头晕、眼花、面色苍白或发绀、阵发性咳嗽、咯血，甚至意识丧失等症状。体检可见心搏加快或心律不齐，两肺有湿啰音及哮鸣音，右季肋部疼痛，血压下降等。

3．处理方法

（1）一般处理：运动者一旦出现过度紧张，应立即终止运动，患者平卧休息，头部稍低，松解束带、衣领、袖口，以保持呼吸道畅通，保持安静，注意保暖，可适当饮用热水或咖啡。轻者休息片刻即好转，重者需要卧床休息 1～2 天才能缓解。

（2）特殊处理：晕厥者，取平卧位休息，保持呼吸道畅通，点掐或针刺人中、百会、内关、涌泉等穴，有条件者给予吸氧、嗅有刺激性的氨味，静脉注射葡萄糖，必要时送医院诊治。胃肠功能紊乱者平卧、保暖，休息观察，必要时给予止血药物，饮食流质、半流质饮食，有胃出血现象者应送医院检查治疗。对心力衰竭的患者，取半卧位休息，保持安静，给予吸氧、速效救心药物并立即送医院抢救。如果出现呼吸和心搏骤停，必须立即实施人工呼吸和胸外心脏按压等急救措施，同时迅速请医生诊治。

4．预防措施

（1）加强医务监督，大负荷运动和激烈比赛前做全面的身体检查，了解运动者身体健康状况，对心血管疾病进行风险等级评价。心、肺功能差者，心血管疾病风险等级高者，急性胃肠炎初愈者应避免剧烈运动和比赛。

（2）遵守科学训练、循序渐进原则，合理安排训练和比赛。对于初次参加运动和恢复训练者，运动量宜由小渐增，逐步加大训练强度，并避免激烈的比赛活动。

（3）赛前充分准备，调整心态，不过分追求比赛分数和成绩，消除紧张情绪；进行模拟比赛，适应比赛环境。

（4）饭后休息 1.5～2 小时再进行剧烈运动。

(三)运动性腹痛

运动性腹痛是运动中常见的症状,是指运动过程中或运动结束时产生的腹部疼痛(经检查无其他疾病等原因),多发生在中长跑、马拉松、竞走和自行车、篮球、排球等运动中。

1. 病因与发病机制　引起运动性腹痛的原因很多,主要有缺乏锻炼或运动水平低、准备活动不充分、身体健康状况不佳、精神紧张、餐后立即剧烈运动、运动前饮食不当、运动时呼吸节奏不佳等。

2. 症状与体征　运动性腹痛的主要症状是腹痛,腹痛的程度、部位、性质与运动负荷大小、病变脏器部位、腹痛起因等密切相关。

(1) 呼吸肌活动紊乱或痉挛引起的腹痛:主要是由于运动中呼吸节奏与动作不协调,呼吸急促、表浅,致肋间肌、膈肌等呼吸肌收缩活动紊乱、缺氧,引发痉挛。表现为季肋部和下胸部尖锐性疼痛,呼吸加深时疼痛明显加重。

(2) 胃肠功能紊乱或痉挛引起的腹痛:剧烈运动和情绪紧张时,大量血液流向体表和四肢骨骼肌,胃肠道局部血液循环发生障碍,导致胃肠道缺血、缺氧,引发胃肠道蠕动功能紊乱,造成胃肠壁及肠系膜上的神经受到牵扯,胃肠道肌肉痉挛而引起腹痛。饭后过早参加运动,运动前过饱、空腹运动或饮水过多,运动前进食易产气或难消化的食物,都可能引起腹痛。腹痛表现为钝痛、胀痛甚至绞痛。

(3) 肝、脾淤血引起的腹痛:主要是运动员准备活动不充分,内脏器官功能尚未达到应有的活动水平就承担了过大运动负荷,心脏负荷加重,心脏搏动不充分或无力,影响了心腔内血液的排空,静脉回心血量减少,导致下腔静脉压力增高,肝、脾静脉血液回流受阻,造成肝、脾淤血肿胀,肝、脾被膜张力增大,其被膜上神经受到牵扯而引起肝、脾区疼痛。

(4) 腹腔脏器病变引起的腹痛:腹腔脏器病变是运动性腹痛的潜在因素,如常见的病毒性肝炎、胆道疾病、消化道溃疡、炎症及胸部病变等,剧烈运动使病变器官受到牵扯、震动等刺激而诱发腹痛。

3. 处理方法　运动中出现腹痛时,可适当减慢速度,加深呼吸,调整呼吸和运动节奏,用手按压疼痛部位,或者弯腰跑一段距离,一般疼痛可以得到缓解或消失。如上述处理效果不理想,则应停止运动,口服解痉药(如阿托品等),点掐或针刺内关、足三里等穴位,必要时请医生诊治。

4. 预防措施

(1) 遵守训练的科学原则,运动前做好充分的准备活动,循序渐进地增加运动负荷量。运动中注意调整呼吸与动作节奏,中长跑中合理分配速度。

(2) 合理安排膳食,运动前不宜饱餐或过多饮水,不吃不易消化的食物或产气的食物。餐后休息 1.5~2 小时再进行剧烈运动。

(3) 运动前体检,排除疾病,加强医务监督。

(四)肌肉痉挛

肌肉痉挛,俗称抽筋,是指肌肉发生不自主地强直性收缩。肌肉痉挛多发生于游泳、足球、举重和长跑等项目,最易发生痉挛的肌肉是小腿腓肠肌,其次为足底部的屈趾肌。

1. 病因与发病机制　肌肉痉挛是由于某些原因导致肌肉的兴奋-收缩偶联异常所致。

(1) 寒冷刺激:在未做准备活动或准备活动不充分的情况下在寒冷的环境中运动,肌肉受低温寒冷的刺激,兴奋性突然增高,引起肌肉强直性收缩,发生痉挛。如游泳时受到冷水刺激,冬季户外运动时受到冷空气的刺激,都可引发肌肉痉挛。

(2) 电解质的过多丢失:长时间剧烈运动时大量出汗,特别是在高温环境中运动或运动员急性减体重,使体内的电解质(Ca^{2+}、Na^+、Cl^-)随汗液大量流失,造成体内电解质平衡失调,肌肉神经过度兴奋而发生肌肉痉挛。

(3) 局部肌肉收缩失控：局部肌肉负荷过大时，肌肉连续过快收缩，致使放松时间过短，引起局部肌肉过度疲劳，发生强直性收缩引起痉挛。常见于短跑、自行车运动中。

2．症状与体征　全身各处骨骼肌都有可能发生痉挛，但以四肢，尤其是小腿屈肌群最易出现肌肉痉挛。发生痉挛时肌肉挛缩僵硬，疼痛难忍，可引起邻近关节疼痛，出现暂时性伸屈功能障碍。

3．处理方法　常用的缓解肌肉痉挛办法是向相反方向牵引痉挛的肌肉，使收缩的肌肉伸展和松弛。牵引时用力应均匀、缓慢，以免造成肌肉拉伤，同时可配合局部按摩（如按压、揉、揉捏），点穴（如承山、委中）等措施。

(1) 小腿腓肠肌痉挛：可取坐位或仰卧位，伸直膝关节，一手扶踝关节跟腱部，一手握住前脚掌，缓慢用力地将足部背伸，拉长腓肠肌。

(2) 屈趾肌痉挛：均匀、缓慢地将足和足趾用力背伸。

(3) 游泳时肌肉痉挛：游泳时发生肌肉痉挛不要惊慌，可先深吸一口气后仰浮于水面，向相反方向牵引痉挛的肌肉。如腓肠肌、足趾痉挛时，用同侧手掌压在痉挛侧膝盖上，另一手握住痉挛侧足趾，均匀、缓慢地向身体方向用力拉，帮助痉挛的腿伸直。如果大腿肌肉发生痉挛，可以先弯曲痉挛侧膝关节，然后双手抱住小腿用力使之靠近大腿，再用力向前伸直。上肢肌肉痉挛时，可反复用力做屈伸肘关节及用力握拳、张开等动作。待肌肉痉挛缓解后上岸休息，并注意保暖，如果自己不能掌握自救方法，则应立即呼救。

4．预防措施

(1) 运动前做好充分的准备活动，尤其易痉挛肌肉群的伸展活动，并进行适当按摩。

(2) 加强身体锻炼，提高机体抵抗力和对低温环境的适应能力，夏季运动注意及时补充水、电解质、维生素，冬季运动注意防寒、保暖。

(3) 游泳下水前先用冷水淋湿全身以适应冷水刺激；水温较低时游泳时间不要过长。

（五）运动性中暑

运动性中暑是指肌肉运动时产生的热量超过了身体散发的热量而造成体内过热的状态。运动性中暑轻者可影响正常体育锻炼，重症则可能导致多器官损害，甚至危及生命，是导致运动员死亡的主要因素之一。

1．病因与发病机制　机体在运动时会产生大量热，当肌肉产热超过人体散发的热量时，体内热量过量积累，引起体温明显升高，产生高热中暑。长时间在高温环境下运动，特别是在温度高且通风条件差的室内运动，易发生中暑；在烈日直接照射下运动也易发生中暑现象；某些特殊人群或患有疾病者自身体温调节能力差，在常温环境下运动也有发生中暑的可能。

2．症状与体征

(1) 先兆中暑：中暑前，机体常会出现一些先兆反应，主要表现为体温略有升高，头晕、耳鸣、眼花、口渴、大量出汗，并伴有胸闷、恶心、全身乏力、注意力不集中、定向力障碍等。此时应立即停止剧烈运动，离开高温环境，积极降温，症状一般会很快缓解、消除。

(2) 轻度中暑：体温常常在38℃以上，除有先兆中暑症状外，还表现为面色潮红、皮肤灼热，或出现面色苍白、皮肤湿冷、脉搏增快、血压下降等症状。

(3) 重症中暑：体温急剧升高，肠温可达40℃甚至42℃以上，心率加快，呼吸窘迫，血压下降，脉压缩小，休克。重症中暑分为热射病、日射病、热痉挛和热衰竭四种。

3．处理方法　运动性中暑的处理原则是早发现、早诊断、早降温、早用药。轻度运动中暑者经及时处理后，休息2～3天即可恢复健康，重症病人则需立即送医院诊治。

(1) 迅速离开热环境，将患者转移到通风阴凉处休息，让患者平卧并解开衣扣，或去除衣服。

(2) 给患者头部敷上冷毛巾，用50%乙醇、冷水或冰水全身擦拭，同时进行皮肤按摩，促进血液循环及体内血液流动,既可加速散热,也可防止寒战及局部冻伤。待体温降至38℃以下时停止冷敷,以免发生低温超射现象。

(3) 患者意识清醒时,可给予含盐清凉饮料和适当十滴水、藿香正气水、人丹等药物,但切忌不可急于补充大量水分,以免引起呕吐、腹痛、恶心等症状。

(4) 如果病人失去知觉,可给其闻嗅氨水,指掐或针刺人中、合谷等穴,使其苏醒。如果出现呼吸或心搏骤停,应立即实施人工呼吸或心脏胸外按压术。

4.预防措施

(1) 合理安排运动时间,特别是在炎热季节,避开气温最高时段(10:00—16:00)。运动中注意休息,一般运动50分钟后,休息10分钟为宜。

(2) 运动中注意补充水分和矿物质,饮用防暑降温饮料;注意补充营养,适当增加蛋白质的供给,多吃新鲜的水果和蔬菜。

(3) 做好个人防护,保证充足睡眠,在烈日下运动时戴遮阳帽,穿浅色、宽松、透气性好的运动服。

(4) 加强医务监督,掌握运动性中暑处理方法与急救措施。当出现先兆中暑症状时应立即停止运动,到阴凉通风处休息,并饮用适量清凉饮料,服用解暑药物。身体状态欠佳、身体疲劳、饥饿或失眠的人不宜在高温天气参加体育活动。

(六) 溺水

溺水是指大量水液被吸入肺内,引起人体缺氧窒息的危急病症。溺水多发生在游泳场所、海边、江河、湖泊、池塘等处,多数溺水者四肢发凉,意识丧失,重者因心搏、呼吸停止而死亡。

1.病因与发病机制 主要是由于气管内吸入大量水分、泥沙等物,阻碍呼吸,或因呼吸道痉挛,引起呼吸道关闭,导致缺氧、窒息、死亡。

(1) 手足肌肉痉挛是导致溺水的主要原因。由于下水前准备活动不充分、水温偏冷或长时间游泳过于疲劳,发生小腿肌肉痉挛,此时若身边没有同伴又缺乏自救常识,则可能发生溺水。

(2) 游泳时头部遭受撞击损伤而发生溺水。

(3) 游泳时疾病发作(如心脏病或脑卒中)引起意识丧失,发生溺水。

(4) 游泳过程中不小心吸入少量水,引发咳嗽,由于没有恰当处理,反而坚持继续游泳,在头没入水下的过程中呛咳,引起大量水灌入肺部,造成溺水。

2.症状与体征 溺水因时间长短不同病情轻重不一。短时间内获救者表现为神志清醒、有呛咳、呼吸频率加快、血压增高、胸闷胀不适、四肢酸痛无力。溺水3~4分钟内获救者多表现为神志模糊、咳嗽剧烈、呼吸困难、喘憋、心率慢、血压降低、皮肤发冷、发绀等。淹溺5分钟以上者,昏迷、口鼻有血性分泌物、发绀重、呼吸微弱或憋喘、心音不清、呼吸衰竭、心力衰竭,以至瞳孔散大、呼吸、心跳停止。

3.处理方法 发现溺水者,应做到分秒必争地就地抢救,急救次序为保存呼吸道通畅、倒水、人工呼吸、胸外心脏按压和吸氧。

(1) 保持呼吸道畅通:清除溺水者口鼻腔内分泌物、呕吐物、泥沙、水草、义齿,松解衣领,必要时拉出舌头,使呼吸道通畅,并注意保暖。

(2) 倒水:将溺水者腹部横放在急救者大腿上,使其头下垂,按压其背部,使胃内积水倒出;或将溺水者腹部放在急救者肩上,背起溺水者快步奔跑使积水倒出。

(3) 人工呼吸与胸外心脏按压、吸氧:如果溺水者呼吸、心跳微弱或已停止,则需立即进行心肺复苏术,采用俯卧压背法或举臂压背法人工呼吸,呼吸停止者采用口对口呼吸,心跳停止者进行胸外心脏按压。

(4) 呼吸停止：注射阿托品，血压低、尿少者予以多巴胺、间羟胺，适量地塞米松。

(5) 送医院救治。

4．预防措施

(1) 加强游泳安全知识教育，遵守游泳场馆秩序和规定，结伴下水，水中不得嬉戏打闹。

(2) 下水前做好充分的准备活动，可先用冷水淋湿全身，待适应水温后再下水游泳。如果在游泳过程中感觉身体不舒服应立即上岸休息或呼救。发生肌肉痉挛不要惊慌，沉着应对处理或呼叫同伴救助。

(3) 加强医务监督和身体检查，了解自己身体状况，癫痫、心脏病、高血压、结核病患者不宜游泳，疲劳、饥饿、酒后不宜游泳。

（七）运动性月经失调

运动性月经失调是由运动引起的月经初潮推迟、月经周期过长或过短、月经量过少、严重痛经、闭经等症状。

1．病因与发病机制　剧烈运动导致内分泌失调：剧烈运动可引起下丘脑垂体－卵巢轴功能调节障碍，影响黄体生成素和促卵泡激素水平，导致月经失调。据调查显示，运动强度越大，运动持续时间越长，黄体期越短，就越容易导致月经失调。

2．症状与体征

(1) 月经先期：表现为月经量多，神疲乏力，心悸气短，烦躁易怒，口渴口苦。

(2) 月经后期：表现为月经量少，神疲乏力，精神抑郁，个别伴有小腹冷痛。

(3) 运动性痛经：月经期下腹坠痛难忍，腰酸痛，经血量少色暗，如果不参加训练则无痛经发生。

(4) 运动性闭经：女性因精神过度紧张导致发生月经停止1个月或1个月以上的现象。

3．处理方法　女性出现月经不调情况应引起重视，经期应减少或暂停运动训练，注意保暖，放松心情，多喝热水，多休息，必要时服用调经药物并请医生诊治。

4．预防措施

(1) 合理安排运动强度和运动时间，避免长期大负荷运动训练。

(2) 合理安排饮食，月经期食用适量高蛋白质、高热量食物，保证身体正氮平衡。

(3) 加强医务监督，避免服用人体激素类药物来提前或推迟月经期。

二、运动性损伤

体育运动过程中发生的各种损伤，统称为运动性损伤。运动性损伤往往导致人们不能参加正常的体育活动，影响人们的正常生活，带来非常严重的后果，严重者还有可能引起残疾，甚至死亡。

（一）运动性损伤的分类

按照运动性损伤发生的时限和机制分类，可分为急性损伤和慢性损伤；按照运动性损伤的组织结构分类，可分为软组织损伤和骨骼损伤；按照损伤后皮肤或黏膜是否完整，可分为开放性损伤和闭合性损伤。

（二）运动性损伤的原因

运动性损伤发生的原因主要包括：思想上重视不够，缺乏必要的运动性损伤知识，准备活动不充分，技术动作错误，运动负荷过大，身体状态不佳，组织方法不合理，场地、器材设备不良，不良气候条件的影响。

（三）运动性损伤的预防

1．加强安全教育，加强保护与自我保护　在体育教学、运动训练和比赛中，体育教师、教练员与运动者要克服麻痹思想，认真贯彻以预防为主的方针，组织学习并掌握运动性损伤相关知识和处理方法，掌握保护与自我保护方法。

2．重视准备活动　运动前要认真做好准备活动，尤其是负担较大和易受伤的部位。准备活动可以促进肌肉毛细血管的开放，提高肌肉的力量、弹性和灵活性，提高关节韧带的弹性与功能，使关节腔内滑液增多，有助于防止肌肉和韧带损伤。准备活动的内容根据运动专项和运动内容而定，可在一般性准备活动后进行一些专项准备活动。准备活动以感到身体发热、微微出汗为宜。

3．加强身体素质训练　身体素质训练包括力量、速度、耐力、柔韧、协调、灵敏等，在体育运动中，需要加强全面训练，全面提高身体素质。

4．加强易损伤部位的训练　循序渐进地加强易损伤部位或相对较弱部位的功能训练是预防运动性损伤的一种积极手段。例如，膝关节半蹲起跳动作过多，易引起髌骨损伤，可以采用"站桩"的方法增强股四头肌和髌骨功能，预防髌骨劳损；加强腰背肌群和腹部肌群力量的训练，可以防止脊柱过伸而造成腰部损伤；加强股后肌群的力量和伸展性练习以预防股后肌群拉伤；加强三角肌、肩胛肌、胸大肌和肱二头肌的练习以预防肩关节损伤等。

5．合理安排教学、训练和比赛　根据学生的年龄、性别、健康状况和运动技术水平，认真研究教材，循序渐进增加运动负荷和加大动作难度，对于容易发生损伤的技术动作做到心中有数，事先做好相应的预防措施。

6．加强医务监督　定期进行体格检查和伤病检查，可以早期发现各种劳损性损伤；在参加重大比赛前要进行补充检查，赛后复查，以了解体育锻炼或比赛前、后身体功能的变化。患有慢性疾病或伤病初愈者更要加强医学观察，进行定期和不定期的健康检查。

（四）运动性损伤的急救

运动性损伤的急救是指对意外或突发的伤病事故进行紧急的、临时性的处理，多在运动现场进行。运动损伤的急救非常重要，其目的是保护受伤者生命安全、减轻患者痛苦、避免再度损伤、预防并发症，为下一步治疗创造良好条件。

1．运动性损伤急救原则

（1）保护：以绷带、石膏或支具等器具保护受伤部位，避免进一步伤害。

（2）休息：停止运动，让损伤部位得以休息，减少进一步的伤害。

（3）冰敷：减轻疼痛，减少出血，降低代谢速率。

（4）压迫：减少组织液及血液渗出，减轻肿胀。

（5）抬高：促进血液回流，减少组织液的渗出，减轻肿胀。

2．常用运动性损伤急救技术

（1）包扎：是现场急救中常用的重要技术之一，包扎的作用在于保护伤口、减少感染机会、压迫止血预防和减轻肿胀，固定骨折预防再度损伤，减轻患者的伤痛。包扎常用的材料有绷带、三角巾等，也可用毛巾、衣物等代替。常用包扎技术有环形包扎法、螺旋形包扎法、反折螺旋包扎法、"8"字包扎法（图6-1）。

（2）止血法：血液从损伤的血管中流出称为出血，出血可分为外出血和内出血。外出血有伤口，血液从创口流出体外；内出血大多没有伤口，分为组织内出血、体腔内出

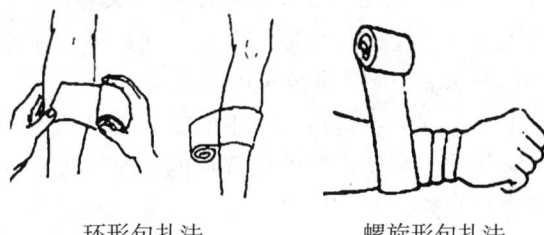
环形包扎法　　　螺旋形包扎法

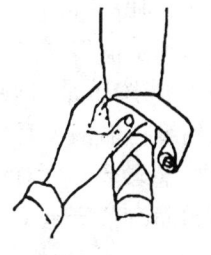
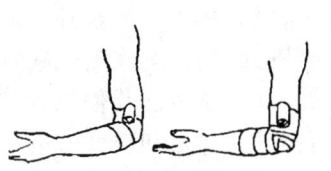
反折螺旋包扎法　　　"8"字包扎法

图6-1　常用包扎技术

血、管腔内出血，体腔内出血和管腔内出血往往因不易被及时发现而引起严重后果，导致患者休克甚至死亡。常用的止血方法有加压包扎法、指压止血法、冷敷止血法、抬高伤肢止血法、止血带止血法。

①加压包扎法：适用于小的外伤、毛细血管或小静脉出血。方法是将灭菌纱布或消毒敷料盖在伤口部位，然后用绷带或三角巾加压包扎即可。

②指压止血法：一般用于头部和四肢部位的动脉出血。方法是用手指将出血动脉的近心脏端用力压迫在相应的骨面上，以阻断血液来源而达到止血的目的。

③冷敷止血法：一般应用于急性闭合性软组织损伤的早期。方法是用冷水或冰袋敷于损伤部位，以达到止血、止痛、防肿的目的。

④抬高伤肢止血法：应用于四肢的毛细血管和小静脉出血。方法是将受伤的肢体抬高，使出血部位高于心脏，通过降低出血部位的血压来达到减少出血和止血的目的。

⑤止血带止血法：应用于四肢大动脉出血，当出血部位不易用加压包扎或指压法止血时，可采用止血带（橡皮带或其他代用品）止血。方法是先用灭菌纱布、干净毛巾、三角巾等作为衬垫垫于伤口上，再将止血带缚扎于出血部的近心脏端，缚扎松紧度以不能摸到远端动脉搏动或出血停止为宜。应用此法给上肢止血应每隔20～30分钟放松一次，给下肢止血则应每隔45～60分钟放松一次，记录上止血带的部位与时间，并应迅速送医院进行进一步治疗。

（3）骨折固定：骨折是指骨的完整性和连续性遭到破坏的损伤，在体育运动中，骨折现象常有发生，以闭合性骨折多见。当怀疑有骨折发生时，应及时采取现场急救措施，以避免再度损伤，减轻疼痛，减少并发症，预防休克，便于搬动患者，抢救患者生命。

骨折固定前，应先检查受伤部位，若皮肤破损或软组织受骨折端夹挤或压迫，则应先沿伤肢长轴牵引，解除骨折端对软组织的挤压；如果伴有出血，则应先止血，然后再包扎伤口固定。固定材料需就地取材，用棉花、灭菌纱布、腰带、绷带、布条或背包带等作为衬垫，选择木板、木棍、树枝、竹竿、纸板、书籍、雨伞等作为夹板来固定。固定时，先固定骨折上下端，再固定近、远端两个关节，肢体突出部位加衬垫保护，固定要牢靠，固定后抬高患肢以利于肿胀消退，注意观察肢体远端的皮肤颜色、温度、感觉以及手指或足趾的活动情况、脉搏强弱等，并及时送医院进行进一步的检查和治疗。上肢骨折时，将伤肢固定在躯干处；下肢骨折则固定在对侧的健肢处；怀疑脊柱有骨折者，需平卧在床板或担架上，躯干四周用衣服、被单等垫好，防止移动；怀疑颈椎骨折时，需在头颈两侧置一枕头或扶持患者头颈部，避免使其在运输途中发生晃动；昏迷者应俯卧，头转向一侧，以免呕吐时将呕吐物吸入肺内，导致窒息。搬动患者时不能抬其头部，以免引起患者脊髓损伤而发生截瘫。

（4）人工呼吸和胸外心脏按压

①人工呼吸：是指用人工的方法使空气有节律地进入和排出肺，供给足够的氧气，充分排出二氧化碳，维持正常的通气功能。基本方法是：患者平卧，头部后仰，解开衣扣，清除口腔内异物及义齿，托住患者下颌，捏住鼻孔，压住其环状软骨以防止空气吹入胃里。急救者深吸一口气，然后两口相对，将大口气吹入患者口中，直至患者胸廓上部升起，然后将捏鼻子的手松开，让患者胸廓复原，使气自肺部排出。如此反复进行，直至患者恢复自主呼吸为止。如果患者牙关扣紧，一时撬不开，则采取口对鼻吹气法。

②胸外心脏按压：胸外心脏按压是对心脏进行有节律地、有效地挤压，用人工的方法代替心脏的自然收缩，从而达到维持血液循环的目的。此方法适用于患者脉搏、心搏停止时的急救。基本方法是使患者仰卧，急救者两手上下重叠，用掌根置于患者胸骨正中线的下半段处，借助于体重和肩臂力量，均匀而有节奏地向下做冲击性压迫，使胸骨下陷3～4厘米，然后突然放松压力，使胸壁自然弹回，心脏舒张。如此反复进行，以每分钟60～80次的节律进行，直至心脏恢复跳动为止。胸外心脏按压需配合人工呼吸，每做4次胸外心脏按压，再做1次人

工呼吸，如此反复进行，直至患者恢复心跳。

（五）常见运动性损伤及其处理办法

发生运动性损伤时，首先要对损伤情况进行简单评估，判断是急性损伤还是慢性损伤，是软组织损伤还是骨骼损伤，采取相应的处理、急救办法。运动性损伤中急性损伤多于慢性，急性损伤治疗不当、不及时或过早参加训练，可转化为慢性损伤。

1. 急性损伤　急性损伤是遭受一次直接或间接暴力而造成的损伤。特点是发病急、病程短、症状骤起。运动中急性损伤可由外力引起（如突然的打击、与他人或器械发生撞击等），也可由内力引起（如韧带拉伤、肌肉撕裂等），应根据病情给予不同的处理。

（1）闭合性损伤

①肌肉挫伤：挫伤又称撞伤，是钝性外力直接作用于人体某部而引起的一种急性闭合性软组织损伤，多见于篮球、足球、体操、武术等运动项目，大腿、小腿、头部等处是挫伤的高发部位，其次是胸腹部和睾丸等部位。挫伤后临床症状表现为疼痛、肿胀、出血、瘀斑，或由于血肿而出现波动感和功能障碍等。轻度损伤不需特殊处理，急性期（24小时内）用冷敷，加压包扎，抬高患肢；48小时后可热敷，帖敷活血止痛膏，加速淤血吸收，促进组织修复，一般一周后可痊愈。较重的挫伤可用云南白药加白酒调敷伤处并包扎，隔日换药1次，配合每日2～3次理疗。若怀疑内脏挫伤，应立即送医院检查治疗。

②肌肉拉伤：肌肉拉伤是肌肉主动收缩所产生的张力、重力或对抗力所引起的肌肉过度牵伸所致。常见的拉伤部位是大腿后群肌、大腿内收肌群、腰背肌、小腿腓肠肌、肩袖等。早期处理原则是制动、止血、防肿、镇痛，采用冰敷和弹力绷带加压包扎，抬高伤肢，以控制出血与水肿；24小时后拆除包扎，3天后可进行功能性练习，逐渐恢复锻炼，但伸展时以不引起伤处疼痛为度，4～5天后可热敷。预防肌肉拉伤的办法是运动前准备活动充分，运动中注意避免局部负担过重，各肌群训练交替进行，间隔放松，平时加强易拉伤部位肌肉的力量练习。

③韧带拉伤：是指韧带因受暴力引起过度牵伸所致不同程度的韧带纤维或其附着处的断裂。常见的是踝关节外侧韧带拉伤、膝关节韧带拉伤、肘关节韧带损伤。韧带发生急性损伤后应立即停止活动，用冷水冲淋损伤部位或用冰块冷敷，以达到止血的目的。然后采用弹性绷带加压包扎，抬高伤肢，减轻出血和肿胀。韧带完全断裂或怀疑并发骨折的，在加压包扎后必须请医生进一步检查，韧带完全断裂者需实施手术治疗。24～48小时后可用温热毛巾热敷，必要时可在痛点注射止痛药物，进行理疗、按摩等促进血液循环，达到消肿目的。基本痊愈后，应加强关节周围肌肉的力量练习，提高关节的相对稳定性，减少韧带受损伤的机会。

④关节脱位：关节脱位也称脱臼，是指构成关节骨端对合面的移位。常见的有运动引起的关节脱位有肩关节、肩锁关节脱位、肘关节脱位、月骨脱位、月骨周围腕骨脱位、髋关节脱位、膝关节脱位等。关节脱位的处理主要分为三步：第一步是复位，以手法复位为主，时间越早，复位越容易，效果越好；第二步是固定，复位后，将关节固定在稳定的位置上，使受伤的关节囊、韧带和肌肉得以修复愈合，一般来说固定时间为2～3周；第三步为功能锻炼，固定期间应该经常进行关节周围肌肉的收缩与舒张活动，以促进血液循环、消除肿胀、避免肌肉萎缩和关节僵硬。

⑤骨折：闭合性骨折皮肤不破，没有伤口，断骨不与外界相通，常见发生于锁骨、肱骨、前臂、股骨、小腿、足部等部位。闭合性骨折的处理方法是先进行冷敷处理，使用冰水、冰块或者冷冻剂敷住骨折部位，防止肿胀，固定后送医院处理。若骨折时发生休克，应先掐按人中穴抢救休克。

（2）开放性损伤：开放性损伤是指皮肤受到外力摩擦所致，皮肤表面有组织液渗出和出血点。常见开放性损伤有擦伤、裂伤、割伤、刺伤、开放性骨折和关节损伤、撕脱伤和挤压伤。开放性急性损伤的处理方式是根据受伤的情况对伤口进行清洗、灭菌、止血、包扎，必要时进行手术缝合，并注射破伤风抗毒血清。

2. 慢性损伤　慢性损伤是局部长期负担过度，由微细损伤积累而造成的劳损，或因急性损伤处理不当转化成的陈旧性损伤，如髌骨劳损、疲劳性骨折等。特点是发病缓、病程长、症状渐起。

(1) 腱鞘炎：当肌腱与腱鞘长期、快速、用力摩擦时，可以导致二者发生损伤而水肿，发生腱鞘炎和肌腱炎。临床症状表现为局部肿胀、疼痛、活动受限、功能障碍。症状较轻的可以通过热敷、推拿按摩、针灸治疗，一般1个月可痊愈；严重者需要进行手术治疗，切开狭窄部分的腱鞘。

(2) 滑囊炎：反复、长期、持续的摩擦和压迫可引起滑膜水肿、充血、滑液分泌增多而使滑囊充盈，最后导致囊壁增厚或纤维化。滑囊炎多发生在肩部（肩峰下滑囊炎、三角肌下滑囊炎）、肱骨鹰嘴、髌前或髌上、跟腱、髂耻部、坐骨部等，临床表现为疼痛、局限性压痛、活动受限。症状较轻者抽吸出滑液，给滑囊内注射醋酸泼尼松等药物，加压包扎即可。如治疗无效，且影响日常生活和训练者可考虑手术切除病变滑囊。

(3) 髌骨劳损：由于膝关节长期、反复、过多地屈伸扭转，髌骨长时期处于直接压迫下活动，髌骨之间反复摩擦、撞击，致使软骨面磨损，发生龟裂、纤维化、增生、剥离等病理性改变。髌骨劳损多发生于篮球、排球、跳跃、短跑、投掷、登山等运动项目中。临床症状表现为膝痛、膝软、压痛，休息后减轻，劳累后加重，上楼梯困难，严重者可导致股四头肌轻度萎缩。髌骨劳损治疗原则为活血温经、舒筋止痛，治疗方法包括推拿按摩、理疗、中药治疗、手术等。由于关节软骨本身修复能力极低，应重视预防，减轻运动强度和运动量，加强股四头肌的力量，预防髌骨劳损。

(4) 胫腓骨疲劳性骨膜炎：胫腓骨疲劳性骨膜炎又称应力性损伤，多见于田径、足球、篮球等运动项目。临床症状表现为运动中或运动后出现小腿胫骨疼痛、肿胀、胫骨内侧面、内后缘或腓骨下端有压痛，用力向后蹬地时感觉疼痛；休息后常可消失，再参加运动时又出现疼痛；若继续参加负荷较大的跑跳运动，疼痛感可逐渐加重。一般来说，胫腓骨疲劳性骨膜炎症状较轻者无需特殊治疗，用弹力绷带裹扎小腿，减少下肢运动，休息时注意抬高患肢，大多数患者可自愈。对于经常疼痛或运动后疼痛较重的患者，应暂停运动，用弹力绷带裹扎小腿，抬高患肢，配合中药外敷、按摩、针灸、碘离子透入等治疗。治愈后重新参加运动时注意逐渐增加运动负荷量，以免再度复发。

思考题

1. 简述运动中如何进行自我监督。
2. 简述运动性腹痛、肌肉痉挛的预防措施和处理方法。
3. 简述溺水的处理方法和预防措施。
4. 简述运动损伤的急救原则。
5. 简述运动中如何预防运动损伤。

（许　琛）

第七章 医疗保健体育概述

学习导言

我国早在公元前700多年就已经出现了医疗保健体育，通过运用医疗体操和保健按摩等手段，给人以定量、适宜的体育活动，达到防治疾病的目的。随着人们生活水平的不断提高、物质生活的逐渐丰富以及生活节奏的普遍加快，各种疾病的发病率也呈上升的趋势。现代医疗保健体育除了在医学治疗、康复医学方面发挥作用外，在预防医学方面也发挥了举足轻重的作用。

学习提要

1. 了解医疗保健体育的概念及分类。
2. 学习领会医疗保健体育的实施原则。
3. 掌握医疗保健体育的适应证、禁忌证。
4. 了解传统保健体育的概念、内容及特点。
5. 了解传统保健体育的作用。

第一节 医疗保健体育概述

一、医疗保健体育的概念

医疗保健体育是一种医疗性的体育运动，是从医疗目的出发，利用保健体育的手段通过特殊的身体练习达到防疫、治病、促进身体健康和各种功能恢复目的的一种体育运动方法。医疗保健体育在健康保健和康复治疗中起着很重要的作用。

二、医疗保健体育的分类

医疗保健体育的分类方法很多，一般将其分为医疗保健体操、医疗保健运动和传统医疗保健体育三类。

（一）医疗保健体操

医疗保健体操是根据练习者的自身情况，为达到预防、治疗及保健目的而专门编排的体操运动或功能练习动作，如各种健身操、矫正操、保健操等。由于医疗保健体操针对性强、保健效果显著，目前已经得到了广泛应用。

医疗保健体操应当遵从动作由简单到复杂、运动量从小到大的循序渐进原则，一般流程分为三个部分：准备部分、基本部分和结束部分。目前，医疗体操被广泛应用的适应证有：关节运动功能障碍、颈椎病、腰肌劳损、肩周炎、胃下垂、痛经和对创伤手术后及瘫痪的功能恢复等。常见的医疗保健体操分类如下。

第七章　医疗保健体育概述

1．颈椎病医疗保健体操

（1）颈椎受伤，多采用保守疗法。一般来说，第5、6颈椎因其经常活动最容易受到损伤。针对这种情况，首先要在颈部牵引机（图7-1）上适当牵引。伤后第二天或第三天进行医疗训练，预防可能出现的并发症。

训练内容包括一般身体练习（肢体远侧部位）和呼吸练习（静态和动态的），下面介绍肌肉牵拉期的综合练习动作：

预备姿势：仰卧，双臂于体侧。

练习动作：①膈肌呼吸。②足趾的背部、底部弯曲。③手指握紧、松开。④脚踝做绕环动作。⑤屈伸肘关节。⑥依次弯曲膝关节，脚跟贴床慢慢往回滑动。⑦膈肌呼吸。⑧屈伸膝关节。⑨双脚外展内收，不要离开床面。⑩腕关节做绕环动作。⑪膈肌呼吸。

上述动作的练习应缓慢进行，不宜过猛或过急，中间应有一定的间歇时间，每个动作应该重复4～6次，每天练习2～3次。

图 7-1

（2）停止牵拉。给患者穿上带项圈的半石膏背心，佩戴8～10周。此后，医疗体操关节活动中持续时间应逐渐增加，运动范围逐渐扩大。此期间，允许患者适当行走，以改善创伤部位的血液循环，防止颈部、肩带和上肢肌肉萎缩，维持上体肌肉，恢复行走的正确姿势。另外，如果需要增强颈部肌肉和背肌，建议肌肉等长紧张的持续时间可以从2～3秒逐步延长至5～7秒。每天练习可进行2～3次，每次15～20分钟（禁忌上体向前运动）。

（3）拆除固定石膏后，医疗体操则应以增强颈部肌肉、肩带肌肉和上肢肌肉，恢复颈椎活动功能为主。可依次采用卧姿、坐姿和立姿等预备姿势进行，也可同时进行颈肌、肩带肌及上肢肌的等长紧张练习（弯腰、转头、转体等）。也可以进行平衡练习、动作协调练习和正确姿势的走步练习，并且可与按摩相结合。

颈椎病恢复期的动作练习见图7-2（握拳或持轻哑铃）。

①屈肘扩胸运动（图7-2a），做6～8次。

②侧方击出运动（图7-2b），左、右各做6～8次。

③斜方击出运动（图7-2c），左、右各做6～8次。

④上方击出运动（图7-2d），左、右各做6～8次。

⑤耸肩运动（图7-2e），做6～8次。

⑥直臂前上举运动（图7-2f），左、右各做6～8次。

⑦直臂外展运动（图7-2g），左、右各做6～8次。

⑧两肩后张扩胸运动（图7-2h），做6～8次。

⑨直肩前后甩运动（图7-2i），左、右脚分别在前各做6～8次。

⑩托天按地式运动（图7-2j），左、右各做6～8次。

⑪回头望月式运动（图7-2k），左、右各做6～8次。

⑫与颈争力运动（图7-2l），做6～8次。

⑬头部朝前、后、左、右做屈伸、侧屈和侧转运动各4～6次（图7-2m、图7-2n、图7-2o）。

2．肩周炎医疗保健体操　肩周炎又称肩关节周围炎，俗称凝肩、五十肩，患者常出现肩部疼痛、肩关节活动功能受限等症状。医疗检查，一般可以发现肩关节周围有压痛点，X线检查有时可发现肩关节周围的肌腱和滑囊有钙化现象，是生活中比较常见的一种疾病。

图 7-2 颈椎病医疗保健体操

肩周炎的病因有很多种，对于因体质和代谢因素引起的肩周炎，可以通过医疗保健体操在一定程度上加以预防。因肩袖损伤造成的肩关节活动受限，应尽量避免肩部的活动。

预防肩周炎的体操比较简单，但要坚持每天做 1～2 次。下面介绍一种常用的肩周炎医疗体操（图 7-3）。

（1）立位，两手握体操棒（或一般木棒，下同），两臂用力经前向上举（图 7-3a）。

（2）立位，两手握体操棒，两臂用力向左右摆动，重点是用力向患侧摆动，摆动位置越高越好（图 7-3b）。

（3）立位，两手在身后握体操棒，两臂反复用力后举，同时仰头（图 7-3c）。

（4）立位，患臂屈肘，用掌心摸颈，身体保持正直，另一手可经头顶扶住患臂的肘关节加强练习（图 7-3d）。

（5）立位，两臂交替做体后屈动作，用手背摸背部，越高越好（图 7-3e）。

（6）立位，两臂于肩部侧屈，两手手指交叉相握，置于颈后。尽量使肘向后引，反复进行（图 7-3f）。

(7) 立位，身体保持正直，在体后一手握住另一手腕，手背贴背部。尽量提起两臂，然后放下，反复进行（图7-3g）。

(8) 立位，身体保持正直面向墙。用患手扶墙、梯或树，逐渐向上触高（图7-3h）。

(9) 立位，两手交替拉滑轮器活动肩关节（图7-3i）。

(10) 立位，用手握轮把转动轮子，活动肩关节（图7-3j）。

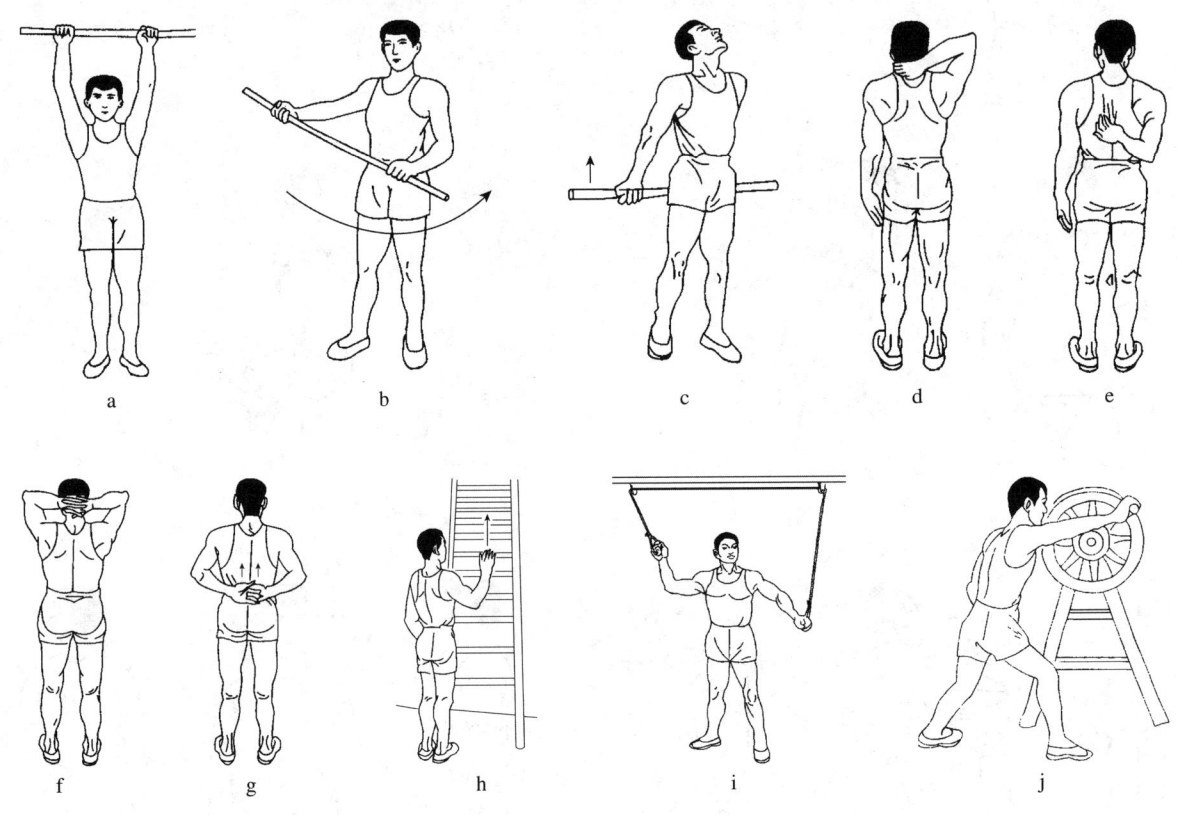

图7-3 肩周炎医疗保健体操

3. 腰肌劳损医疗保健体操　腰肌劳损又称功能性腰痛、慢性下腰损伤、腰臀肌筋膜炎等，腰部肌肉及其附着点筋膜或骨膜发生慢性损伤性炎症，是腰痛的常见原因之一。主要症状是腰或腰骶部胀痛、酸痛，反复发作，疼痛可随气候变化或劳累程度而变化，如日间劳累加重，休息后可减轻。

发生了劳损的腰肌，经常处于紧张甚至痉挛的状态，脊柱活动范围会受到限制。因此，治疗腰肌劳损以放松腰肌和下背部肌肉为主，同时增进脊柱的活动性。下面介绍一套常用的腰肌劳损医疗保健体操（图7-4），患者可根据情况选练，每节可做10次左右。

(1) 仰卧位，两膝屈膝贴腹，两手抱膝，使腰背贴床，腰肌和下背部肌肉得以放松（图7-4a）。

(2) 仰卧位，左右腿轮流举起，膝关节不可弯曲，动作稍快而轻松，以不引起疼痛为度（图7-4b）。

(3) 仰卧起坐，如疼痛，手可扶床；坐起后身体与地面垂直即可（图7-4c）。

(4) 立位叉腰，轮流向左右侧转体；转体时，同侧手臂伸直向外后上方摆，眼望指尖（图7-4d）。

(5) 立位叉腰，两腿轮流作弓箭步，前弓腿膝盖与脚尖一个方向，后腿尽量伸直，脚尖外摆45°（图7-4e）。

(6) 立位分腿，两腿微屈，身体前屈，模仿劈柴动作，要做得轻松，动作幅度以不引起疼痛为度（图7-4f）。

(7) 分腿站立，两手扶腰骶部做扭腰运动。

(8) 坐位，做腰背部自我按摩。

图 7-4 腰肌劳损医疗保健体操

这套体操每日可做 4～6 次，每次 10 分钟左右，坚持练 1 个月左右，症状会有减轻甚至消失。

4. 胃下垂医疗保健体操　轻度胃下垂往往不会引起人们的注意，如果胃下垂的程度比较严重，就会出现腹胀、消化不良、头痛、头晕、疲劳和便秘等症状。治疗胃下垂的原则是增强体质、增强腹肌、改善全身的营养状况。胃下垂医疗保健体操以腹部运动为主，重点加强腹肌的练习。练习时，可选择图 7-5 中的四种运动。

(1) 屈腿运动：仰卧位，两腿同时屈膝提起，使大腿贴腹，然后还原，脚踝放松，重复十几次（图 7-5a）。

(2) 举腿运动：仰卧位，两腿同时举起（膝关节保持伸直），然后缓慢放下，脚踝放松，根据自身状况可重复 10～20 次（图 7-5b）。

(3) 蹬自行车：仰卧位，轮流屈伸两腿，模仿踏自行车的动作，动作较快而灵活，屈腿脚踝尽量勾起，伸腿脚踝尽量绷直，屈伸范围尽量大。持续 20～30 秒（图 7-5c）。

(4) 仰卧起坐：从仰卧位坐起（姿势不限），坐起后身体前倾，膝关节不可弯曲，两手尽量摸足尖，做 7～8 次。

5. 痛经医疗保健体操　痛经是指月经来前或月经期间，下腹剧烈胀痛的现象。一般分两种：①原发性痛经，可能由精神因素、子宫发育不良或位置不正、腹肌软弱等原因导致；②继发性痛经，主要由生殖器官炎症等疾病引起。

从临床实践来看，痛经医疗保健体操对治疗原发性痛经效果较好，能有效地改善盆腔血液循环，增强腹壁肌肉，调整精神状态。因此，治疗痛经的医疗保健体操，主要是腹部的运动以及促进腹腔、盆腔血液循环的练习。接下来介绍四节简单易行、疗效明显的体操，可在月经前和月经期间每天练习2～3次。

图7-5 胃下垂医疗体操

（1）屈腿仰卧位，腹式深呼吸10次左右。
（2）立位，两手扶椅背，轮流提起和放下两足跟，做20次左右。
（3）立位，两手扶椅背，做5次左右的深蹲运动。
（4）仰卧位，提腿屈膝收腹，尽量使膝盖接触下颏，做10次左右。

（二）医疗保健运动

医疗保健运动的概念有狭义和广义之分。狭义的医疗保健运动主要是指以治疗、恢复劳动、生活、战斗和体育运动实践功能为目的的治疗性运动，包括步行、慢跑、骑车、游泳、爬山及简单球类运动等。广义的医疗保健运动除了包括狭义概念以外，还包括了一些具有预防疾病、身体保健功能的运动方法，如能够预防和改善神经感受器功能退化的本体促进法等。

三、医疗保健体育的实施原则

医疗保健体育以预防、治疗及康复为主要目的，因此在进行医疗保健体育运动时应遵循以下原则。

（一）适宜性原则

适宜性原则，即要求练习者的练习方法和练习量要适宜。练习者需依据个人病情、整个机体的状态和年龄特点等因素综合考虑进行确定。

（二）系统性原则

在进行医疗保健体育运动时要保持对机体影响的系统性，必须保证练习方法的适当变化和不断进行。

（三）连续性原则

只有持续的身体活动，才能确保机体能力的发展，因此练习者需要进行连续不断的练习。

（四）长期性原则

部分练习者由于机体的主要系统被破坏，短期的运动练习无法恢复，需要进行长期的重复练习才有可能恢复。

（五）规范性原则

练习者在练习时需保证动作的规范性，避免动作不规范所带来的负面效果。

（六）作息同期原则

按照规定运动指标完成身体负荷时，应遵循运动和休息同期的原则，即身体活动和休息交替进行，过度的运动或休息往往会降低运动质量。

（七）早期采用原则

和普通疾病的治疗一样，如需通过医疗保健体育方法进行疾病预防、治疗和功能恢复时，应尽快选择合适的时机尽早实施干预。

四、医疗保健体育的适应证和禁忌证

（一）适应证

1. 心血管系统疾病　1级和2级高血压，冠状动脉粥样硬化性心脏病（稳定型心绞痛、心肌梗死后恢复期），心脏瓣膜病，肺源性心脏病，心力衰竭代偿期，动脉硬化症和肢端动脉痉挛病等。
2. 呼吸系统疾病　慢性支气管炎，肺气肿，支气管哮喘，肺结核吸收好转期，胸膜炎，肺不张和矽肺等。
3. 消化系统疾病　胃炎，消化性溃疡，内脏（胃、肾）下垂，胃肠功能紊乱，慢性肝炎，慢性胆囊炎和慢性便秘等。
4. 新陈代谢疾病　糖尿病，肥胖症，高脂血症等。
5. 运动器官疾病　颈椎病，肩周炎，脊柱变形，四肢骨折等。
6. 神经系统疾病　偏瘫，截瘫，小儿麻痹症，脑瘫，周围神经损伤，面神经麻痹，神经官能症，脊髓空洞症，眩晕，帕金森综合征，舞蹈症，坐骨神经痛等。
7. 常见妇科疾病　盆腔炎，痛经，子宫位置异常等。

（二）禁忌证

医疗保健体育的禁忌证不是绝对的，而是相对或暂时的。往往在疾病急性期、发作期及创伤初期暂时不适合进行医疗保健体育运动。总括起来其禁忌证有以下几种。

1. 各种传染病的急性期及高热患者。
2. 心血管系统和呼吸系统疾病急性发作期。
3. 各种创伤局部有出血倾向者。
4. 创伤后血管或神经干附近有金属异物者。
5. 巨大动脉瘤。
6. 血管内栓子有脱落危险者。
7. 恶性肿瘤有转移者。

第二节　传统保健养生方法

一、传统保健体育的概念和内容

传统保健体育是指以益智健身、延年益寿、防治疾病为目的，以身体练习（如姿势调整、呼吸锻炼、身心松弛、意念集中和运用等方法）为主要手段的健身方法，具有医疗和体育的双重属性，与一般的医疗方法、体育运动方法又有所区别。而相对于普通的体育运动而言，传统保健体育更加重视人体内部的运动，调整人体内部功能，就是所谓的精、气、神的锻炼。不刻意追求身体的短期外在变化，而是通过姿势、呼吸、意念的整体锻炼，逐步调整生理、心理，从而收获机体身心的健康效益。由于这种运动方式能有效防止和避免剧烈运动带来的损伤，是一项适合各年龄段人群活动的健身体育项目。

导引是古人在长期的劳动生活当中，与疾病和衰老抗争时，逐渐认识、总结和创造的一项锻炼身心的方法。按照导引调身、调息和调心三要素可分为三大类。

（一）静功

静功以调心、调息为主，身体姿势处于相对安静状态，通过加强意念对自身的控制能力来养生治病，可以使机体心神宁静、杂念减除、气血和畅、精气充沛。

（二）动功

动功以调身、调息为主，能增强身体姿势变化对气机运行的影响，通过姿势和呼吸的调整来养生治病，能舒筋活络、畅通气血。

（三）保健功

保健功通过运用自身按摩、拍打等锻炼方法来达到疏通经络、调节气血、促进健康的功效。

武术则是我国古代一种训练格斗技能的有效手段，同时又是一种强筋骨、理脏腑的锻炼方法。按照运动形式和技法特点武术可分为套路运动、功法运动和格斗运动，其中套路运动和功法运动常被用于养生保健方面。

二、传统保健体育的特点和作用

传统保健体育因其理论体系庞大，内容繁多，所以与其他运动方法相比独具特色，主要体现在以下四个方面。

（一）既可治病，亦可养生

传统保健体育锻炼通过姿势的调整、呼吸的锻炼、心神的修养来活跃气血、疏通经络、协调脏腑、平衡阴阳，以实现锻炼真气、培育元气、扶植正气、抵御外邪、祛病强身的目的；同时能够放松机体、平衡呼吸、安静大脑、稳定情绪，缓解不良情绪对机体的刺激，降低了精神刺激或精神创伤带来的精神冲击。由此可见，传统保健体育无论是在"治已病"还是在"治未病"方面皆有成效。

（二）强调整体观，以内因为主的运动

传统保健体育的整体观既体现在人与自然方面，也体现在人体各部分之间。传统保健体育是一种自我身心锻炼的运动，通过调身、调息、调心的综合锻炼，达到调整中枢神经系统，增强机体的抵抗能力和适应能力，改善整个机体功能的目的。由于传统保健体育是以内因为主的运动，所以需要一定的主观能动性作支撑，锻炼的过程同时也是一个磨炼意志的过程。

（三）内外合一，形神兼备的练功方法

"内"，指的是心、意、气等内在情志和气息运动；"外"，指的是手、眼、身、步等外在的形体活动。无论是静功、动功、保健功还是武术，都要求做到动中有静，形、意、气的统一，做到形神兼备、内外合一，对内能理脏腑、通经络、调精神，对外能利关节、强筋骨、壮体魄，实现身心的协调发展。

（四）具有广泛的参与性和适应性

传统保健体育不仅内容丰富，形式多样，锻炼价值高，而且还能有效防止和避免剧烈运动带来的损伤，是一项适合各年龄段人群活动的健身体育项目。人们可以根据自己的需要和条件，选择合适的项目来进行锻炼。

思考题

1. 简述医疗保健体育的原则。
2. 医疗保健体育的适应证和禁忌证各有哪些？
3. 中国传统保健体育的特点和作用有哪些？

（庄　静）

第八章 体质健康评价

学习导言

正确认识和了解自身的体质健康状况,有利于提高体育锻炼效果。科学合理的体质健康评价指标以及后期进行体质健康评价,在科学锻炼中是十分必要的。《国家学生体质健康标准》是学生体质健康的个体评价标准,是促进学生体质健康发展、激励学生积极进行身体锻炼的教育手段。《国家学生体质健康标准》的实施将使学生和社会能够对影响身体健康的主要因素有一个更加明确的认识和理解,引导人们去积极追求身体的健康状态,实现学校体育的目标。

学习提要

1. 掌握体质、健康的概念和关系。
2. 了解体质健康评价的原则。
3. 掌握体质健康评价的基本方法。

第一节 体质健康评价概述

一、健康的概念

1948年世界卫生组织(WHO)在《WHO宪章》中首先提出健康的定义是:"健康不仅是免于疾病和衰弱,而是保持体格方面、精神方面和社会方面的完美状态。"WHO在1978年9月召开的国际初级卫生保健大会通过的《阿拉木图宣言》中重申了健康的定义,指出:"健康不仅是没有疾病或病痛,而且包括身体、心理和社会方面的完好状态。"

二、体质的概念

体质是人体的质量,它是在遗传和获得性基础上表现出来的人体形态结构、生理功能和心理素质的综合的、相对稳定的特征。

日本是世界上对体质研究最好的国家之一,在日本用"体力"来表示体质。日本学者福田先生对体力的解释为:体力是指包含精神能力在内的人类固有的生命力,并对体力的构成进行了研究。体力的构成要素见图8-1。

北京大学何仲恺教授将体质修订为:体质即人体的质量,是人体在先天遗传的基础上和后天环境的影响下,在生长、发育和衰老的过程中逐渐形成的身、心两方面相对稳定的特质。

三、体质与健康的关系

健康与体质属于两个概念,它们之间既有区别,又有联系,反映了身体状况两个不同的水准。所以评价一个人的体质时,首先应考虑其健康状况,然后再从形态、功能、身体素质、运动能力、心理状态等方面进行综合评价。身体健康是体质良好的必要条件,即使是健康的人,其体质状况也千差万别。

第八章 体质健康评价

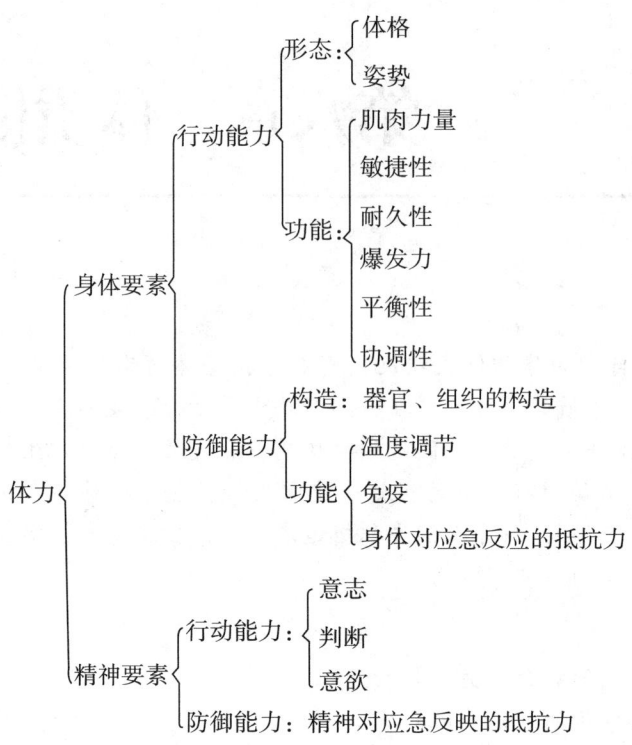

图 8-1 体力的构成要素

1．体质是健康的物质基础，健康是体质的外在表现。两者紧密联系、不可分割。现在人们运动时间减少，由此增加了患慢性疾病的概率，因而影响健康。

2．体质与健康是一种"特质（质量）"与"状态"之间的关系。任何物质都有质量，人体的质量就是体质，而健康则是这种质量的外在表现，是一种状态。作为"特质"的体质是相对稳定、不易改变的；作为"状态"的健康是相对不稳定、易改变的。

（3）平衡健康观认为，健康是一种动态平衡，"体质"是维持平衡的能力。从体质与健康的关系来看，体质是人体维持良好健康状态的能力。体质从本质上说是一种质量，从体质所发挥的作用方面来讲是一种能力。"质量"高即"能力"强，"能力"强即"质量"高，二者是统一的，并无矛盾。

第二节 体质健康评价的原则

体质评价，是利用某项体质指标的正常值，对某个人的某项指标进行评价的过程。这些正常值是将全国性的体质调研资料，进行统计处理后制成的。最常用的方法是将每项指标按男女不同性别，制成五个等级的评价表。根据某人的测量值在评价表中的位置，确定某人的体质水平。单个指标只能反映体质的一个侧面，不能全面反映体质状况。需要通过一个合理的选择将多项指标组合成一个指标体系，从而综合反映一个人的健康状况。

一、体质健康评价的基本原则

选择正确的指标是获得评价结论的关键，应该掌握以下几个原则：

综合评价指标应具有较高的可靠性、有效性和客观性，并能较全面、准确而有效地反映个体或群体的体质健康状况。

1．应充分考虑评价对象的性别、年龄特点及其指标的连续性，以便于进行横向、纵向分析研究。

2．评价指标应准确的测量，并用一定计量单位进行描述，便于记忆和评价。

3．身体素质和运动能力项目的测验，应尽量避免用易受主观因素和技术因素影响较大的项目。

4．应考虑我国当前的实际情况，评价指标要少而精，简便易行。

5．尽可能做到与现行有关测验制度的一致性，如《国民体质测定标准》《学生体质健康标准》等。

6．将对身体的评价和对心理的评价结合起来考量。

二、各类指标在综合评价中的"权重"

指标的"权重"是表示指标的相对重要程度。根据各类、各项指标在体质总体中所起作用的大小，确定它们在体质综合评价中所占有的比例。各类指标的权重，可以根据人体生长发育规律的专业知识、经验及统计学方法确定。研究结果表明，素质类指标与体质总分的相关程度最高，依次是功能类指标、形态类指标。各类项目指标对体质的作用见表8-1。

表8-1 各类项目指标对体质的作用

类别	简单相关系数		标准回归系数	
	男	女	男	女
形态类	0.7814	0.6412	0.3104	0.3804
功能类	0.8344	0.8112	0.3512	0.4045
素质类	0.9119	0.8263	0.5012	0.4945

三、体质综合评价标准的方法与步骤

（一）制定体质综合评价标准的方法与步骤

1．分别计算不同性别、年龄人群的各项形态、功能、素质指标的平均数和标准差，或第5~95百分位对应值。

2．用离差法或百分位数法分别制定不同性别、年龄的各单项指标（0~20分或0~100分）评分表，同时按照形态、功能、素质各类指标的权重系数值，将各分数值相加。最后将加权后的分值，与原分值并列在评分表中。

3．将不同性别的各年龄组中每个个体各项指标的实测值换算成相应单项评分表的加权分值，分别计算形态、功能、素质各类指标的加权平均分值。再将三类指标的加权平均分值相加，即为每个个体的体质总分，分别列出各样本体质总分的频数分布表，计算总分的平均值、标准差或第10、25、50、75、90百分位数对应值。

4．用离差法或百分位法，制定不同性别、年龄人群的等级体质综合评价标准。

（二）综合评价方法的应用

1．个体评价 是将每个个体各类指标的实值，按照相应性别、年龄的各单项评分表，查出加权分数。然后分别计算形态、功能、素质三类指标的加权平均分数，将三类指标的加权平均分数相加成总分。评价时，可将个体总分直接比较，也可将个体总分对照相应的体质综合评价表进行比较。

2. 集体评价 先按照前述方法计算个体总分。评价时，可对照两个或两个以上集体个体总分的平均值进行比较；也可以将集体中个体总分按体质综合评价标准进行等级评价，计算集体中所属各评价等级的人数，分别于各平均等级的人数相乘计算集体总分，最后以集体总分进行比较。

第三节 体质健康评价事例

一、身高的自我评价

男子和女子身高评价见表8-2、表8-3。

（一）身材矮小就不健康吗？

小张，男，25岁，身高162厘米，身体健康、聪明、活泼。遗憾是身高矮，四处投医问药想长高，各种方法如"增高垫""助高灵"都用过，但收效甚微。

表8-2 男子身高（厘米）评价表

年龄段（岁）	高	较高	中等	较矮	矮
18~25	179以上	175.1~179.0	168.1~175.0	164.0~168.0	164以下
26~30	178以上	174.1~178.0	167.1~173.0	163.0~167.0	163以下
31~40	177以上	173.1~177.0	166.1~173.0	162.0~166.0	162以下
41~50	176以上	172.1~176.0	165.1~172.0	161.0~165.0	161以下
51~60	175以上	171.1~175.0	164.1~171.0	160.0~164.0	160以下

表8-3 女子身高（厘米）评价表

年龄段（岁）	高	较高	中等	较矮	矮
18~25	167以上	164.1~167.0	157.1~164.0	153.0~157.0	153以下
26~30	166以上	163.1~166.0	156.1~163.0	152.0~156.0	152以下
31~40	166以上	163.1~166.0	156.1~163.0	152.0~156.0	152以下
41~50	165以上	162.1~165.0	155.1~162.0	151.0~155.0	151以下
51~60	165以上	162.1~165.0	155.1~162.0	151.0~155.0	151以下

依据表8-2中查到此年龄段身高算"矮"，很可能是由于在青少儿阶段患病或营养不良、内分泌失调等问题引起。但小张在青少儿阶段生长正常、身体匀称，性发育良好，在"矮"个子人群中属于健康人，因此，小张"矮"的原因是家族性遗传，不需要做任何治疗。

（二）身材高大就健康吗？

小李是篮球队的中锋，24岁，身高180厘米，跑、跳各项都不错，周围人常用羡慕的眼光看她，认为"大高个"很健康。

从表8-3中查到此年龄段身高算"高"，小李在青少儿时期生长良好，无疾病等不良因素干扰，属于健康类型；但另有少数青少年的身高异常高大是因为下丘脑、垂体、松果体等病变引起，必须接受治疗。

高身材者在平衡性、协调性、敏捷性、柔韧性等方面跟身材矮小者比较，相对处于不利地位。此外，高个子体内营养物质和氧气通过血液从心脏传输到周边组织的距离比别人远，需要更强健的循环和呼吸系统。高身材中肥胖、长期缺少体育锻炼的人,比其他人患高血压和冠心病的概率更高、更早。

二、体重的自我评价

男子和女子体重评价见表8-4、表8-5。

张大婶,52岁,体重76千克。她的体重正常吗?是否属于肥胖?

体重和身高一样,是反映体格状况的最基础指标。根据表8-5,张大婶体重比"重"列的界值高,说明她的体重超出正常范围,应引起警惕。但仅凭体重不能马上得出"肥胖"的结论。因为体重是身体内骨骼、肌肉、内脏和脂肪等各种成分的总合,这些身体成分中,除脂肪外都是和新陈代谢密切相关的"瘦体重"。通常认为瘦体重在体重中占的比例越高,人的体质越强健。张大婶常年从事体力劳动,骨骼粗壮,肌肉较发达,瘦体重较高,不能随便断定她为"肥胖"。

表8-4 男子体重(千克)评价表

年龄段(岁)	重	偏重	中等	偏轻	轻
18~25	72以上	65.1~72.0	53.1~65.0	49.0~53.0	49以下
26~30	76以上	68.1~76.0	55.1~68.0	51.0~55.0	51以下
31~40	79以上	73.1~79.0	58.1~73.0	52.0~58.0	52以下
41~50	81以上	73.1~81.0	61.1~73.0	53.0~61.0	53以下
51~60	81以上	73.1~81.0	61.1~73.0	53.0~61.0	53以下

表8-5 女子体重(千克)评价表

年龄段(岁)	重	偏重	中等	偏轻	轻
18~25	61以上	56.1~61.0	47.1~56.0	42.0~47.0	42以下
26~30	64以上	57.1~64.0	48.1~57.0	43.0~48.0	43以下
31~40	68以上	61.1~68.0	52.1~61.0	45.0~52.0	45以下
41~50	72以上	64.1~72.0	54.1~64.0	46.0~54.0	46以下
51~60	72以上	64.1~72.0	54.1~64.0	47.0~54.0	47以下

老张,机关干部,58岁,身材高大,但体重仅49千克,显得很瘦。

对这种现象要具体分析:首先,年龄大,新陈代谢慢,营养摄入不足而消瘦。应通过食物补充来增加体重到"偏轻"或"中等"。其次,如果消瘦呈缓慢、渐进性,可能是衰老过程加速:细胞干瘪、肌肉萎缩、内脏功能减退。这样易致免疫力下降,威胁健康。如果消瘦过快,体重明显下降,有患癌症或慢性病(如糖尿病)的可能,应尽快去医院就诊。

三、肥胖和消瘦的自我评价

男子和女子体块指数(BMT)评价见表8-6、表8-7。

大李和小李都是27岁的小伙子,体重都是77千克,查表体重都超标。但把他们定为"胖子",周围的人无法认同,因为身高相差大。小李身高183.5厘米,根据计算BMI=体重(千克)/身高厘米,得出小李的BMI=22.9,查表8-6属于正常。大李的BMI=25.3,查表得出肥胖,说明身高和体重之间有密切关系。

表8-6 男子体块指数（BMI）评价表

年龄段（岁）	肥胖	超重	正常	体重偏轻	消瘦
18～25	23以上	22.1～23.0	19.1～22.0	18.0～19.0	18以下
26～30	24以上	23.1～24.0	20.1～23.0	19.0～20.0	19以下
31～40	25以上	24.1～25.0	20.1～24.0	19.0～20.0	19以下
41～50	26以上	25.1～26.0	21.1～25.0	20.0～21.0	20以下
51～60	26以上	25.1～26.0	21.1～26.0	20.0～21.0	20以下

表8-7 女子体块指数（BMI）评价表

年龄段（岁）	肥胖	超重	正常	体重偏轻	消瘦
18～25	22以上	21.1～22.0	18.1～21.0	17.0～18.0	17以下
26～30	23以上	22.1～23.0	19.1～22.0	18.0～19.0	18以下
31～40	25以上	24.1～25.0	20.1～24.0	19.0～20.0	19以下
41～50	26以上	25.1～26.0	21.1～25.0	20.0～21.0	20以下
51～60	26以上	25.1～26.0	21.1～25.0	20.0～21.0	20以下

筛查肥胖和消瘦查表时要注意：男女在30岁前，精力充沛，活动量大、骨骼粗壮、肌肉发达，即使BMI超重也不必忙于减肥，注意经常监测体重。30岁以后，骨骼开始逐渐出现脱矿现象（钙质流失），肌肉萎缩，增加的体重大部分是脂肪。此外，无论男女，BMI处于"消瘦"的实际上是营养不良，应通过膳食纠正。

四、腰臀比的自我评价

腰臀围比值的计算公式 =[腰围（厘米）/ 臀围（厘米）]×100，评价见表8-8和8-9。

表8-8 男子腰臀围比值（100×腰围/臀围）评价表

年龄段（岁）	大	偏大	中等	偏小	小
18～30	88以上	84.1～88.0	78.1～84.0	75.0～78.0	75以下
31～40	93以上	89.1～93.0	80.1～89.0	77.0～80.0	77以下
41～50	95以上	91.1～95.0	82.1～91.0	78.0～82.0	78以下
51～60	96以上	92.1～96.0	83.1～92.0	79.0～83.0	79以下

表8-9 女子腰臀围比值（100×腰围/臀围）评价表

年龄段（岁）	大	偏大	中等	偏小	小
18～30	81以上	78.1～81.0	72.1～78.0	69.0～72.0	69以下
31～40	84以上	81.1～84.0	74.1～81.0	71.0～74.0	71以下
41～50	86以上	82.1～86.0	75.1～82.0	72.0～75.0	72以下
51～60	90以上	86.1～90.0	78.1～86.0	75.0～78.0	75以下

成年男子大多数的脂肪堆积从上腹部开始，腰围增长超过臀围，称为上半身肥胖；少数下腹部和大腿出现脂肪堆积，称为下身肥胖。上半身肥胖对健康不利的原因有：①脂肪不仅堆积在皮下，而且堆积在内脏周围；②上半身脂肪细胞β受体多，便于脂肪在体内的运输和储存，易发生脂代谢紊乱；③比下半身肥胖更易发生冠状动脉粥样硬化、冠心病、糖尿病和脑卒中。

五、肺活量的自我评价

相对肺活量评价见表8-10、表8-11。

人到20岁时肺活量达最高峰，男子平均3600毫升，女子平均2700毫升；到60岁左右，男子平均3000毫升，女子平均2300毫升。通过肺活量的追踪监测，能评价人的生理衰老过程。肺活量还与体重、身高、胸围有紧密关系，表8-10和表8-11用的是相对肺活量的概念。即把不同人放在同等体重条件下比较。体育锻炼可影响肺活量。

表8-10　男子相对肺活量[肺活量（毫升）/体重（千克）]评价表

年龄段（岁）	优秀	良好	中等	偏低	差
18~25	75以上	68.1~75.0	55.1~68.0	48.0~55.0	48以下
26~30	72以上	66.1~72.0	52.1~66.0	45.0~52.0	45以下
31~40	70以上	62.1~70.0	47.1~62.0	40.0~48.0	40以下
41~50	65以上	57.1~65.0	42.1~57.0	35.0~42.0	35以下
51~60	60以上	53.1~60.0	39.1~53.0	32.0~39.0	32以下

表8-11　女子相对肺活量[肺活量（毫升）/体重（千克）]评价表

年龄段（岁）	优秀	良好	中等	偏低	差
18~25	62以上	56.1~62.0	43.1~56.0	36.0~43.0	36以下
26~30	60以上	54.1~60.0	41.1~54.0	34.0~41.0	34以下
31~40	57以上	51.1~57.0	39.1~51.0	31.0~39.0	31以下
41~50	55以上	49.1~55.0	36.1~49.0	29.0~36.0	29以下
51~60	51以上	45.1~51.0	33.1~45.0	27.0~33.0	27以下

六、台阶试验的自我评价

台阶指数评价见表8-12、表8-13。

老陈49岁，体育活动积极分子，当他按照节拍完成台阶试验后，台阶指数得分80分。台阶试验是一种测量心血管功能的简便方法。表8-12和表8-13中是台阶试验得出的值，台阶高度为30厘米（男）、25厘米（女），蹬阶频率是1分钟上下30次，持续时间5分钟，f_1、f_2、f_3分别代表运动后第2、3、5分钟的前30秒的脉搏次数。计算公式如下：

$$台阶指数 = 负荷持续时间（秒）\div [2\times (f_1+f_2+f_3)]\times 100$$

台阶指数得分越高，说明人负荷运动后心率恢复越快，心血管功能越好，老陈的指数说明他经常的锻炼是有效果的，台阶试验反映的指数越低，说明心血管耐力水平越低，患心血管疾病的可能性越高。因此要多进行有氧运动，提高心血管功能。

表8-12 男子台阶指数评价表（单位：分）

年龄段（岁）	优秀	良好	中等	偏低	差
18～25	79	71～79	50～70	41～49	41
26～30	78	70～78	50～69	40～49	40
31～40	78	69～78	50～68	39～49	39
41～50	79	68～79	50～68	38～49	38
51～60	79	69～79	48～68	36～47	36

表8-13 女子台阶指数评价表（单位：分）

年龄段（岁）	优秀	良好	中等	偏低	差
18～25	78	70～78	50～69	39～49	39
26～30	78	70～79	49～69	39～48	39
31～40	78	69～78	49～68	38～48	38
41～50	79	68～79	47～67	36～46	36
51～60	78	67～78	46～66	34～45	34

七、握力的自我评价

握力是反映人生存和活动能力的重要侧面，握力的发展与其他生理指标不同。男子一般35岁，女子30岁时握力达到高峰；40～45岁后开始下降。表8-14和表8-15是握力（千克）的评价表。

小李，女，25岁，但握力只有23千克，查表8-15处于"中下"段。她妈妈的握力达38千克，查表处于"优"段，明显好于小李。

表8-14 男子握力（千克）评价表

年龄段（岁）	优	良	中等	中下	差
18～30	56以上	53～56	44～52	39～43	39以下
31～40	56以上	53～56	44～52	39～43	39以下
41～50	54以上	51～54	42～50	37～41	37以下
51～60	50以上	47～50	38～46	33～37	33以下

表8-15 女子握力（千克）评价表

年龄段（岁）	优	良	中等	中下	差
18～30	36以上	32～36	25～31	20～24	20以下
31～40	36以上	32～36	25～31	20～24	20以下
41～50	35以上	31～35	24～30	19～23	19以下
51～60	35以上	31～35	24～30	19～23	19以下

上面的例子说明小李的握力不足，应加强锻炼，而她的母亲经常从事家务劳动，握力衰退得慢，对保持中老年的生活质量很有利。

八、肌肉耐力的自我评价

俯卧撑以上肢肌力为中心反映全身肌肉耐力水平。

小孙和小张都是 28 岁，小孙肩膀浑圆，小张溜肩。测试俯卧撑成绩是小孙 35 次，查表 8-16，得"优秀"；小张是 7 次，评为"差"。表 8-16 和表 8-17 是反映男女肌肉耐力的评价表。

表8-16　男子俯卧撑（次）评价表

年龄段（岁）	优秀	良好	中等	偏低	差
18～25	38以上	31～38	18～30	10～17	10以下
26～30	30以上	25～30	14～24	8～13	8以下
31～40	27以上	22～27	12～21	6～11	6以下
41～50	20以上	16～20	9～15	4～8	4以下

小张要想提高上肢肌力，只加强背肌锻炼是不够的，还要加强全身性运动。

1 分钟仰卧起坐反映人体腰腹肌肉力量，男女都可测，但对女性全身肌力代表性最强。腹肌力量强，说明肌纤维强健有力，脂肪堆积少，腰部纤细，腹部平坦紧绷。

表8-17　女子仰卧起坐（次/1分钟）评价表

年龄段（岁）	优秀	良好	中等	偏低	差
18～25	34以上	27～34	15～26	7～14	7以下
26～30	28以上	22～28	11～21	4～10	4以下
31～40	24以上	19～24	9～18	3～8	3以下
36～40	22以上	18～22	8～17	2～7	2以下
41～50	18以上	16～18	7～15	2～6	2以下

小李是体操运动员，她的 1 分钟仰卧起坐成绩是 43，达到表 8-17 中"优秀"。

从表 8-17 中可以看出：首先，成人的成绩 18～25 岁时最好，随年龄增长急速下降，50 岁时不到 18 岁的一半。其次，成绩与锻炼相关密切。生活中经常看到同样年龄的人，常锻炼的人的成绩比不锻炼的成绩高出很多。

九、爆发力素质的自我评价

纵跳是反映人体爆发力、测量肌力的一种方法。表 8-18 和表 8-19 是纵跳（厘米）评价表。爆发力好的人走路、奔跑富有弹性，抬重物时感到轻松，对成年人来说爆发力好的人能获得高生存能力，而且显著延缓衰老进程，因此，爆发力被称为"人类活动之本"，是反映人体体质状况的重要方面。

表面上看，纵跳似乎与下肢有关，实际上它是全身协调用力的过程，必须通过全身肌肉锻炼来提高成绩。

表8-18　男子纵跳（厘米）评价表

年龄段（岁）	优	良	中等	中下	差
18～30	60以上	54～60	43～53	36～42	36以下
31～40	57以上	51～57	40～50	33～39	33以下
41～50	55以上	49～55	38～48	31～37	31以下
51～60	52以上	46～52	35～45	29～34	29以下

表8-19　女子纵跳（厘米）评价表

年龄段（岁）	优	良	中等	中下	差
18～30	44以上	39～44	28～38	22～27	22以下
31～40	42以上	37～42	26～36	20～25	20以下
41～50	39以上	34～39	24～33	18～23	18以下

从全国体质调研结果看，我国18～25岁人群的爆发力与欧美白人差距不大，但从30岁开始大幅下降，比欧美在年龄上提前5年，主要原因是锻炼不足，导致生理性自然衰退提前出现。而欧美、日本都有过半百的中年人通过系统肌肉训练，保持良好的爆发力。

十、灵敏性素质的自我评价

根据生理发展规律，12～15岁青少年神经系统灵活性最高，是提升灵敏素质的最佳阶段。成年男子18～25岁，女子18～22岁仍保持较高灵敏性，30岁以后仍应进行这方面锻炼。但男女50岁以上都应避免通过剧烈运动来评价灵敏素质，以免出现意外事故和创伤。表8-20和8-21是男女10米×4往返跑（秒）评价表。

表8-20　男子10米×4往返跑（秒）评价表

年龄段（岁）	优	良	中等	中下	差
18～25	11.2以下	11.2～12.1	12.2～14.2	14.3～15.2	15.2以上
26～30	11.5以下	11.5～12.4	12.5～14.5	14.6～15.5	15.5以上
31～40	11.7以下	11.7～12.6	12.7～14.7	14.8～15.8	15.8以上
41～50	11.9以下	11.9～13.0	13.1～15.1	15.2～16.3	16.3以上
51～60	12.2以下	12.2～13.3	13.4～15.5	15.6～16.7	16.7以上

表8-21　女子10米×4往返跑（秒）评价表

年龄段（岁）	优	良	中等	中下	差
18～25	13.0以下	13.0～14.2	14.3～16.3	16.4～17.5	17.5以上
26～30	13.3以下	13.3～14.4	14.5～16.8	16.9～18.0	18.0以上
31～40	13.6以下	13.6～14.7	14.8～17.0	17.1～18.2	18.2以上
41～50	14.0以下	14.0～15.2	15.3～17.3	17.4～18.6	18.6以上

十一、柔韧性素质的自我评价

身体的柔韧性是支撑运动器官的功能特性,决定着各种动作的幅度和灵活性。

表8-22 男子坐位体前屈(厘米)评价表

年龄段(岁)	优	良	中等	中下	差
18～30	22以上	19～22	8～18	3～7	3以下
31～40	19以上	14～19	5～14	-1～4	-1以下
41～50	16以上	11～16	1～11	-3～1	-3以下
51～60	14以上	9～14	-1～9	-6～-1	-6以下

表8-23 女子坐位体前屈(厘米)评价表

年龄段(岁)	优	良	中等	中下	差
18～30	21以上	18～21	9～17	3～8	3以下
31～40	19以上	15～19	8～14	1～7	1以下
41～50	18以上	14～18	6～13	0～5	0以下
51～60	16以上	12～16	5～11	-1～4	-1以下

坐位体前屈侧重反映上身、腰、髋等部位的关节、肌肉和韧带的柔韧程度,这些部位随着年龄的增长,生理性衰退的幅度较大,因此要加强锻炼。表8-22和表8-23是男女坐位体前屈(厘米)评价表。柔韧性低下不仅影响人体的伸展和灵活性,还会影响力量、速度和协调性的发挥。各年龄段的人都要加强柔韧性的练习。

十二、身体平衡能力的自我评价

闭眼单脚直立测试是反映人的平衡能力,平衡能力是建立在各肌肉群协调产生张力的基础上,但决定因素在人的视觉、本体感觉和位觉,表8-24和表8-25是男女闭眼单脚直立(秒)评价表。

表8-24 男子闭眼单脚直立(秒)评价表

年龄段(岁)	优	良	中等	中下	差
18～30	80以上	50～80	31～50	20～30	20以下
31～40	72以上	44～72	26～43	14～25	14以下
41～50	60以上	39～59	20～38	10～19	10以下
51～55	50以上	30～50	16～29	5～15	5以下
56～60	45以上	26～44	9～25	4～8	3以下

表8-25 女子闭眼单脚直立(秒)评价表

年龄段(岁)	优	良	中等	中下	差
18～30	65以上	41～65	26～40	15～25	15以下
31～40	55以上	31～55	21～30	10～20	10以下
41～50	50以上	25～50	11～24	5～10	5以下
51～55	47以上	21～47	7～20	3～6	3以下
56～60	40以上	26～44	9～25	4～8	3以下

本项测试时要闭眼，就是为了排除视觉的干扰，着重了解人的本体感觉和位觉。

本体感觉是大脑对运动进行分析后做出的反应，操纵肌肉和关节伸长、缩短、放松和拉紧，引起各种动作。从表8-24和表8-25中可以看出，随着年龄的增长，尤其是40岁以后，平衡能力明显下降，但只要经常参加体育锻炼，就可以延缓衰减。

十三、身体反应能力的自我评价

反应时是指人体从接受到刺激开始，直到作出反应需要的时间。它体现人体反应速度的快慢，取决于三个因素：反应潜伏时、反应速度和动作速度。反应潜伏时主要受遗传影响，但反应速度（中枢神经的灵敏性）和动作速度（肌肉收缩能力）可以通过后天锻炼提高。表8-26和表8-27是男女反应时（秒）评价表。

表8-26　男子反应时（秒）评价表

年龄段（岁）	优	良	中等	中下	差
41～45	0.15以下	0.15～0.18	0.19～0.22	0.23～0.25	0.25以上
46～50	0.16以下	0.16～0.18	0.19～0.23	0.24～0.26	0.26以上
51～55	0.16以下	0.16～0.18	0.19～0.23	0.24～0.26	0.26以上
56～60	0.17以下	0.17～0.19	0.20～0.24	0.25～0.27	0.27以上

表8-27　女子反应时（秒）评价表

年龄段（岁）	优	良	中等	中下	差
41～45	0.16以下	0.16～0.18	0.19～0.23	0.24～0.27	0.27以上
46～50	0.16以下	0.16～0.19	0.20～0.24	0.25～0.28	0.28以上
51～55	0.16以下	0.16～0.19	0.20～0.24	0.25～0.28	0.28以上
56～60	0.17以下	0.17～0.20	0.21～0.25	0.26～0.29	0.29以上

上述的测试方法主要适用于中老年人。如果青壮年人群可用更灵敏、客观的视觉、听觉运动反应时测量仪。

研究表明，7～15岁反应速度发展最快；16～25岁平稳；中老年逐步下降，但没有柔韧性、平衡性明显。因此中老年练习目标是延缓反应时的生理性衰退。

思考题

1．简述健康的概念。
2．简述体质的概念。
3．新《标准》的测试项目及分值是怎样规定的？
4．根据新《标准》的体质健康评分表自述个人的体质水平。

（周　莉）

运动技能篇

第九章 田径运动

学习导言

田径是各项运动的基础。它能全面、有效地发展人的身体素质和运动技能，对其他各项运动技术的发展和成绩的提高都有很好的作用。因此，各项体育运动都把田径运动作为提高身体素质的训练手段。田径运动能促进机体的新陈代谢，改善与提高内脏器官的功能。本章通过介绍跑、健身走的技术和练习方法，指导学生的健身锻炼，达到增强体质和提高运动能力的目的。

学习提要

1. 了解田径运动的基本概念和分类。
2. 了解跑和健身走的基本技术。

第一节 田径运动概述

（一）田径运动的起源与发展

远在上古时代，人们为了获得生活资料，经常需要走或跑相当长的距离，跳过各种障碍，投掷石块并使用各种捕猎工具。人们在劳动生产实践中不断重复这些动作，逐渐形成了走、跑、跳跃和投掷等各种技能。这便是田径运动的雏形。

随着社会的发展，人们逐渐将走、跑、跳跃和投掷作为娱乐和比赛的形式。公元前776年，第一届古奥运会在古希腊奥林匹克村举行，田径运动成为正式比赛项目。1896年在古希腊举办第一届现代奥运会，田径项目是奥运会的主要项目；1912年国际业余田径联合会成立并做出了设立田径运动竞赛项目世界纪录的决定；1914年开始设立世界纪录；1928年奥运会开始设置女子项目。随着时代的发展，田径运动项目不断增加，竞赛条件和比赛规则不断改进和完善，到目前为止，被列入奥运会比赛的田径项目已达到46项，田径运动已成为奥运会各项体育运动中金牌最多的一项运动。

（二）田径运动的概念和分类

田径运动是以走、跑、跳跃、投掷等动作形式组成的锻炼身体手段，分为田赛、径赛以及由部分田赛和径赛项目组成的全能项目三个部分。径赛是指在跑道、公路或山路野地上等举行的比赛项目，是以时间长短计算成绩；田赛是指在跑道所围绕的中央区域或临近的场地上举行的跳跃、投掷等项目，主要通过高度和远度衡量成绩；全能运动是由部分跑、跳跃、投掷项目组成的，以评分办法计算成绩的综合比赛项目。

第二节 跑

跑是单脚支撑与腾空相交替、蹬与摆紧密配合、动作协调连贯的周期性运动。短跑包括100米、200米和400米，中长跑包括800米、1500米和3000米。

一、短跑技术

短跑是田径径赛项目中距离最短、速度最快、人体内脏器官和运动器官在缺失大量氧气的情况下完成的极限强度的周期性项目。短跑可分为起跑、起跑后加速跑、途中跑和终点跑四个阶段。

（一）起跑技术

1．各就位　走到起跑线前，屈体下蹲，两脚依次蹬在起跑器抵足板上，有力腿在前，后膝跪地；前膝略下沉，两手虎口张开，四指并拢，靠紧起跑线后沿处做拱形支撑，两手间距离比肩稍宽，两臂伸直，颈部放松，低头。

2．预备　臀部平稳抬起略高于肩，身体重量落于两臂与前腿之间，肩部略超出起跑线，两脚紧贴起跑器抵足板。

3．鸣枪　听到枪声后，两臂迅速屈肘有力地做前后摆动，两脚同时用力蹬离起跑器，后腿积极迅速前摆，前腿同时充分蹬直。

（二）起跑后加速跑技术

起跑后加速跑是从后腿蹬离起跑器到途中跑之间的一个跑段，距离一般约为25～30米。

动作要领：

1．两臂用力加速摆动，积极有力，摆幅加大；摆动腿用力上抬向前摆动，积极下压，并腿速度快，支撑腿用力向后下方伸，上体保持较大幅度前倾。

2．步频加快，步长逐渐加大，上体逐渐抬起过渡到途中跑姿势。

（三）途中跑技术

途中跑是短跑全程中速度最快、距离最长的一段。动作要领如图9-1所示：

1．摆动腿快速伸髋积极带动小腿后扒，垂直支撑时，支撑腿的足跟不着地。

2．当身体重心前移超过垂直位置后，支撑腿快速有力蹬伸髋、膝、踝关节，摆动腿加速折叠前摆。推动身体向前。

3．当后蹬腿的脚离开地面后，身体即进入无支撑状态。此时两大腿应快速"剪绞"上体保持正直或稍前倾姿势。

图9-1　短跑途中跑技术

（四）终点跑技术

终点跑是全程跑的最后一段，短跑的终点跑距离一般为终点线前15～20米。

动作要领：上体前倾，两臂用力加速摆动，大腿抬高向前迈步，频率加快；距终点线约一步时，上体急速前倾，用胸部或肩部触压终点线，跑过终点。

（五）弯道起跑和起跑后加速跑技术

运动员应使身体正对弯道的切点，左手撑在距起跑线后沿5厘米左右的地面，起跑后，起

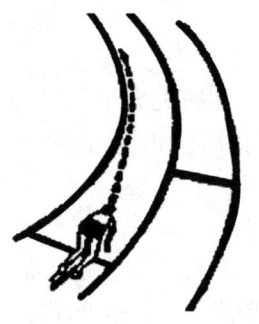

图 9-2 弯道起跑

跑的前几步应沿着内侧分道线的切点方向跑进；进入弯道跑时，身体应及时向内倾斜，尽可能沿着跑道的内侧跑进（图 9-2）。

进入弯道跑时，运动员身体应向内圆方向倾斜；右脚前脚掌内侧用力后蹬，左脚前脚掌外侧着力；右臂摆动的幅度应大于左臂，前摆时稍向左前方，后摆时右肘关节偏外。大腿前摆时，右膝关节稍向内，且摆动的幅度比左膝大，左腿前摆时应稍向外；弯道跑时，蹬地和摆动方向都应与身体向内圆倾斜的方向趋于一致。从弯道跑进直道时，应在弯道的最后几米逐渐减小身体的内倾程度，利用惯性跑 2～3 步后进入正常的途中跑。

二、中长跑技术

中长跑项目是中距离跑和长距离跑的全称。中跑是对速度耐力要求较高的项目，长跑则是以耐力为主的项目。但随着竞赛水平的接近和比赛竞争的激烈，中跑对速度的要求越来越高；中长跑各项目的技术基本上是相同的，但由于各项目之间的距离不同，在技术动作的用力程度及速度和幅度上有所区别。对各项目的一般要求是：动作实效、经济、轻松、自然，身体重心平稳，快速有力摆动和积极有效的伸髋动作，并保持高步频和良好的节奏，是现代中长跑技术的主要特征。中长跑各个项目的完整技术均分为起跑、起跑后的加速跑、途中跑和终点跑等环节。

（一）起跑和起跑后的加速跑

中长跑采用站立式起跑或半蹲式起跑技术。

1．起跑 动作依次顺序是：听到"各就位"口令先做一两次深呼吸，轻松地走到起跑线处，两腿前后站立在起跑线后沿，有力腿在前，前腿弯曲 150°左右，后腿弯曲 130°左右，上体前倾，重心落在前脚，前脚的异侧臂自然前伸或支撑于地面，眼向前看 5～8 米处，保持平稳，听到枪声后，两腿用力蹬地，后腿蹬地后迅速前摆，两臂配合腿部动作，快速、有力地摆动，使身体快速向前跑进。

2．起跑后的加速跑 加速跑的距离以个人能力及技术特点、项目需要而定。无论在直道或是弯道上起跑，应该向切线方向跑进，抢占有利的战术位置，再按照既定的速度节奏进入途中跑。

（二）途中跑

途中跑是决定中长跑成绩的主要环节，掌握正确的途中跑技术具有重要的意义。途中跑应强调节奏性、轻松、省力（图 9-3）。

图 9-3 途中跑

1. 后蹬与前摆 在一个跑的周期中,当身体重心移过支点上方时,开始进行后蹬和前摆动作。摆动腿的大腿带动小腿积极向前方摆动,加大支撑腿的支撑反作用力,加快蹬伸速度,使髋部更好地前送,带动身体重心前移,为摆动腿积极着地创造条件。大腿摆动时,膝关节和脚的动作要与跑的方向一致。中长跑有一半以上的距离是在弯道上跑,其弯道跑技术基本上与短跑弯道跑技术一致。

2. 腾空 后蹬腿蹬离地面后,身体进入腾空阶段,蹬地腿迅速有力地将大腿向前上方摆出,小腿随惯性自然摆起,膝关节弯曲,形成大小腿折叠的姿态,小腿顺惯性折叠,以髋带动大腿积极迅速地向前摆动。

3. 上体姿势与摆臂动作 中长跑途中跑时,颈部肌肉自然放松,眼睛平视,两手半握拳,两臂弯曲,两肩放松,以肩为轴前后自然摆动;摆幅随跑的速度变化而适当变化,上体采取正直或稍前倾的姿势。

4. 着地与缓冲 着地缓冲阶段主要是尽量减少地面对水平速度和人体冲击的损失,为更快地转入后蹬阶段创造条件;脚着地前,摆动腿的大腿积极下压,小腿顺势前摆同时做"扒地"动作;着地时膝关节呈弯曲状态,以完成缓冲;脚着地时用前脚掌外侧着地,而后过渡到全脚掌。

(三)终点冲刺跑

终点冲刺跑的距离要根据比赛项目、个人特点、训练水平、战术需要及比赛中的情况而定。在一般情况下,800米跑一般在距终点200~300米处开始冲刺,1500米一般在最后300~400米开始冲刺跑,3000米跑及以上项目一般在最后400米或更长的距离开始冲刺跑。

第三节 健 身 走

健身走运动有着悠久的历史,大约在1916年始于荷兰。后来逐渐流传到周围的国家,现在已经风靡全球。国际大众健身体育协会(TAFISA)于1992年6月7日在里约热内卢召开的全球首脑峰会上,启动了第一次世界行走日,此后,这项活动便迅速推广开来。在2005年10月2日的世界行走日上,已经有超过72个国家的成员参加,健身走已经成为当今世界最有影响力的运动之一。

一、健身走的锻炼价值

(一)对人体物质及能量代谢的影响

人体一切生命活动所需的能量,主要来源于体内的物质代谢,主要包括糖、脂肪和蛋白质的氧化分解。肌肉活动对物质及能量代谢的影响最为显著,有氧运动可提高人体体内的物质及能量代谢。相关资料显示:健身走时,机体耗氧量比安静状态时增加25%~60%,而且在停止此项活动以后的一段时间内仍然会维持较高水平的能量代谢。

(二)对人体心血管系统的影响

健身走对心脏的主要作用是能使心率的变化得到改善,并加强心肌的力量。心脏功能的强弱主要是由心率来反映的,健身走带给心脏功能的影响就可以通过心率的变化来证明。长期进行健身走锻炼可以增强心肌力量,延缓肌肉纤维退化的过程;经常从事健身走会加大心输出量,重新分配各组织器官的血流量,尤其是迅速增加骨骼肌的血流量,以满足其代谢增强时的能量供给。普通人的心脏具有一定储备力,平时心输出量大约只占最大输出量的25%。健身走可加大心脏储备力,即加大心肌力量,继而心输出量加大,人体活动能力也会逐步提高。健身走活动可以提高有氧能力,降低三酰甘油(甘油三酯)含量,提高高密度脂蛋白含量,这有助于保护心脏，预防心肌梗死。

（三）对肌肉耐力及体力的影响

肌肉耐力与氧供给能量有着密切关系。毛细血管血液含量多时，肌肉对氧的利用率则高。长期从事健身走锻炼，使呼吸深而有力，肺活量加大，肺泡换气量显著提高，代谢过程所需要的氧气供给充足，加强了细胞的耗氧能力，促进了新陈代谢能力，提高肌肉耐力。

（四）对体重、脂肪和体脂百分比的影响

健身走是有氧运动，能够改善对脂肪代谢的调节，促进脂肪的分解，减少脂肪合成。如在运动时肾上腺素分泌增加，释放脂解激素增加，从而使三酰甘油（甘油三酯）的水解过程加强；同时，运动能使胰岛素分泌减少，抑制体内脂肪的合成，促进脂肪的分解。运动可引起游离在血液的葡萄糖、脂肪酸的利用率加大。一方面可使大量的游离脂肪酸从脂肪细胞中释放出，使细胞体积缩小；另一方面，可消耗多余的葡萄糖，抑制其转化为脂肪，从而降低聚积的异生脂肪，改变人体体脂百分比。

（五）对神经系统的影响

一部分人由于长时间过度紧张，会引发大脑皮质的兴奋、抑制，因而会发生功能性失调等现象。主要表现为失眠、疲劳、头痛、烦躁、多疑等症状。长期坚持健身走锻炼，对神经系统有着良好的调节作用，促进神经系统兴奋和抑制的良性转换，使神经衰弱者症状得到减轻或者消失，使其精神愉快、思维敏捷，提高生活质量。

二、健身走应注意的问题

（一）掌握正确的步行姿势

步行之前要端正姿势，挺胸直背，抬头向前看，凝视着前方约6～8米。行进过程中要手握空拳，手臂弯曲小于90°，双臂前后摆动，但肘部不要超过胸骨。收腹提臀，骨盆稍向前倾。同时调整正确的呼吸，伴随步行的速度，有节奏地深呼吸。

（二）掌握有效的强度

健身走锻炼老少皆宜，简便易行，安全有效。但也需要一定的运动强度，即中等运动强度，达到人最大心率的65%～85%。通常的散步达不到这种运动强度，即使走了10000步，锻炼效果也不会很理想。有研究表明，为保持体型，进行健身走的强度最好每分钟100步，接近一个中等的运动强度；在日常生活中以中等速度步行，走1000步大约需要10分钟。

（三）选择适合的地方

健身走应选择空气清新、道路平坦之处，不要去烟尘多、噪音大的地方，可以固定在一个地点，也可以选择几个地点，今天去鸟语花香的公园，明天到湖畔、江边，意在使心境舒畅，让四肢舒缓、协调地摆动，全身关节筋骨得到适度的活动。

（四）在运动前、中、后注意补充水分

不要在特别饥饿条件下运动，尤其对于慢性疾病患者；也不宜在饱腹后立即开始健身走锻炼，最好休息1小时后，再逐渐开始健身走运动。健身走应由小逐渐加大运动强度。运动前、中、后注意补充水分时要小口慢喝，不宜多喝。

三、健身走的锻炼方法

常见的健身走方法很多，锻炼者应根据运动的目的和个人的具体情况选择合适的锻炼方法。下面介绍几种健身走锻炼的方法。

（一）散步锻炼法

1. 散步锻炼法的动作要领　散步时只有保持正确的身体姿势，才能达到良好的锻炼效果。

正确的身体姿势是自然正直，抬头挺胸，收腹收臀，保持与脊柱成一直线，两肩放松，手臂自然下垂协同两腿迈步，动作自然前后摆动，两腿交替屈膝前摆，足跟着地滚动至脚尖时，另一腿屈膝前摆足着地，步幅因人而异。

2．散步锻炼方法

（1）普通散步法：普通散步法速度为每分钟60～90步，每次应走20～40分钟。

（2）快速行走法：快速行走法速度为每分钟90～120步，每次应走30～60分钟。

（3）臂后背向散步法：即行走时把两手背放在腰部，缓步背向行走50步，然后再向前走100步。这样一退一进反复行走5～10次。

（4）摆臂散步法：行步时两臂前后做较大幅度的摆动。行走速度为每分钟60～90步。

（5）摩腹散步法：本法是传统中医养生法，行走时两手旋转按摩腹部，每分钟行走30～60步，每走一步按摩一周。

（二）快步走锻炼法

1．基本技术　两脚以脚内侧为准，踩成一条较直的线，臂部随向前迈步着地完成后蹬动作而稍有前后左右转动，但不宜过大。

2．走的速度　也可走成变速，但不要出现腾空。

3．走的步幅　步幅不要过分加大，主要加快步频练习。

4．走的强度　脉搏控制在120～150次/分，为跑步锻炼打下基础。

（三）踏步走锻炼法

踏步走时两腿交换频率因人而异，原地踏步者全脚掌着地时，由于支撑时间长，每脚踏30次/分为宜。随着体力增加，前脚掌着地时，由于支撑时间短，每脚踏45次/分为宜。踏步者可以根据身体素质情况，不断提高抬腿高度与两腿交换频率。

踏步走脚落地最好用前脚掌先着地，然后滚动到全脚掌着地，注意脚的缓冲，身体重量落在前脚掌上。为达到减肥目的，运动时，可进行变速原地高抬腿踏步走。

在踏步走中要不断创编出新的组合踏步法，如踏步4拍一转体、按音乐节拍踏步、闭眼原地踏步、有氧台阶踏步、有氧踏板等。

（四）倒退行走锻炼法

倒退行走即向后行进，倒退行走时两腿交替向后迈步，增强了大腿后肌群和腰背部肌群力量，同时还保健小脑，有利于提高人体的灵活性、协调性。

1．锻炼时间的选择　后退走可选择在早晨或自感空气最清新的时间进行，每天练习的次数不限，锻炼时间基本上为20分钟左右。中老年人每天可练习2次，开始每次20～30分钟，并逐渐增至每次30～40分钟。

2．锻炼地点的选择　倒退走要选择平坦、不滑、无障碍物的地方，可选择走廊、过道等地方，切不可在车辆往来密集、人多、有杂物的地区进行，以免发生危险。

3．倒退走时方向的把握　人们对空间的感知能力明显下降，身体容易失去平衡，因此步速不要快，步子不要大。走步时，一腿前脚掌擦着地面向后交替倒退走即可，不要屈膝抬腿。在倒退走过程中，初始阶段两眼可随同侧腿左顾右盼，掌握方向，待平衡协调能力提高了，眼看前方。

（五）登楼梯锻炼法

上下往返走楼梯，对于在高层写字楼工作或高层公寓、住宅楼居住的人们来说，是一项很好的室内健身项目。研究表明，登楼梯每爬高1米所消耗的热量，相当于散步28米；上6层楼楼梯，相当于慢跑500米；登楼梯的人每分钟消耗热量59千焦（14千卡），卧床休息的人仅为2.85千焦（0.68千卡），两者相差约21倍之多。一个体重40千克的人，登楼梯10分钟消耗的热量为840千焦（200千卡），下楼梯消耗的热量是登楼梯的1/3。在相同的时间里，登楼梯消耗的热量要比静坐多10倍，比步行多4倍，比跑步多3倍，比游泳多2.5倍，比打乒乓球多2倍。

1．登楼梯　又称缓慢式登楼梯运动，大致与平时爬楼梯相同，比较适合健康老年人及有慢性疾病的中年患者。

2．跨台阶　所谓跨台阶，就是登楼梯时，每一步不是登1级梯阶，而是2级，甚至3级梯阶，通过这一方式可以增加运动的强度和锻炼的难度，青少年多用此方法。

3．负重登楼梯　肩负重或手提重物登楼梯也是一种加大运动量的锻炼方式，可以锻炼臂力、腿力和腰力。一般手持重物重量大致在5千克左右，为了保持平衡，双手可以同时提取等重量的重物，并注意重物的体积不易过大，或用一只手提重物，另一只手扶着楼梯栏杆上行。

（六）踩石子锻炼法

现在许多社区小路是用石头铺成的，可供人们锻炼之用。按中国的传统医学说法，在脚底上有个多反射区，在石头路上走步，可以起到按摩和治病健身的作用。

走石头路时，一般选择较薄的软底鞋，也有赤脚走的。赤脚走的效果会更好些，能使全身得到活动，全身感觉轻松，使肌肤更具光泽和弹性。赤脚踩石头，让人体直接与大地接触便于人体静电的释放，这有助于降压和调节大脑神经。

四、运动量与运动强度

（一）运动量的控制

健身走要注意掌握运动量。运动量太小，未动员肌肉与内脏器官的功能潜力就轻而易举地完成，锻炼的效果不好；运动量过大，超过人体负荷的界限，不仅达不到增强体质的目，反而会对健康产生不良影响。以下两种简易方法有助于监测自己的运动量。

1．脉搏测定法　早晨起床前、锻炼前和运动后1小时各测一次脉搏，时间为1分钟。如果运动量小，在锻炼后1小时脉搏即可恢复锻炼前水平；如果运动量适中，次日早晨的脉搏能恢复到原来的水平，表明身体能承担这一运动量。如果次日早晨脉搏不能恢复到原来的水平，比以往升高较多而且还有疲劳感（无疾病情况下），则表明运动量过大需要调整。

2．主观感觉法　运动量安排合适时，工作、学习、劳动更富有精力，锻炼后虽略感疲劳，肌肉稍酸痛，但经过一夜休息后疲劳会自然消失。当运动量过大时，早晨起床会感到萎靡不振、全身无力，甚至会出现头晕现象，锻炼后也常感到极度疲劳、食欲缺乏、失眠、对锻炼有厌倦的感觉，这些都说明运动量过大需要适当调整。

（二）运动强度的衡量

健身走的强度主要依据人体的脉搏次数来确定，从健身角度来讲，健身走时适宜的脉搏为100～120次/分钟，参加锻炼的人应该感到呼吸比较舒服；由于健身走的时间一般都比较长，运动者可以一边走一边测量脉搏，及时掌握适宜的运动强度。

（三）运动时间

健身走的数量应以时间来衡量，而不是以行走的距离来衡量。对于一般锻炼者，连续行走时间以15～30分钟为宜，行走15分钟可以达到锻炼身体的最低要求，行走30分钟就能够达到比较好的锻炼效果；若锻炼者身体比较强壮，又有比较宽裕的时间，进行更长时间的健身走效果会更好，但一定要在自己身体能够承受的范围之内。

五、健身走运动处方与评价

（一）健身走运动处方的制订

健身走的速度和时间决定运动强度的大小，速度快，则时间短；速度慢则时间长。健身走时，运动时间必须保持在20分钟以上才有健身效果，根据健身走的特点制订了各年龄组预备性、良好体力、优秀体力和保持良好体力健身走的运动处方（表9-1、表9-2、表9-3、表9-4）。

表9-1 各年龄组健身走预备性运动处方

年龄	30岁以下			30~39岁			40~49岁			50岁以上		
周次	距离（米）	时间（分钟）	每周次数	距离（米）	时间（分钟）	每周次数	距离（米）	时间（分钟）	每周次数	距离（米）	时间（分钟）	每周次数
1	1600	15.00	5	1600	17.30	5	1600	18.00	5	1600	18.00	5
2	1600	14.00	5	1600	15.30	5	1600	16.00	5	1600	16.30	5
3	1600	13.45	5	1600	14.15	5	2400	24.00	5	1600	15.50	5
4	2400	21.30	5	2400	24.00	5	2400	22.30	5	2400	24.30	5
5	2400	21.00	5	2400	22.15	5	3200	31.00	5	2400	23.00	5
6	2400	20.30	5	2400	21.15	5	3200	30.00	5	2400	22.30	5

表9-2 良好体力者的步行量

周	步行量
2	用每分钟80米的速度，步行15分钟，每天2次
3	用每分钟85米的速度，步行10分钟，每天2次
3	用每分钟85米的速度，步行15分钟，每天2次
2	用每分钟90米的速度，步行15分钟，每天2次
2	用每分钟90米的速度，步行15分钟，每天2~3次

表9-3 优秀体力者的步行量

周	步行量
2	用每分钟90~100米的速度，步行10分钟
3	用每分钟100~120米的速度，步行10分钟
3	用每分钟120~140米的速度，步行或慢跑15分钟
2	用每分钟140米的速度，慢跑15分钟
2	用每分钟150米的速度，慢跑15~20分钟

表9-4 保持良好体能的健身走锻炼计划

距离（米）	时间分钟	每周次数	运动得分
3200	24~30	6	30
4800	36~45	4	32
6400	48~60	3	33
6400	60~80	5	35

（二）健身走的自我评价

1．主观感觉

（1）一般感觉：身体健康的人会感到精力充沛，身心愉悦；若患有疾病或过度训练就会萎靡不振、身体无力、疲倦、易激动。

（2）锻炼心情：健身走时心情开朗、愉快，精神状态良好。若出现对锻炼不感兴趣，甚至厌倦、萎靡不振可能是锻炼方法不合适，或是过度疲劳的早期现象。

（3）不良感觉，健身走时若出现头痛、头晕、胸痛、胸闷、恶心、呕吐或其他部位的疼痛或不适，说明运动量过大或身体健康出现问题。

（4）睡眠：经常健身走锻炼的人入睡快、少梦或无梦，次日精力充沛。若出现失眠多梦，次日精神不振，应该改变锻炼方法或减少运动量。

（5）食欲：经常参加健身走锻炼的人食欲一般都比较好，若出现食欲缺乏、口渴等现象时，可能是运动量过大或身体健康状况不佳等情况。

2．客观检查

（1）脉搏：成年人安静时1分钟标准脉搏见表9-5。

表9-5　成年人安静时1分钟标准脉搏

年龄	标准	20~29岁	30~39岁	40~49岁	50岁以上
男子	优	59以下	63以下	65以下	67以下
	良	60~69	64~71	68~75	68~75
	中	70~85	72~85	76~89	76~89
	差	86以上	86以上	90以上	90以上
女子	优	71以下	71以下	73以下	75以下
	良	72~77	72~78	74~79	76~83
	中	78~95	79~97	80~98	84~102
	差	96以上	98以上	99以上	103以上

（2）体重：健身走锻炼前期体重会逐渐减轻，这是由于机体内脂肪减少的缘故，以后会慢慢趋于稳定。若出现体重不断减轻或身体其他异常感觉，可能是运动强度过大或患有其他慢性疾病，应减少运动量并及时到医院检查。

（3）血压、肺活量、心电图：经常参加健身走锻炼的人血压是趋于稳定的，肺活量应该逐步增加，心电图正常。若血压突然升高，肺活量明显下降，心电图异常，应立即停止锻炼并到医院检查。

思考题

1．什么是田赛？什么是径赛？
2．国际田径联合会是怎么对田径运动定义的？
3．短跑的基本技术是什么？
6．健身走的锻炼方法有哪几种？
7．怎样控制健身走的运动量和运动强度？

（聂振霞）

第十章 球类运动

学习导言

球类运动是最受大家喜爱的体育运动项目之一，参加者不受年龄、性别之限，方式多变且娱乐性极强。经常从事球类运动，可以加强人体的新陈代谢，提高内脏器官的功能，改善神经系统的应激水平，保持人体内部与外部环境的平衡，增强体质。同时，球类运动对人的心理健康具有促进作用，可以调节由于工作、学习和生活带来的紧张情绪，磨炼意志，养成胜不骄、败不馁的性格，培养团结协作的集体主义精神。

学习提要

1. 了解球类项目的锻炼价值。
2. 了解球类基本技战术及其应用。

第一节 足 球

一、足球运动简介

（一）足球运动的起源与发展

据大量的史料记载，我国早在战国时期就开始有了足球游戏，当时被称为"蹴鞠"或"踏鞠"。唐朝是我国古代足球运动发展的鼎盛时期。中世纪时期，诞生了近似于现代足球运动，并迅速发展。1900年足球被列为奥运会的正式比赛项目。1904年国际足球联合会（FIFA）成立，迄今已接纳了200多个国家和地区为会员，是国际上最大的单项体育组织之一。国际大型的足球比赛主要有世界杯足球赛、奥运会足球赛、世界杯女子足球赛。其中，世界杯足球赛反映了世界足球最高水平和发展方向，对世界足球运动发展起到积极的推动作用。如今，足球运动在世界范围内得到进一步的普及与提高，人们对足球运动的发展又有了新的解读，世界足球运动的新发展趋势表现为速度、力量与技术的完美结合，更加重视整体的攻守平衡，各流派相互融合。

（二）足球运动的锻炼价值

经常参加足球运动，能有效提高身体素质，增强体质，提高人体各器官系统的功能。还有助于培养勇敢顽强、机智果断、勇于克服困难和团结互助、热爱集体、遵守纪律等优良品质。

二、足球运动基本技术

（一）颠球

颠球是指用身体的各个有效部位连续地触击球，并加以控制尽量使球不落地的技术动作。颠球是熟悉球性的一种练习手段，以增强对球的弹性、重量、旋转及触球部位、击球时用力轻重的感觉。

1. **头部颠球** 两脚开立，膝盖微屈，用前额部位连续顶球的下部。顶球时，两眼注视球，两臂自然张开，以维持身体平衡。

2．肩部颠球　两臂自然下垂或微屈肘，两脚自然左右开立，身体重心移至两脚间。当球下落至接近颠球一侧肩部高度时，肩上耸，击球的下中部将球向上颠起。

3．大腿颠球　抬腿屈膝，身体重心移至支撑脚上，用大腿的中前部位向上击球的下部，两腿可交替击球，也可一只脚支撑，用另一侧的大腿连续击球。

4．正脚背颠球　脚向上方摆动，用脚背击球，击球时踝关节固定，击球的下部。颠球时，两脚可交替击球，也可一只脚支撑，另一只脚连续击球。击球时用力均匀，使球始终控制在身体周围。

5．脚内、外侧颠球　抬腿屈膝，身体重心移至支撑脚上，用脚的内侧或外侧向上摆动，击球的下部，两脚内侧或外侧交替击球，也可单脚连续击球，动作类似踢毽子。

（二）踢球

1．脚内侧踢球

（1）脚内侧踢定位球：直线助跑，支撑前的最后一步稍大些，支撑脚站在球的侧面约15厘米处，脚尖正对出球方向，支撑腿膝关节微屈。在支撑脚着地时，踢球腿大腿带动小腿由后向前摆动，在前摆的过程中大腿外展，当膝关节的摆动接近球的正上方时小腿做爆发式摆动，在触球前将脚跟送出使得脚内侧部位所形成的平面与出球方向垂直，踢球脚脚底与地面平行，脚尖微微翘起，踝关节功能性地紧张使脚型固定，触（击）球后身体跟随移动，髋关节向前送（图10-1）。

图10-1　脚内侧踢定位球

（2）脚内侧踢地滚球：脚内侧踢地滚球时要考虑来球的速度、方向及摆腿的时间，来确定支撑脚的选位，保证踢球腿能顺利摆踢发力。

图10-2　脚背内侧踢定位球

2．脚背内侧踢定位球　斜线助跑，助跑方向与出球方向约成45°，最后一步稍大，以支撑脚底积极着地，脚尖指向出球方向，距球内侧后方20～25厘米，膝关节微屈。在支撑同时，踢球腿已完成后摆，并开始以髋关节为轴大腿带动小腿由后、向前摆动，当大腿摆至与支撑腿接近同一平面时，小腿做爆发式摆动，此时脚尖外转、脚背绷直，以脚背内侧部位触击球。击球后，踢球腿及身体继续随球向前（图10-2）。

3．正脚背踢球

（1）正脚背踢定位球：直线助跑，最后一步稍大些，支撑脚积极着地支撑，在球的侧面10～12厘米处，脚尖正对出球方向，膝关节微屈，踢球腿随跑动向后摆动，小腿屈曲，支撑的同时踢球腿以髋关节为轴，大腿带动小腿由后、向前摆动。当膝关节摆至接近球的正上方时，小腿做爆发式的摆动，脚趾屈，以脚背正面部位击球的后中部。击球后身体及踢球腿随球前移（图10-3）。

图10-3　正脚背踢定位球

（2）正脚背踢侧面半高球：根据来球速度及运行轨迹，选好击球点，身体侧对出球方向，身体向支撑脚一侧倾斜展腹，踢球腿抬起，大腿伸、小腿屈，大腿带动小腿由后向前急速摆动，用脚背正面击球的中部，同时身体向出球方向扭转，击球后踢球退随球前摆着地以维持身体平衡（图10-4）。

图10-4　正脚背踢侧面半高球

（3）正脚背踢反弹球：根据来球的速度、运行轨迹、落点，支撑脚踏在球落点的侧面。在球落地时，踢球腿爆发式前摆，在球刚弹离地面时，用脚背正面击球的中部，并控制小腿的上摆（送髋、膝关节向前平移），出球则不会过高（图10-5）。

（三）运球

1．脚内侧运球　要求在运球前进时支撑脚始终领先于球，位于球的侧前方，肩部指向运球方向，支撑腿膝关节微屈，重心放在支撑腿上，另一条腿提起屈膝，用脚内侧推球前进，然后运球脚着地。由于肩部指向运球方向，身体侧转，虽然移动速度较慢，但身体前倾有利于将

图 10-5　正脚背踢反弹球

对方与球隔开，因而这种技术多用在运球寻找配合传球时，或有对方阻拦需用身体做掩护时。

2．正脚背运球　运球时身体持正常跑动姿势，上体稍前倾，步幅不宜过大，运球腿提起，膝关节稍屈，髋关节前送，提踵，脚尖下指，在着地前用脚背正面部位触球后将球推送前进。

3．脚背外侧运球　运球时身体持正常跑动姿势，上体稍前倾，步幅不宜过大，运球腿提起，膝关节稍屈，髋关节前送，提踵，脚尖绕矢状轴向内旋转，使脚背外侧正对运球方向，在运球脚落地前用脚背外侧推拨球的后中部。

4．脚背内侧运球　身体稍侧转并自然协调放松，步幅小，上体前倾，运球腿提起外展，膝微屈外转，提踵，脚尖外转，使脚背内侧正对运球方向，在运球脚落地前用脚背内侧推拨球，使球随身体前进。

（四）头顶球

1．前额正面头顶球　身体正对来球方向，眼睛注视运动中的球，两脚左右开立（或前后开立），膝关节微屈，重心置于两脚间的支撑面上（或后脚上），两臂自然张开。当球运行到将垂直于地面的垂线时，两腿用力蹬地，迅速向前摆体，微收下颌，在触球瞬间颈部做爆发式振摆，用前额正面击球中部，上体随球前摆（图10-6）。

图 10-6　前额正面头顶球

2．前额侧面头顶球　根据来球的运行速度、运行轨迹，及时移动到位。两脚前后开立（或左右开立），出球方向的异侧脚在前，重心逐渐过渡到前脚上，眼睛注视来球，前膝微屈，两臂侧前后自然张开，当球运行至体前上方时，用力蹬地，前脚掌并适度旋转，上体随着向出球方向扭摆，同时用力向击球方向甩头，以前额侧面击球的后中部。

三、比赛规则简介

（一）比赛人数和时间

1．比赛人数　一场比赛应有两队参加，每队上场队员不得多于11名，其中必须有1名守门员。如果任何一队少于7人比赛则不能开始。在由国际足联、洲际联合会或会员协会主办的正式比赛中，每场比赛最多可以使用3名替补队员。

2．比赛时间　比赛分为两个时间相等的半场，每半场45分钟。两个半场之间有中场休息，中场休息时间不得超过15分钟；在每半场比赛中损失的所有时间应予补足，补充消耗时间的多少由裁判员酌情决定。

（二）犯规与不正当行为

1．直接任意球　裁判员认为，如果队员草率地、鲁莽地或使用过分的力量违反下列犯规中任何一种，将判给对方踢直接任意球：①踢或企图踢对方队员；②绊摔或企图绊摔对方队员；③跳向对方队员；④冲撞对方队员；⑤打或企图打对方队员；⑥推对方队员。

如果队员违反下列4种犯规中的任何一种，也判给对方踢直接任意球：①为了得到对球的控制而抢截对方队员时，于触球前触及对方队员；②拉扯对方队员；③向对方队员吐唾沫；④故意手球（不包括守门员在本方罚球区内）。

2．点球　比赛进行中无论球在什么位置，如果队员在本方罚球区内违反了犯规中的任何一种应被判罚点球。

3．间接任意球　裁判员认为，如果守门员在本方罚球区内违反下列犯规中的任何一种，将判给对方踢间接任意球：①在发出球之后未经其他队员触及，再次用手触球；②用手触及同队队员直接掷入的界外球；③用手持球时间超过6秒。

如果队员有下列情况时，也将判给对方踢间接任意球：①动作具有危险性；②阻挡对方队员；③阻挡对方守门员从其手中发球；④因违反规则而停止比赛被警告或罚令出场。

4．黄牌　如果队员违反下列犯规中的任何一种，将被警告并出示黄牌：①犯有非体育道德行为；②以语言或行动表示异议；③持续违反规则；④延误比赛重新开始；⑤当以角球或任意球重新开始比赛时，不退出规定的距离；⑥未得到裁判员许可进入或重新进入比赛场地；⑦未得到裁判员许可故意离开比赛场地。

5．红牌　如果队员违反下列犯规中的任何一种，将被罚令出场并出示红牌：①严重犯规；②暴力行为；③向对方或其他任何人吐唾沫；④用故意手球破坏对方的进球或明显的进球得分机会（不包括守门员在本方罚球区内）；⑤用可判为任意球或点球犯规破坏对方向本方球门移动着的明显的进球得分机会；⑥使用无礼的、侮辱的或辱骂性的语言；⑦在同一场比赛中得到第二次警告。

（三）越位

1．关于越位位置

（1）处于越位位置：队员较球和最后第二名对方队员更接近于对方球门线。

（2）不处于越位位置：队员在本半场内；队员齐平于最后第二名对方队员；队员齐平于最后两名对方队员。

2．关于越位

（1）越位：处于越位位置的队员，在同队队员踢或触及球的一瞬间，裁判员认为其就下列情况而言"卷入"了现实比赛中时才被判为越位犯规：干扰比赛；干扰对方队员；利用越位位置获得利益。

（2）不越位：如果队员直接从下列情况下接到球，则没有越位犯规：球门球；掷界外球；角球。对于任何越位犯规，裁判员应判给对方在犯规发生地点踢间接任意球。

第二节　篮　　球

一、篮球运动简介

（一）篮球运动的起源与发展

现代篮球运动是由美国马萨诸塞州斯普林菲尔德市（春田）基督教青年会训练学校体育教师詹姆士·奈史密斯博士于1891年发明的。篮球运动诞生后，传播得很快。1892年传入加拿大和墨西哥，1893年传入法国，1896年前后传入中国，1901年传入日本和波斯（今天的伊朗），1905年传入俄国。1904年美国青年会男子篮球队在第3届奥运会上进行了表演，此后，篮球运动逐步在全世界开展起来。1988年汉城奥运会后，"国际篮联"允许职业篮球运动员参加奥运会篮球比赛和世界篮球锦标赛，其目的在于使世界上最优秀的篮球运动员积极参与，促进篮球运动的发展。

（二）篮球运动的锻炼价值

篮球运动具有较高的锻炼价值，不仅能促进身体发育，增进身体健康，而且还可以培养团结协作的集体主义精神。不仅富有集体性、对抗性，而且富有健身性、娱乐性、艺术性和趣味性。经常参加篮球运动，能促进学生速度、灵敏、力量、耐力、柔韧性等身体素质的发展，提高中枢神经系统的灵活性，增强心脏、血管、呼吸及消化系统的功能，促进肌肉和骨骼的生长、发育，使身体得到全面发展。篮球运动还能培养人们团结协作、互相配合的集体主义精神和勇敢顽强、机智果断等优秀品质。

二、篮球运动基本技术

（一）持球

持球手法有双手和单手两种形式，每一种形式又有高手和低手之分。双手高手持球手法是：两手手指自然张开，两拇指相对成"八"字形，用指根以上部位握球的两侧后下方，手心空出。双手低手持球的手法是：持球的两侧，两小拇指相对成"八"字形，手心空出。单手高手持球手法是：五指自然张开，球置于手上，以指根以上部位接触球，手心向前并空出。单手低手持球手法与高手相同，只是掌心向上。

（二）传球

图 10-7　双手胸前传球

1．双手胸前传球　两腿前后分开微屈，上体稍向前倾，重心在两脚之间。双手握球的两侧偏后，五指自然张开，手心不要接触球，两拇指成"八"字形，两肘弯曲并靠近身体持球于胸前。传球时用手指和腕向前翻转和抖动的力量将球传出。出球时最后通过指端向后旋转使球平直地飞行（图10-7）。

2．双手头上传球　双手从球的两侧面持球（手指尖朝上），置于头顶，肘部微屈，向传球方向跨一步的同时手腕向后转，球移至脑后，将球向前抛出，手腕向下转发力。

3．单手肩上传球　双手持球于胸前，两脚平行开立。传球时，左脚向传球方向迈出半步，同时将球引到右肩上方，肘部外展，上臂与地面近似平行，手腕后仰，右手托球，左肩对着传球方向，身体重心落在右脚上，右脚蹬地，转体，前臂迅速向前挥摆，手腕前屈，通过示指（食指）、中指拨球将球传出。球出手后，随着身体重心前移，右脚向前迈出并保持基本站立姿势（图10-8）。

图 10-8　单手肩上传球

（三）运球

1．高运球　高运球时两腿微屈，上体稍前倾，眼平视，以肘关节为轴，前臂自然伸屈，用手腕、手指柔和而有力地按拍球的后上方。球的落点控制在运球手臂同侧脚的外侧前方，使球的反弹高度控制于胸腹之间（图 10-9）。

图 10-9　高运球

2．低运球　运球时，两腿应迅速弯曲，重心下降，上体前倾，球的落点在体侧，用上体和腿保护球，同时，用手腕和手指短促地按拍球的后上方，使球控制在膝关节的高度（图 10-10）。

图 10-10　低运球

（四）投篮

1．单手投篮

（1）原地单手肩上投篮：两脚开立，两膝微屈，身体重心在两脚之间，上体稍前倾，右手翻腕托球于右肩前上方，手指自然张开成球状，手心不要贴球，球的重心要落在中指和示指之间，左手帮助扶在球的侧下部，右肘自然下垂，腕关节放松；下肢蹬地的同时，右臂向前上方伸展，手腕向前扣动，手指拨球，将球柔和地送出；球出手后，手腕放松，手指自然向下（图 10-11）。

图 10-11　原地单手肩上投篮

（2）行进间单手肩上投篮：跑动接球时，跨右脚然后接着跨出第二步，这一步稍小并用力起跳，右腿屈膝抬高，在左脚蹬地起跳的同时，双手迅速将球举至右上方，右手五指自然分开，掌心空出，手腕后屈托球，左手扶球做保护，肘下垂；眼睛注视球篮，接着右手托球向上伸展，手指柔和地拨动，手腕下压，将球投出（图 10-12）。

图 10-12　行进间单手肩上投篮

2．双手胸前投篮　双手持球于胸前，双肘自然下垂，两脚自然开立，两膝微屈，重心落在两脚之间。两手手指自然分开，拇指相对成"八"字形，用指根以上部位握球的两侧后下方，手心空出，两臂自然屈肘，肘关节下垂，将球置于胸与下巴之间。投篮时，下肢蹬地发力，两臂向前上方伸展，前臂内旋，拇指下压，手腕前屈，用示指、中指将球投出。

三、比赛规则简介

（一）比赛时间和决胜期

比赛应由 4 节组成，每节 10 分钟。第 1 节和第 2 节之间，第 3 和第 4 节之间以及每一决胜期之间应有 2 分钟的比赛休息时间。上、下半时之间的休息时间为 15 分钟。如果在第 4 节比赛时间终了时比分相等，为了打破平局，需要一个或多个 5 分钟的决胜期来继续比赛。

（二）暂停

教练员和助理教练员在比赛中有权请求暂停，每次暂停时间为 1 分钟。在第一个半时的任何时间每队可准予 2 次要登记的暂停；在第二个半时的任何时间可准予 3 次要登记的暂停，每一决胜期的任何时间可准予 1 次要登记的暂停。

（三）替换

当球成"死球"，比赛计时钟停止，以及当裁判员已经结束了与记录台联系时，或在替换机会期间，球队、替补队员有权请求替换。

（四）违例

1. 时间违例　3秒违例：某队在前场控制"活球"并且比赛计时钟正在运行时，该队的队员在对方限制区内停留超过3秒，为3秒违例。

5秒违例：被严密防守的持球队员，在5秒内没有传球、投篮或运球，为5秒违例。

8秒违例：当一个队在后场控制"活球"时，该队必须在8秒内使球进入前场，否则为8秒违例。

24秒违例：每当一名队员在场上控制"活球"时，必须在24秒内尝试出手投篮，否则为24秒违例。

罚则是由对方获得掷界外球权。

2. 掷界外球违例

（1）掷界外球队员球离手时，脚踏场地的边线或端线。

（2）掷界外球队员在处理球时，5秒内没有将球掷进场内。

罚则是由对方获得掷界外球权。

3. 带球走违例　规则规定："当持球的队员，用一脚向任何方向踏出一次或数次，另一脚（称中枢脚）可以保持不离开与地面的接触点而旋转。"所谓带球走或带球移动，是指持球队员一脚或双脚向任一方向移动时，超出了这条规则的限制。在宣判带球走或持球移动时，首先须确定有无中枢脚。当中枢脚确定后，在传球或投篮中，中枢脚可抬起，但在球离手前不可以落地；在运球开始时，球离手前，中枢脚不可以抬起。当没有中枢脚时，在传球或投篮中，双脚都可抬起，但在球离手前不可以落地；在运球开始时，在球离手前两只脚都不可以抬起。

罚则是由对方获得掷界外球权。

4. 运球违例　队员控制球后将球掷、拍或滚，在球触及另一队员之前触及球为运球。每次运球中，必须使球与地面接触。队员运球后，用双手同时触及球一刹那或使球在一手或双手中停留的一刹那，即运球完毕。队员第一次运球结束后不得再次运球，如果再次运球，则为非法运球。但下列情况不算运球：连续投篮；接球不稳失掉球，然后恢复控制球；与对方队员抢球时用连续挑拍以图控制球；拍击另一队员控制的球；拦截传球并获得该球等。

非法运球的罚则：将球判给对方队员在违例地点最近的边线掷界外球。

5. 球回后场　控制球的队员在前场不得使球回后场，包括掷界外球。当球触及有部分身体接触中线或位于中线后的该队队员，或球接触后场地面后又被该队队员首先触及，即为球回后场。

罚则：判给对方队员在边线中点处掷界外球。掷界外球队员两脚分别站在中线延长部分的两侧，有权将球传给场上任何地方的队员。

6. 使球出界　在球出界甚至球触及了除队员以外的其他物体而出界之前，最后触及球或被球触及的队员是使球出界的队员。

罚则：将球判给对方队员在违例地点最近的边线掷界外球。

（五）犯规

犯规是违反规则的行为，含有与对方队员接触或违反体育道德的举止。对犯规队员要进行登记，随后按有关条款进行处罚。

1. 侵人犯规　侵人犯规是在球进入比赛状态、活球或死球时队员的犯规。队员不准通过伸展臂、肩、髋、膝或过分地弯曲身体或不正常姿势以阻挡、拉人、推人、撞人等方式阻碍对方行进，也不准使用任何粗野动作。违反上述规定即为侵人犯规。

侵人犯规的罚则：在所有情况下，都登记一次侵人犯规，并按下列情况处理：

（1）如果被侵犯的队员未做投篮动作，应由被侵犯队员在犯规地点最近的边线掷界外球。

(2) 如果被侵犯的队员在做投篮动作，则投中有效，再判罚一次罚球；如果未投中，判给两次罚球；如果 3 分投篮未投中，判给三次罚球。

(3) 每一节比赛全队累计犯规超过 4 次时，对未做投篮动作的队员发生犯规，则执行 2 次罚球。

2. **队员技术犯规** 参赛队员或教练员等，在比赛中与裁判员、记录员以及技术代表不合作或不遵守篮球规则精神的，应被认为是一次技术犯规。

3. **双方犯规** 双方犯规是指两名对抗的队员大约同时互相发生接触犯规的情况。

4. **违反体育道德的技术犯规** 队员不是在规则的精神和意图的范围内合法地、直接地试图抢球造成的侵人犯规，或在持球或不持球对方队员身上发生过分的接触（严重犯规），被视为违反体育道德的犯规。

5. **取消比赛资格的犯规** 比赛中犯有十分恶劣的、不道德的犯规队员、教练员和随队人员将被取消比赛资格。

6. **队员 5 次犯规** 一名队员在整场比赛中犯规累计次数达到 5 次，在得到通知时，必须立即退出比赛并在 30 秒内被替换。

7. **全队 4 次犯规** 在每节比赛中，一方全队犯规累计次数已经达到 4 次，此后发生的犯规都要处以 2 次罚球（进攻犯规除外）。

第三节 排 球

一、排球运动简介

（一）排球运动的起源与发展

排球运动诞生于 1895 年，由美国马萨诸塞州霍利约克市基督教青年会体育干事威廉·摩根创建。排球运动最初是一种球类游戏，人们分站在网球场球网的两侧，用篮球胆之类的球托来拍，击球的次数不限，这就是排球运动的雏形。首次排球比赛是 1896 年在美国斯普林费尔德体育专科学校举行的，出场人数由双方共同商定，不限多少，但必须相等。有人将此项运动命名为"Volleyball"，即"空中截击"的意思；1897 年 7 月在美国体育杂志上公开介绍了排球比赛的打法及简单规则，从此排球运动逐渐开展起来。

（二）排球运动的锻炼价值

排球运动具有竞技与娱乐并存的特点，不同年龄、性别、技术水平的人都能参与，或活动，或比赛。经常参加排球运动，不仅能改善人体中枢神经系统和内脏器官的功能状况，同时又能提高人的力量、速度、弹跳、灵敏、耐力等专项身体素质和运动能力。经常参加排球运动会使人们在兴奋与愉快中增进健康，强健体魄，还会学到很多控制自己情绪和调节自身心理的手段和方法，如连续失误时，如何使自己尽快冷静下来而且不灰心；比分落后时的沉着和不气馁；关键比分时进攻不手软的自信心等，都是对自己形成良好心理品质的培养和锻炼。

二、排球运动基本技术

（一）发球

1. **正面上手发球** 面对网站立，便于观察对方，发球的准确性大，易于控制落点，并能充分利用转体、收腹动作带动手臂加速挥动，以便运用手腕的推压动作，加大击球的力量和速度。如图 10-13 所示，面对球网，两脚自然开立，左脚在前，左手持球于体前，用抬臂和手掌的平托上送，将球平稳地垂直抛于右肩的前上方，高度适中。在左手抛球的同时，右臂抬起，屈肘后引,肘与肩平,上体稍向右侧转动。击球时,利用蹬地,使上体向右转动,同时收腹,带动手臂挥动。在左肩上方伸直手臂,用全掌击球的中下部。击球时,手指自然张开吻合球,手腕要迅速主动地做推压动作,使击出的球呈上旋飞行。击球后,随着重心前移,迅速进场。

图 10-13　正面上手发球

2．侧面下手发球　侧面下手发球动作较简单,击球时主要靠腰腹转动带来的力量带动手臂挥动击球,比较省力,稳定性较大,所以容易掌握,但攻击性较小。如图 10-14 所示,两只脚左右开立并与肩同宽。膝关节稍弯曲,上体略前倾,左肩对球网站立,左手持球将球放在腹前位置。发球时用左手将球抛起,距腹前约一臂远,高度离手约 30 厘米左右。在抛球的同时,右臂伸直后摆至身体右侧后下方。击球时,右脚蹬地,身体左转带动右臂向体前上方摆动,用全手掌或掌根在腹前击球的后下方将球击出。击球后,迅速进入场地准备比赛。

图 10-14　侧面下手发球

（二）传球

1．正面传球　传球时拇指、示指和中指承担球的压力,其余手指触球两侧协助控制球。球触手的瞬间手指和手腕应保持一定的紧张程度,利用其弹力和伸臂与脚蹬地的协调力量传球。

2．背向传球　向后上方传球,称为背传。上体比正面传球时稍直立,身体重心稳定在两脚之间,双臂自然抬起,放松置于脸前,双手上举,挺胸,掌心向上,手腕稍后仰。利用蹬地、上体后仰、挺胸、展腹、抬臂及手腕手指的弹力,将球向身体后上方送出。

3．侧向传球　身体不转动,主要靠双臂向侧方伸展的传球动作叫侧传,侧传有一定的隐蔽性。准备姿势和迎球动作与正面传球相同,击球点保持在脸前或稍偏于出球方向一侧。一侧手臂要低一些,另一侧手臂要高一些。用力时,蹬地后上体要向出球方向倾斜。双臂向传出一侧用力伸展,异侧手臂动作幅度较大,伸展较快。

(三)垫球

1．正面双手垫球　正面双手垫球是双手在腹前垫击来球的一种垫球方法,是各种垫球技术的基础,也是最基本的垫球方法。其基本垫球动作如图 10-15 所示,正面双手垫球的基本手型有抱拳式、叠掌式和互靠式。按来球力量大小可以分为垫轻球、垫中等力量球和垫重球。

图 10-15　正面双手垫球

2．侧面双手垫球　侧面双手垫球是用两臂在身体两侧垫球的技术动作,这种技术动作主要用于来球速度较快、离体侧较远、来不及移动的情况下。如图 10-16 所示,当球飞向左侧时,左脚向左跨出一步,这时右脚前脚掌内侧蹬地,左膝弯曲,身体重心放在左脚上,两手臂夹紧向左伸出,右肩微向下倾斜,同时腰右转、左肩上提,两臂垫击球的后下部将球的飞行路线截住;侧垫时,两手臂要先伸向来球方向截住球,不要随球伸臂,否则球接触手臂后会向侧方飞出,还要特别注意两手臂不要弯曲,否则会影响垫球效果。

(四)正面扣球

以右手扣球两步助跑为例,左脚先向前迈出一步确定方向,然后右脚跨出一大步,脚跟先着地,迅速过渡到全脚掌着地。同时两臂向体后摆动,左脚迅速并于右脚的稍前面,两脚尖稍内旋,膝关节弯曲内扣。起跳时,两脚用力蹬地,两臂由体后经体侧迅速向前上方摆动,帮助起跳,同时展腹,带动全身跳起;空中击球时,挺胸抬头,右臂屈肘后引肘高于肩,左手自然置于体前,紧接着利用转体收腹动作带动手臂鞭打式挥摆,当手臂挥至最高点时,用全手掌击球后中上部,手腕快速下甩;落地时,应由双脚的前脚掌过渡到全脚掌缓冲着地,同时顺势屈膝、收腹,避免前冲触网和过中线犯规。

图 10-16　侧面双手垫球

三、比赛规则简介

（一）比赛方法

排球比赛是两队在有球网分开的场地上进行的比赛，每队 6 人。比赛由后排右边的队员发球开始，直至球落地、出界、某一队员犯规（违例）。

在比赛中，每队可击球 3 次（拦网时除外），将球击回对方场区，一个队员不得连续击球 2 次。

排球比赛一盘为五局三胜制、三局二胜制，一个队赢得 25 分，同时超过对方 2 分时胜一局。

（二）发球犯规

1．正确发球　发球队员击球前在本方端线后，也可以有助跑或跳起，一手将球抛起，另一只手（张开或握拳）或手臂的任何部位将球击出。

2．发球犯规

（1）击球时脚踏及端线或踏出两边线延长线。

（2）未将球抛起或未使球清晰离手即击球。

（3）双手击球或用单手将球抛出、推出，以及用臂以外的身体部位击球。

（4）发球队员未能在裁判员鸣哨后 8 秒钟内将球发出。

（5）发球队进行个人或集体发球掩护。

（6）发球队的队员站在场外或踏出场区界线。

（7）发球次序错误。

3．发球失误

（1）发出的球触及任何物体或发球队的队员，球没有过网。

（2）发出的球触及标志杆，未从过网区域越过。

（3）发出的球触及本方队员或落在对方场外地面上。

（三）持球、连击的判断

1．持球　击球时没有将球清晰地击出或触球时有较长时间的停留（如捞捧、推掷、携带等），则判为持球犯规。判断持球的主要依据是接触球时有较长时间的停留。根据比赛队水平可适当放宽，但前后尺度需一致，双方一样。

2．连击　一名队员连续击球两次或球连续触及身体不同部位，则造成连击犯规（拦网除外）。但在第一次击球时，除上手传球外，允许身体不同部位在同一击球动作中连续触球。

（四）网上球的判断

1．过网击球　在对方场区空间内击球为过网击球犯规，判断过网击球犯规的依据是击球点是否在对方场区间，如击球点在本场区上空，击球后随球过网是允许的。

2．触球出界　是指球触及拦网队员的手后出界。

3．触网　是指在比赛进行中，队员触及 9.50 米以内的球网或标志杆，则判为触网犯规。如果扣球队员将球击在网上，由于球的压力使球网触及对方队员，不应判对方队员触网犯规；双方队员同时触网，应判对方触网犯规。

4．过网拦网　对方完成进攻性击球以后，过网拦网是允许的；但是在对方击球前和击球时不允许过网拦网。

（五）暂停与换人

只有在比赛成"死球"时，经教练员或场上队长请求，裁判员才允许暂停或换人；每局中，每队可以暂停两次，每次暂停的时间为 30 秒钟；暂停时间从裁判员鸣哨开始计算。

每一局可以替换六人次（一名队员下场，另一名队员上场为一人次）。

每局开始上场的队员，只能退出比赛一次。在同一局中，若再次上场比赛时，只能回到该局中原替换位置，自由防守球员不受限制。

第四节 乒 乓 球

一、乒乓球运动简介

（一）乒乓球运动起源与发展

乒乓球运动是 19 世纪后期起源于英国，是从当时欧洲盛行的网球运动衍生而来。当时英国的一些大学生在室内以餐桌为球台，以书做球网，用羊皮纸贴面做拍子，用橡胶或软木做球，在餐桌上推来挡去，引起了很多人的围观，后来这种游戏在英国流行起来，并命名为"桌上网球（Table Tennis）"。1890 年英国人詹姆斯·吉布从美国带回一些用赛璐珞制成的空心玩具球，用来替代原有的橡胶和软木球，由于这种具有较强弹性的赛璐珞球打起来发出"乒乓"的声音，于是人们称这项运动为"乒乓球"。1926 年，国际乒乓球联合会（International Table Tennis Federation，ITTF）正式成立，并决定举行第一届世界乒乓球锦标赛。

（二）乒乓球运动的锻炼价值

乒乓球运动具有旋转强、速度快、变化多、娱乐性较强的运动特点，加之器材设备比较简单，室内室外均可以锻炼；且不受年龄、性别、人数等限制，老少皆宜，两人便可参与，人多亦可双打。因此，吸引着世界范围内甚多的爱好者参与。

经常参加乒乓球运动，不仅可以提高身体的协调能力和神经系统的灵敏性和灵活性，培养人们沉着冷静、机智勇敢、克服困难、争取胜利的优良品质，还能够改善心血管系统的功能、加速血液循环、促进身心全面发展等，具有很高的锻炼价值。

二、乒乓球运动基本技术

（一）握拍法

常见的握拍法有两种：一种是直拍握拍法，一种是横拍握拍法。

因为直握球拍时手腕的活动幅度比较大，具有小巧、灵活、多变的特点，所以早期的亚洲选手以直握球拍的见多；而横握球拍虽然没有直握时灵活，但是具有易于发力、正反手攻守平衡等特点。可根据自身情况和打法特点，选择适合自己的握拍方式。

1. 直拍握拍法　以示指第二指节和拇指第一指节扣拍。拇指与示指之间的距离要适中，其他三指自然弯曲，中指第一指节侧面贴于拍的背面靠近拍柄 1/3 处，环指（无名指）和小指自然叠放在中指上（图 10-17）。

图 10-17　直拍握拍法

2. 横拍握拍法　虎口正中间贴于拍肩，中指、环指和小指自然地握住拍柄，拇指略弯曲并以侧面贴于拍面，示指自然伸直，斜放于球拍的背面（图 10-18）。

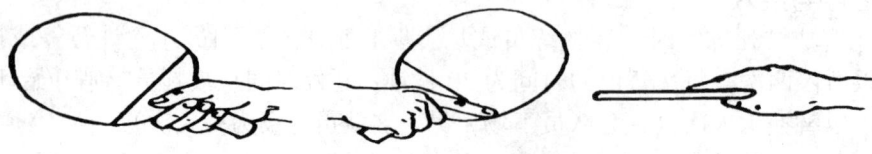

图 10-18　横拍握拍法

（二）基本站位

距离球台 30 厘米左右，两脚开立与肩同宽或比肩略宽，平行站立（亦可左脚略前），主要以前脚掌着地，脚跟虚着地，双膝微屈且稍内扣，重心置于两脚之间；上体略前倾、收腹，持拍手臂自然弯曲，使球拍立于身前，拍头指向前方偏左，非持拍手臂自然弯曲置于身体侧前方。

（三）推挡技术

1. 直拍推挡　以准备姿势站立，身体正对来球，持拍手臂前臂外旋，手腕下压，使球拍拍面朝前并近乎垂直于球台，以肘关节向后带动前臂向腹前引拍，球拍呈半横状。球刚从桌面弹起时，前臂前伸迎球，肘关节内收，在球上升期触球中部或中部偏上，可借对方来球的力量也可主动发力将球击出，击球后前臂继续前伸至自然水平伸直，拍面保持垂直或略前倾（图 10-19）。

图 10-19　直拍推挡

2. 横拍反手拨球　以准备姿势站立，身体正对来球，持拍手臂略外旋手腕内收，使球拍拍面朝前，拍面略前倾，置于腹前。球刚从台面弹起后，以肘关节为轴，以小臂发力为主向右前上方挥拍击打球的中部偏上部位。击球后，小臂继续向右前上方挥拍，使拍头指向前上方，拍面保持前倾（图 10-20）。

图 10-20　横拍反手拨球

（四）正手攻球技术

以准备姿势站立于球台中间稍偏右，顺来球路线以小臂向右侧引拍，拍面稍前倾，前臂与台面基本平行。当球从台上弹起，持拍手由右侧向左前上方挥动，在球弹起的上升期击球的中上部，以小臂发力为主配合手腕内转沿球体做弧线挥动，击球位置在身体右前方一前臂距离处，击球后小臂继续上挥至额前（图 10-21）。

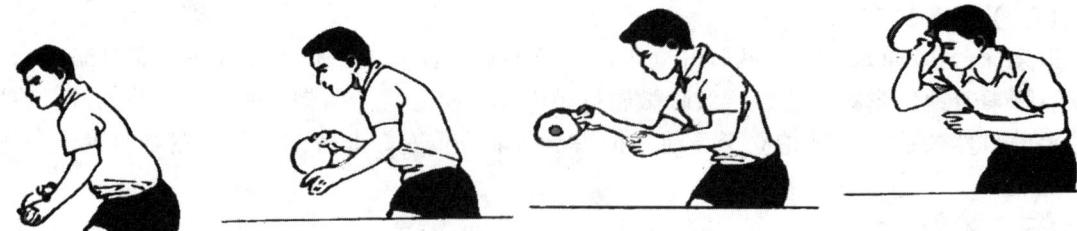

图 10-21　正手攻球

（五）搓球技术

准备姿势站立，正对来球，拍面后仰收臂于体前。在球弹起后的下降期以小臂发力为主向前下方挥拍，摩擦球的中下部。击球后，小臂继续前送，拍面角度基本与台面水平。直拍反手搓球时以示指和中指发力为主，拇指配合，而在正手搓球时以拇指和中指发力为主；横拍则拇指和示指协调发力，向前下方送出（图10-22）。

图 10-22　搓球

（六）弧圈球技术

站位与正手攻球相比，两个脚的距离更开，身体重心要更低。引拍时上体右转，持拍手臂向右后方展开，使球拍置于身体右后下方，拍面前倾。准备击球时向左蹬地转腰，同时大臂带动小臂向左前上方挥拍。在球弹起后的高点期或下降前期以前臂快速内旋收缩摩擦球的中上部。击球后手臂随身体左转继续向前上方挥拍，置于头部上方，重心由右脚转向左脚（图10-23）。

图 10-23　弧圈球

三、比赛规则简介

（一）场地器材

1. 比赛场地　长不低于14米，宽不低于7米，地面距光源距离不得少于5米。
2. 比赛球台　长2.74米，宽1.525米，高76厘米。球网高度15.25厘米。
3. 比赛用球　直径40毫米；重量2.7克；颜色呈白色或者橙色。

4．比赛球拍　大小，形状和重量不限。但底板材料应不少于85%的天然木料，且平整、坚硬。球拍两面必须一面鲜红色，一面黑色。

（二）比赛方法

乒乓球团体赛一般为五场三胜制，每场五局三胜，单打比赛为七局四胜。在一局比赛中，每方发两球后交换发球权，先得11分的一方为胜方；10∶10平后，每方发一分后交换发球权，领先两分的一方为胜方；局与局之间要交换方位，在上一局先发球的一方在下一局先接发球，在决胜局有一方先得五分后要交换方位；局与局之间有一分钟的休息时间，在比赛中每打完6分后，可以有短暂的擦汗时间。

（三）得分的判定

1．对方运动员未能合法发球。
2．对方运动员未能合法还击。
3．运动员在发球或还击后，对方运动员在击球前，球触及了除球网装置以外的任何物体。
4．对方击球后，该球越过本方台区或端线。
5．对方阻挡。
6．对方连击。
7．对方用不符合要求的拍面击球。
8．对方运动员或他穿戴的任何东西使球台移动。
9．对方运动员或其穿戴的任何物体触及球网装置。
10．对方运动员的不执拍手触及比赛台面。
11．双打时，对方运动员击球次序错误。
12．执行轮换发球法时，接发球运动员或其双打同伴，包括接发球一击，完成了13次合法还击。

第五节　羽　毛　球

一、羽毛球运动简介

（一）羽毛球运动的起源

羽毛球是较普及的球类运动之一。相传14世纪末叶，日本出现了把樱桃插上美丽的羽毛当球，两人用木板来回对打的运动。19世纪中叶传到外国，被改为软木制成的球托和穿弦的球拍。1870年，英国一位公爵在他的领地开游园会，不料下起大雨，为了不使客人扫兴，就改在室内进行羽毛球游戏，结果使与会者情趣横生。于是，羽毛球作为一种高雅的娱乐性活动迅速传遍英国。为了纪念此项运动的诞生地，伯明顿（badminton）成为羽毛球的英文名字而流传于世界。1934年国际羽联正式成立，2006年9月24日，国际羽毛球联合会（International Badminton Federation，IBF）正式改名为如今的世界羽毛球联合会（Badminton World Federation，BWF）。

（二）羽毛球运动的锻炼价值

羽毛球运动器材简便，不受场地限制，两把拍子一个球，无论走到哪里，无论有网无网，无论室内、室外，只要有一小块空地，就能进行活动和锻炼。羽毛球运动既是一项技巧性很强的竞技性比赛项目，又是一项普及性很强、老少皆宜的活动。既能强身健体，又充满乐趣。无论是从事竞技性运动，还是一般性的大众健身活动，都需要在场上不停地移动、跳跃、转体、挥拍击球。因此，普通爱好者经常进行羽毛球锻炼，能提高身体的灵巧性和各方面的功能，同时培养坚韧不拔、不甘落后、顽强拼搏的意志，从而提高身体素质和促进身心健康。

二、羽毛球运动基本技术

（一）握拍方法

1. 正手握拍方法　球拍拍面与地面成 90°，虎口正对拍柄的侧面，拇指与示指成"V"字形分握拍柄的两边，其他三指与示指稍分开；握拍位置宜适中，拍柄端与近腕部小鱼际肌平；握拍力度要恰当，不可过松或过紧，掌心不要贴紧拍柄，否则会妨碍腕力的发挥（图 10-24）。

2. 反手握拍方法　在正手握拍的基础上，拇指和示指将拍柄稍向外转，右手大拇指，正贴住靠近身体左侧柄部最宽的一面，中指、环指和小指并拢握住拍柄，掌心留有空隙。反手击球的力量较小，羽毛球的飞行速度较慢，运用拇指顶压拍柄可发挥杠杆作用而增加球拍的压力，使球飞得远些（图 10-25）。

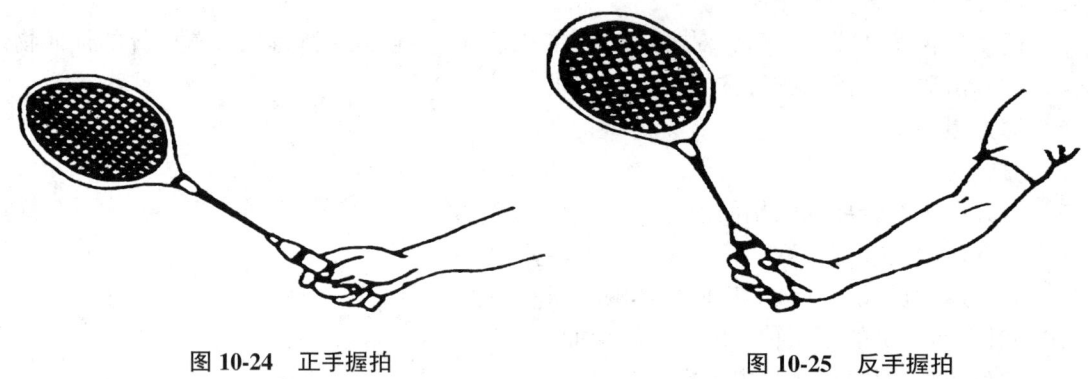

图 10-24　正手握拍　　　　　　　　图 10-25　反手握拍

（二）准备姿势

通常左脚在前，右脚在后，侧身对网。膝关节微屈，后脚跟稍提起，重心放在前脚上。右手持拍前伸约与肩平，眼睛注视前方。

（三）正手击高远球

先用后退步伐退到适合击球的后场底线位置，身体右转，左脚在前。然后挺胸抬头注视来球，身体略微后仰，左臂屈肘左手自然高举；右手持拍高举过头停于右肩上方，中心放在右脚上；击球时，持拍手臂上臂后引，肘关节上提，将球拍引至后背处，然后右脚蹬地，同时转体收腹，以肩为轴，上臂带动前臂快速向前上方甩腕，在头顶右上方手臂伸直的最高点击球。击球完瞬间手臂随惯性向身体左下方挥落，左脚先着地支撑身体平衡，右脚向前迈出一小步，身体重心随身体前倾落于右脚上（图 10-26）。

图 10-26　正手击高远球

(四)正手扣杀球

准备动作与击高远球相同。当身体移动到位后,身体向上伸展,上体后仰、挺胸成反弓形,这样能更好地用上全身所有的力量。杀球前握拍一定要放松,手心和拍柄之间要有缝隙,发力时再握紧球拍。在肩的前上方稍前点击球,利用身体引拍的反弓形转而运用转体收腹的力量,加上前臂内旋,腕前屈微内收,闪腕发力击球的后上部。杀球后,随击球惯性挥拍向左下方,然后收回至胸前,呈准备姿势(图10-27)。

图 10-27　正手扣杀球

(五)反手击高远球

将身体转向左后方,右脚向左前跨一大步。此时,身体背对球网,身体重心在右脚上,步法移动到位时,球在身体的右肩上方。移动中,手法要迅速由正手握拍转换成反手握拍法,上臂平举,屈肘使前臂平放于胸前,球拍放至左胸前,拍面朝上,完成引拍动作。挥拍击球时,肘关节上翘,使球拍迅速朝下后上臂迅速上摆,前臂快速向右斜上方摆动,手腕迅速回环伸展,拇指顶压拍柄,像抽鞭子一样以拍面击打球托后下部;击球后身体重心从右脚转至左脚,并迅速转体回动,使拍子恢复至正常位置,恢复正手握拍法(图10-28)。

图 10-28　反手击高远球

(六)放网前球

侧身向球的方向移动,上身稍前倾,右手握拍于体前。步法移动的最后一步是右脚向来球方向跨出弓箭步,身体重心要提高,前臂伸向来球,要往前上方举,斜对网。争取高点击球,握拍放松稍收腕,向球托斜侧提击或搓切。击球过程中左手要向后平举以协调身体平衡。挥拍的力量、速度和拍面角度的大小,主要取决于来球离网的远近和速度的快慢。来球离网远,速度快些,放球时的力量要大些,反之则力量要小些。放网后,身体还原准备姿势(图10-29)。反手放网前球也是右脚跨向来球,前臂持拍伸向来球,用球拍的反面轻击来球,要领与正手放网前球相同。

图 10-29　放网前球

三、羽毛球比赛规则介绍

(一)场地器材

1. 比赛场地　见图10-30。

图 10-30　比赛场地

2. 比赛球网　高度为1.55米。

3. 比赛用球　羽毛球应有16根羽毛固定在球托部,羽毛长64~70毫米,但每一个球的羽毛从托面到羽毛尖的长度应一致。羽毛顶端围成圆形,直径为58~68毫米,球托直径25~28毫米,底部为圆形,羽毛球重4.74~5.50克。

4. 羽毛球拍　拍框总长度不超过680毫米,宽不超过230毫米;拍弦面长不超过280毫米,宽不超过220毫米;专业的全碳羽毛球拍的重量为80~95克。

（二）比赛方法

一场羽毛球比赛应以三局两胜定胜负，除非另有规定；一局比赛先得21分的一方胜一局，如打到20∶20平后，领先得2分的一方胜该局。若打到29∶29平后，先到30分的一方胜该局；得分者方有发球权，如果本方得单数分，从左边发球。得双数分，从右边发球；局与局之间或决胜局一方先得11分后要交换场地，一局的胜方在下一局首先发球；每局一方以11分领先时，比赛进入1分钟的技术暂停。局与局之间有2分钟的休息时间，如需要治疗等情况，最多不超过5分钟。

（三）得分的判定

1. 发球不合法违例，或接发球者提前移动。
2. 发球时，球过网后挂在网上或停在网顶。
3. 球从网孔或从网下穿过。
4. 球碰屋顶、天花板或四周墙壁。
5. 球碰到运动员的身体或衣服。
6. 球碰到场地外其他人或物体。
7. 比赛时，球拍或球的最初接触点不在击球者网的这一方。
8. 运动员球拍、身体或衣服触及网或网的支持物；选手的脚或球拍由网下侵入对方场区。
9. 妨碍对手，如阻挡对方紧靠球网的合法击球。
10. 击球时，球夹在或停滞在拍上紧接着又被拖带。
11. 同一运动员两次挥拍连续击中球两次。
12. 同一方两名运动员连续各击中球一次。
13. 球碰球拍继续向后场飞行。
14. 比赛时选手故意扰乱、影响对方进行正常比赛的任何举动。

第六节　网　　球

一、网球运动简介

（一）网球运动的起源

网球运动的起源及演变可以用四句话来概括：网球孕育在法国，诞生在英国，开始普及和形成高潮在美国，现盛行于全世界。网球运动起源在法国。早在12～13世纪，法国的传教士常常在教堂的回廊里，用手掌击打一种类似小球的物体，以此来调剂刻板的教堂生活。渐渐地这种活动传入法国宫廷，并很快成为当时贵族的一种娱乐游戏。当时，他们把这种游戏叫"掌球戏"（法语，用手掌击球的意思）。14世纪中叶，法国王储将这种游戏使用的球赠送英皇亨利五世，于是这种游戏便传入英国。1877年7月举办了第一届温布尔登草地网球锦标赛。

（二）网球运动的锻炼价值

经常从事网球运动可增强体质，促进身心全面发展，能有效地提高中枢神经系统的反应能力，改善心血管系统的功能，发展速度、力量素质，提高动作速度和活动能力，还能培养人的机智勇敢、沉着冷静、敢于拼搏的优良心理素质，因此，网球运动具有较高的健身锻炼价值。

二、网球运动基本技术

（一）握拍方法

1. **东方式握拍法**　左手先握住拍颈，使拍子与地面垂直，然后手掌也垂直于地面，手握拍柄好像与人握手。故亦称"握手式"握拍法。准确地说，用右手掌根与拍柄右上斜面贴紧，拇指垫握住拍柄的左垂直面，示指微离中指，示指下关节压住拍柄右垂直面。由此拇指与示指成"V"形，对准拍柄右上斜面和左上斜面的上端中间（图10-31）。

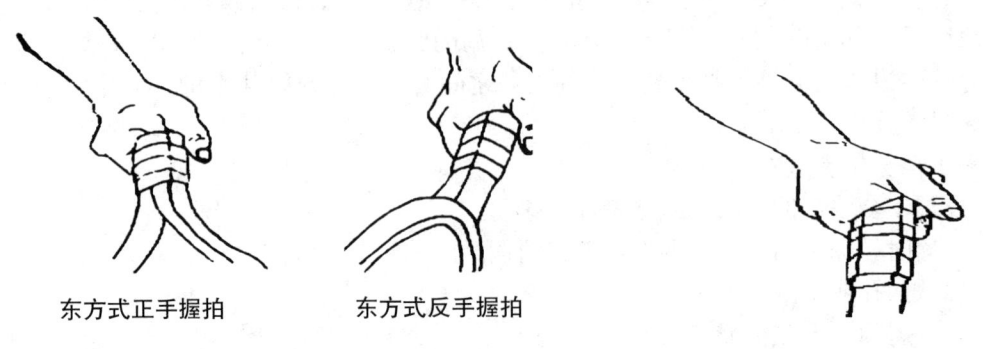

图 10-31　东方式握拍　　　　　　　图 10-32　大陆式握拍法

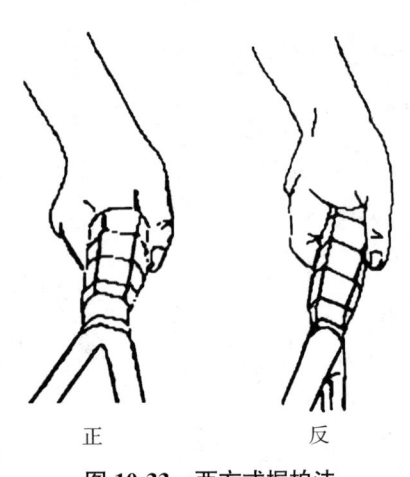

图 10-33　西方式握拍法

2．大陆式握拍法　与东方式握拍法不同，大陆式握拍法在进行正、反拍击球时都无需变换握法。握拍时用手掌根贴住拍柄上部的平面，示指与其余三指稍微分开，示指上关节聚贴在右上斜面上，拇指垫贴在拍柄的左垂直面上（图10-32）。

3．西方式握拍法　手掌心朝下，手掌的大部分放在拍柄的底部，手掌根贴在拍柄的右下斜面上，拇指压在拍柄的上部手面，示指的下关节握住拍柄的右下斜面。拇指与示指的"V"形对准握柄的右垂直面。握拍的形状好似"一把抓"。西方式反拍握拍法在西方式正拍握拍的基础上，把球拍上下颠倒过来，用同一拍面击球或手腕顺时针转，使拇指与示指的"V"形对准拍柄的左垂直面，示指下关节压住拍柄的上部手面，手掌很贴在左上斜面（图10-33）。

（二）准备姿势

面对球网，双脚向前自然分开与肩同宽，双膝微屈身体略向前倾，重心落在双脚的前脚掌上；右手握拍，左手轻托拍颈，双肘微屈，球拍舒适地放在身前置于肚脐与胸的高度之间，两眼注视对方来球，做好击球准备。

（三）上手发球动作要领

1．准备动作　双脚自然分开站立，两脚的连线根据球员不同的习惯可与底线相垂直，也可以保持另外一个合适的角度；身体自然前倾；最好只持一个球，球自然着落在持球手拇指、示指及中指三指上，环指和小指自然曲于球的后部，切忌用力将球握在手里或捏在手里。

2．抛球　在准备动作的基础上，持球手的肘部渐渐伸直并向下靠近持球手同侧的大腿，然后从腿侧自下而上将球抛起。球脱手后在空中的位置：根据不同的需要，球出手后在空中相对于身体的前后位置也不尽相同。抛球的高度：球抛到空中的高度不能低于击球点的高度，其高度要视个人情况而定，因为此高度限定了挥拍击球所用的时间。

3．挥拍击球　以准备姿势为基础向持拍手一侧转身，同时持拍手引导球拍贴近身体像钟摆一样将球拍摆至体后（不一定要直臂后摆但掌心一定要朝向身体）。球拍后摆至一定高度后（此高度因各人习惯而异，但大臂不应紧夹在体侧），以肘关节为轴，小臂、手、拍头依次向体后、背部下吊，同时屈双膝并伴随身体后展呈"弓"状。在屈膝、背弓动作的基础上自下而上依次蹬直踝部、膝部，反弹背弓并向出球方转体，与此同时仍以肘为轴带动手、拍头摆向击球点，最后在力的爆发点上击中抛送于空中的球（图 10-34）。

图 10-34　挥拍击球

（四）正手击球动作要领

由准备姿势开始，转动双脚，左脚跟抬起并向右倾前方上步，右脚向右转 90°与底线平行，同时转肩转髋带动右手向后摆动引拍（此为关闭式步法，适用于初学者转体；另一种为开放式步法，左脚不必上步，两脚平站但需要更多的向右转体动作），引拍时肘部弯曲、自然下垂，拍头低于膝盖，左手伸向前方，保持身体平衡，后摆引拍时身体重心移向右脚，左肩对着右侧的网柱，手腕固定，挥拍转动约 180°拍头指向后挡网。从后摆进而向前挥动时紧握球拍，手腕后伸、固定，用力蹬地，转动身体和挥拍，正拍的击球点在身体的右侧前方不超过腰的高度，击球时的挥拍速度最快，球打在拍面的中心，击球挥拍时拍头是自上而下手臂挥动使球稍带上旋。球触拍后，使拍面平行于网的时间尽量长些，挥拍沿着球飞行的方向前送，重心前移落在左脚，身体也随着转向球网，挥拍动作在左肩上方结束，拍头指向上方高出头部。随挥跟进动作要比后摆动作大而充分，保证击球的稳定性，随挥跟进结束，立即恢复准备姿势，准备下一次击球（图 10-35）。

图 10-35　正手击球

第十章 球类运动

（五）反手击球动作要领

由准备姿势开始，向左肩转髋带动右手向左后方摆动，左脚向左转90°与底线平行，同时右脚向左前方上步，右肩对着球网，手腕绷紧、后伸，双肩夹紧，右手拇指靠近左腿的上部。后摆时肘关节自然弯曲，下垂，重心移向后方的脚上。反拍的后摆动作应比正拍后摆更早地完成。单手反拍时，左手可轻托拍颈，伴随着向左转的协调动作；若是双手反拍挥臂，需要更充分的转体动作，右肩转向左侧的网柱。从后摆进入向前挥动时应紧握球拍，手腕固定，右脚与网成45°，转动双肩、躯干和臀部，挥拍向球，反拍的击球点应在身体的左侧前方，击球时球拍与右脚应在一条直线上。击球瞬间，挥拍头的速度最快，对准来球把球打正，肘部应伸直，球拍与手齐平，双眼盯住球。随着身体重心从后脚移向前脚。反拍上旋球的击球动作其拍头轨迹是自上而下的。球击出后，拍面平行于网的时间尽量长些，挥拍沿着球飞行的方向前送，球拍随球向前的距离小于60厘米，重心前移，落在右脚，身体也随着转向球网，挥拍在右肩上方结束，拍头指向上方，完成好随挥动作有助于控制球的落点和方向。随挥动作要比后摆动作大而充分，从而保证击球动作的完整和稳定。随挥跟进动作结束，身体转向球网，迅速恢复原来的准备姿势，准备下一次击球（图10-36）。

图10-36 反手击球

（六）中场截击

1．正拍中场截击动作要领　面对球网，两脚分开与肩同宽，膝关节微屈，重心在两脚前脚掌上，在对方击球后脚跟提起，转胯转肩（右手握拍者为准），左脚向侧前方作45°方向跨步，以转肩来带动球拍后摆，后摆动作不超过肩，肘关节微屈，手腕形成45°，拍面略开。截击时手腕紧固，击球点在左脚尖的延长线上，以短促而有力的动作向前迎击来球，触球部位为球的中下部。由于中场截击球距离较长，所以击球后的跟进动作，随着球的行进路线要稍长些，但不能太长，否则会影响下一段击球的准备动作了，然后向网前迈进，准备近网截击或高压。

2．反拍中场截击动作要领　准备动作与正拍相同。判断来球后，向左侧转肩、转胯，同时左手托拍颈向后引拍，拍面略开至身体前面，后引动作不超过左肩。击球时右脚向侧前方45°方向跨出，重心前移在后脚上，同时向前向下截击来球，击球点位于右脚尖前面，手腕固定，肘关节微屈，利用前臂与手腕向前下方击球，可单手也可双手持拍。击球后的跟进动作与中场正拉一样，稍长一些，随时准备截击下一板球。不论正拍还是反拍截击中场球，拍面应随着对方来球高度随时进行变化调节。截击中场高球，拍面应垂直向前向下击球，截击中场低球拍面应打开些，击球的中下部向前搓顶（图10-37）。

图 10-37　反拍中场截击

三、网球比赛规则介绍

（一）场地器材

1．比赛场地　见图 10-38。

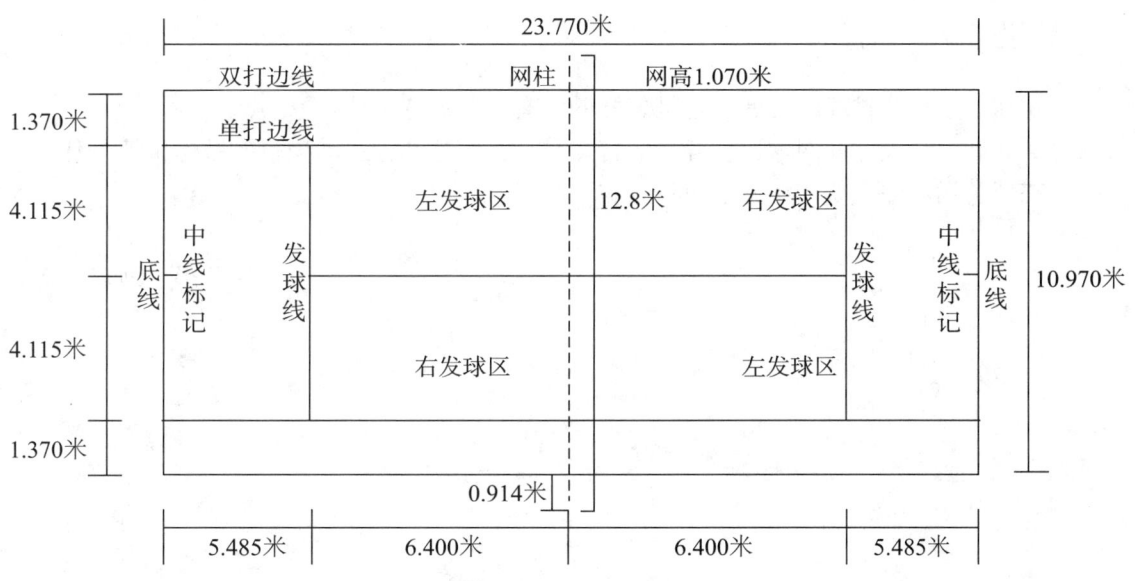

图 10-38　网球比赛场地

2．比赛用球　重量为 56.7～58.5 克。网球直径为 6.35～6.67 厘米。

3．比赛球拍　拍框和拍柄的总长不得超过 81.28 厘米，总宽不得超过 31.75 厘米。拍框内沿总长不得超过 39.37 厘米，总宽不得超过 29.21 厘米。

（二）比赛办法

1．盘数　正式比赛时，男子单打和双打采取五盘三胜制。女子单打、双打和混合双打采取三盘两胜制。

2．局与盘　局是运动员每胜一球得一分，先得四分者胜一局。但遇双方各得三分时，则为"平分"。"平分"后，一方先得一分时，为"接球占先"或"发球占先"。"占先"后再得一分，才算胜一局；如一方"占先"后，对方又得一分，则仍为"平分"。依此类推，直到一方在"平分"后净胜两分才能结束该局；盘是一方先胜六局为胜一盘。但遇双方各得五局时，一方必须净胜两局才算胜一盘。

3．奇数局休息，同时交换场地　除了第一局和抢七外，奇数局可以休息，休息的时间为 90 秒，即 1 分半钟。盘与盘间隔时间为 120 秒，即 2 分钟；5 盘 3 胜的比赛从第 3 盘末开始，3 盘 2 胜的比赛（女子）从第 2 盘末开始可以有最多 10 分钟的休息。

（三）得分的判定

1．发球员连续两次发球失误或脚误。
2．接球员在发来的球没有着地前用球拍击球，或球触及自己的身体及所穿戴的衣物。
3．在球第二次落地前未能还击过网。
4．还击球触及对方场区界线以外的地面、固定物或其他物件。
5．还击空中球失败。
6．比赛中，击球员故意用球拍拖带或接住球，或故意用球拍触球超过一次。
7．"活球"期间运动员的身体、球拍（不论是否握在手中）或穿戴的其他物件触及球网、网柱、单打支柱、绳或钢丝绳、中心带、网边白布或对方场区以内的场地地面。
8．还击尚未过网的空中球（过网击球）。
9．除握在手中（不论单手或双手）的球拍外，运动员的身体或穿戴的物体触球。
10．抛拍击球。
11．比赛进行中，运动员故意改变其球拍形状。

思考题

1．足球、篮球和排球的发展过程是怎样的？有哪些锻炼价值？
2．乒乓球、羽毛球和网球运动各自的特点是什么？这几种运动项目的锻炼价值是什么？
3．在球类运动中有哪些注意事项？

（周　彤　刘国兵）

第十一章 武术运动

学习导言

武术又称国术或武艺，是中国传统体育项目。它是一项遵照一定的规则斗智较力、形成搏斗，以此来增强体质、培养意志、训练格斗技能的体育运动项目。本章主要介绍武术运动的起源与发展、锻炼价值与分类，以及不同武术运动项目的基本技术和锻炼要点等。将本章学习的理论知识系统地运用到技术练习中，可以提高学生的身体素质，健体防身，以及培养良好的意志品质。

学习提要

1. 了解武术的起源、锻炼价值及分类。
2. 掌握长拳、太极拳和太极剑项目的基本技术和动作要领。
3. 了解散打运动的锻炼价值和特点。

第一节 武术运动概述

一、武术运动的起源与发展

中华武术源远流长，始于原始社会狩猎劳动和部落之争。从原始社会至封建社会，石木兵器变为"五兵""五刃""十八般兵器"和各种兵器；简单的射、砍、刺、击发展为规范的刺、劈、崩、点、撩、挂、扎、斩、扫、缠、穿、架、踢、打、摔、跌等。明代武术专著出现后，各拳种、流派泾渭分明，理论、技术自成体系。我国于1927年6月在南京建立了"中央国术馆"，1928年和1933年两次举行武术国考，1936年组队赴柏林参加第十届奥林匹克运动会武术表演。

新中国成立后，武术成为我国体育事业的组成部分。1955年国家体委设立武术研究室，并将武术列为体育院、系专业课；1956年成立中国武术协会；1957年国家体委将武术列为体育竞赛项目；1978年武术被列入大学生体育课教学计划；20世纪80年代以后，我国通过专家出访、国际武术邀请赛、世界武术锦标赛等，同40多个国家和地区进行友好往来。在北京举行的第11届亚运会中，武术被列为国际体育比赛项目，并成立了国际武术联合会。2008年北京奥运会上武术被列为表演项目；2013年2月国际奥委会执委会决定将武术作为七个候选项目之一，有望进入2020年奥运会。

二、武术运动的锻炼价值

武术动作的潇洒优美、套路的结构严谨、扣人心弦的高难动作和完美造型，把健、力、美融为一体，具有完美的艺术性。同时武术运动具有广泛的适应性，可供不同年龄、性别和不同体质的人进行锻炼，并且不受运动场地、器材、地域和季节的限制。经常进行练习，能全面锻炼身体与提高内脏器官的功能水平，增加肌肉弹性、韧带柔韧性和关节灵活性，还能改善中枢神经系统的调节功能。通过练习复杂多变、难易不同的动作，可以提高大脑皮质支配各器官的活动能力，使人思路敏捷、反应加快、动作协调。

第二节　套路运动

一、长拳

（一）长拳概述

长拳是武术中拳种的一大类别，是在吸取了查拳、花拳、华拳、炮拳、少林拳等诸拳种之长的基础上形成的，其特点是姿势舒展、动迅静定、劲力饱满和节奏鲜明。长拳有着悠久的历史，最早见载于明代戚继光所著《纪效新书·拳经捷要篇》中："古今拳家，宋太祖有三十二势长拳。"新中国成立后，长拳被列为武术竞赛的重点项目之一，其内容有甲组、乙组规定套路和用于竞赛的自选套路，以及作为普及教材的初级刀、枪、剑、棍、拳、青年拳、少年拳等。长拳的练习内容包括基本功、单练套路、对练套路；单练套路又分为规定套路和自选套路两种。长拳运动量大、结构复杂，对提高人体功能、提高身体素质具有良好的作用，经常进行长拳训练，可以使肌肉、骨骼、呼吸系统、神经系统和循环系统获得改善，心理的稳定性得到提高，愉悦身心，培养良好的意志品质，养成不断战胜自我的性格，促进了独立个性的完善。

（二）长拳的锻炼要点

1．手法快捷　要求手法"拳如流星"，要快捷、有力。不仅仅指拳的挥动要迅速，如迅雷不及掩耳，而且掌法、肩臂、手腕的运动也要如此。

2．眼法明锐　要求眼法"眼似电"，要明快、锐利。练拳时，不善于运用眼神，动作就没有生气，套路也成了呆板的动作罗列，反之，如果使眼神和一招一式恰当配合，就会把内在的精神意识通过眼神充分表达出来，使整个动作做得协调而富有生气。眼睛与动作配合的方法是多种多样的，有注视、随视等。注视是眼神盯住一定的目标；随视是指眼神追随运动着的身体某一部位运转，直到该动作完毕。

3．身法灵活　要求身法"腰如蛇行"，要柔韧、灵活、自如。身法在长拳运动中表现为闪、转、展、缩、折、弯、俯、仰等不同变化，这些变化多以腰为主。一方面要求身法的变化不要程式化，要像蛇行一样蜿蜒起伏、灵活多样；另一方面对胸椎和腰椎的柔韧性要求较高，要显现出既柔顺又坚韧、灵活有力、挺拔舒展的动作才能体现出长拳的风格与特点。

4．步法稳固　要求步法"步赛黏"，要稳固。站定时脚步要像粘黏在地上一样稳固，不掀脚、不拔跟、不动摇，不受上下肢和躯干活动的影响，还要给上下肢和躯干活动提供必要的稳固条件。此外，步法还要轻快活便，只有做到步法稳固、轻快，才能达到下盘稳固，动而不乱。

5．精力充沛　要全神贯注，有攻防格斗意识，表现出勇敢、机敏、无所畏惧的气概，这种精神表现在脸部应是"含而不露，神志舒展"。要表现出这种内在精神状态，除了在攻防动作中有所体现外，其他动作也要精神饱满，并且不只是表现在脸上，在动静运动之中都应有所体现。

6．气要下沉　长拳讲究"气沉丹田"，如果不善于掌握和运用"气沉丹田"的腹式呼吸方法，就很容易"气血上涌"，使气息在胸间活动。除了"沉"之外，也还有"提""托""聚"三法，在跳跃动作和由低动作进入到高动作的时候，应该运用"提"法；在高式或低式的静止性动作出现的时候，则应该运用"托"法；在刚脆的活动性动作出现的时候，就该换用"聚"法，这些呼吸方法随着动作进行变化的时候，却始终不变更"气宜沉"的基本要求。

7. 劲力顺达　要求劲力"力要顺达"。发力顺达是动作间衔接的必备条件，否则会使动作僵硬、呆板，破坏动作结构与套路节奏，要做到用力顺达，须从明"三节"、懂"六合"入手。三节，以上肢来说，手是梢节，肘是中节，肩是根节；以下肢来说，脚是梢节，膝是中节，胯是根节。不同的动作有不同的用力顺序，如冲拳、推掌皆起于梢节，蹬脚、弹踢则发于根节。六合，是指手、肘、肩、脚、膝、胯六个部位的协调配合，掌握好"三节"的发力顺序和"六合"的协调关系，动作才会豁达流畅。

8. 功法纯青　要求技术"功宜纯"。"功"是指长拳的技术及运用技术的技能与技巧。"功宜纯"是指要求功夫像炉火一样纯青，虽说这是虚拟与夸张的比喻，但确实是对长拳技术高质量的要求。

9. 四击合法　"四击"指武术中的踢、打、摔、拿，四击合法指长拳中的动作方法要符合这四种技击法则。踢、打、摔、拿自成体系，各有各的具体内容与运动方法，踢法有蹬、踹、弹、点、缠、摆、扫、挂等；打法有冲、撞、挤、靠、崩、劈、挑、砸、搂、拦、抄等；摔法有踢、别、揣、拱、切、耙、豁、掏、刀、勾等；拿法有刁、拿、锁、扣、封、闭、错、截等。长拳对"四击"具体内容的运动方法有非常严格的要求，即一招一式都要恪守"四击"法则，若背离这些技击法则，就不能真实地再现不同动作的攻防意义，也就失去了长拳技击动作的攻防意识与价值。

10. 以形喻势　长拳在运动时有动势、静势、起势、落势、立势等十二种态势，前人将此十二种态势以形象的比喻方法提示人们对长拳技术的追求，俗称"十二型"，具体指的是动如涛、静如岳、起如猿、落如鹊、立如鸡、站如松、转如轮、折如弓、轻如叶、重如铁、缓如鹰、快如风。

（三）长拳的基本技术

预备动作

1. 预备势（图11-1）　两脚开立，两臂垂于体侧，五指并拢贴于两腿外侧，平视前方。

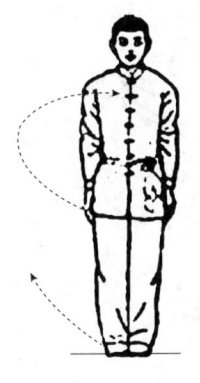
图11-1　长拳预备势

图11-2　虚步亮掌

2. 虚步亮掌（图11-2）

（1）右脚向右后方撤步成左弓步，右掌向右、向上、向前划弧，掌心朝上；左臂屈肘，左掌提至腰侧，掌心朝上，目视右掌。

（2）右腿微屈，重心后移，左掌经胸前从右臂上向前穿出伸直；右臂屈肘，右掌收至腰侧，掌心朝上，目视左掌。

（3）重心继续后移，左脚稍向右移，脚尖点地，成左虚步；左臂内旋向左、向后划弧成勾手，勾尖朝上；右手继续向后、向右、向前上划弧，屈肘抖腕，在头右前上方成亮掌（即横掌），掌心朝前，掌指向左，目视左方。

3．并步对拳（图 11-3）

（1）右腿蹬直，左腿提膝，脚尖内扣，上肢姿势不变。

（2）左脚向前落步，重心前移，左臂屈肘，左勾手变掌经左肋前伸，右臂外旋向前下落于左掌右侧，两掌同高，掌心均朝上，目视两掌。

（3）右脚向前上一步，两臂下垂后摆。

（4）左脚向右脚并步，两臂向外、向上经胸前屈肘下按，两掌变拳，拳心朝上，停于小腹前，目视左方。

图 11-3 并步对拳

第一段

1．弓步冲拳（图 11-4）

（1）左脚向左上一步，脚尖向斜前方，右腿微屈成半马步；左臂向上、向左格打，拳眼朝后，拳与肩同高，右拳收至腰侧，拳心朝上，目视左拳。

（2）右腿蹬直成左弓步，左拳收至腰侧，拳心朝上，右拳向前冲出，与肩平高，拳眼朝上，目视右拳。

图 11-4 弓步冲拳

2．弹腿冲拳（图 11-5）　重心前移至左腿，右腿屈膝提起，脚面绷直，猛力向前弹出伸直，与腰平高；右拳收至腰侧，左拳向前冲出，目视前方。

3．马步冲拳（图 11-6）　右脚向前落步，脚尖内扣，上体左转 90°，左拳收至腰侧，两腿下蹲成马步；右拳向前冲出，目视右拳。

图 11-5　弹腿冲拳

图 11-6　马步冲拳

4．弓步冲拳（图 11-7）

（1）上体右转 90°，右脚尖外撇向斜前方，成半马步；右臂屈肘向右格打，拳眼朝后，目视右拳。

图 11-7　弓步冲拳

图 11-8　弹腿冲拳

（2）左腿蹬直成右弓步，右拳收至腰侧，左拳向前冲出，目视左拳。

5．弹腿冲拳（图 11-8）　重心前移至右腿，左腿屈膝提起，脚面绷直，猛力向前弹出伸直，与腰平高，左拳收至腰侧，右拳向前冲出，目视前方。

6．大跃步前穿（图 11-9）

图 11-9　大跃步前穿

（1）左腿屈膝，右拳变掌内旋，以手背向下挂至左膝外侧，上体前倾，目视右手。
（2）左脚向前落步，两腿微屈，右掌继续向后挂，左拳变掌，向后、向下伸直，目视右掌。
（3）右腿屈膝向前提起，左腿猛力蹬地向前跃出，两掌向前、向上划弧摆起，目视左掌。
（4）右腿落地全蹲，左腿随即落地向前铲出成仆步，右掌变拳抱于腰间，左掌由上向右、向下划弧成立掌,停于右胸前,目视左脚。

7．弓步击掌(图11-10) 右腿猛力蹬直成左弓步,左掌经左脚面向后划弧至身后成勾手,左臂伸直,勾尖朝上;右拳由腰间变掌向前推出,掌指朝上,掌外侧向前,目视右掌。

8．马步架掌(图11-11)

(1)重心移至两腿之间,左脚脚尖内扣成马步,上体右转;右臂向左侧平摆,稍屈肘,同时左勾手变掌由后经左腰侧从右臂内向前上穿出,掌心均朝上,目视左手。

(2)右掌立于左胸前,左臂向左上屈肘抖腕立掌于头部左上方,掌心朝前,目向右转视。

图11-10 弓步击掌

图11-11 马步架掌

第二段

1．虚步栽拳(图11-12)

(1)右脚蹬地、屈膝提起,左腿伸直,以前脚掌为轴向右后转体180°;右掌由左胸前向下经右腿外侧向后划弧成勾手;左臂随体转动并外旋,掌心朝右,目视右手。

(2)右腿向右落步,重心移至右腿上,下蹲成左虚步;左掌变拳下落于左膝上,拳眼向里,拳心向后;右勾手变拳,屈肘向上架于头的右上方,拳心朝前,目视左方。

图11-12 虚步栽拳

2．提膝穿掌(图11-13)

(1)右腿稍伸直,右拳变掌收至腰侧,掌心朝上;左拳变掌由下向左、向上划弧盖压于头上方,掌心朝前。

(2)右腿蹬直,左腿屈膝提起,脚尖内扣;右掌从腰侧经左臂内向右前上方穿出,掌心朝上;左掌收至右胸前成立掌,目视右掌。

图 11-13　提膝穿掌

3．仆步穿掌（图 11-14）　右腿全蹲，左腿向左后方铲出成左仆步；右臂不动，左掌由右胸前向下经左腿内侧向左脚面穿出，目随左掌转视。

4．虚步挑掌（图 11-15）

（1）右腿蹬直，重心前移至左腿，成左弓步；右掌稍下降，左掌随重心前移向前挑起。

（2）右脚向左前上步，左腿半蹲，成右虚步；身体随上步左转 180°，同时左掌由前向上、向后划弧成立掌，右掌由后向下、向前上挑起成立掌，指尖与眼平，目视右掌。

5．马步击掌（图 11-16）

图 11-14　仆步穿掌　　　　　　图 11-15　虚步挑掌

图 11-16　马步击掌

（1）右脚踏实，脚尖外撇，重心稍升高并右移；左掌变拳收至腰间，右掌俯掌向外搂手。

（2）左脚向前上一步，以右脚为轴向右后方转体 180°，两腿下蹲成马步；左拳变掌从右臂上成立掌向左侧击出，右掌变拳收至腰间，目视左掌。

6．叉步双摆掌（图 11-17）

（1）重心稍右移，同时两掌向下、向右摆，掌指均朝上，目视右掌。

（2）右脚向左腿后插步，前脚掌着地；两臂继续由右向上、向左摆，停于身体左侧，均成立掌，右掌停于左肘窝处，目随双掌转视。

图 11-17　叉步双摆掌

7．弓步击掌（图 11-18）

（1）两腿不动，左掌收至腰侧，掌心朝上；右掌向上、向右划弧，掌心朝下。

（2）左腿后撤一步成右弓步，右掌向下、向后伸直摆动成勾手，勾尖朝上；左掌成立掌向前推出，目视左掌。

图 11-18　弓步击掌

8．转身踢腿马步盘肘（图 11-19）

（1）两脚以前脚掌为轴向左后方转体 180°，同时左臂向上、向前划半立圆，右臂向下、向后划半圆。

（2）上动不停，两脚不动，右后向上、向前划半立圆，左臂由前向下、向后划半立圆。

（3）上动不停，右臂向下成反臂勾手，勾尖朝上；左臂向上亮掌，掌心朝前上方，右腿伸直，脚尖勾起，向额前踢。

（4）右脚向前落步，脚尖内扣；右手不动，左臂屈肘下落于胸前，左掌心朝下，目视左掌。

（5）上体左转 90°，两腿下蹲成马步，同时左掌向前、向左平搂变拳收至腰间，右勾手变拳；右臂伸直，由体后向右、向前平摆至体前屈肘，肘尖向前，与肩平高，拳心朝下，目视肘尖。

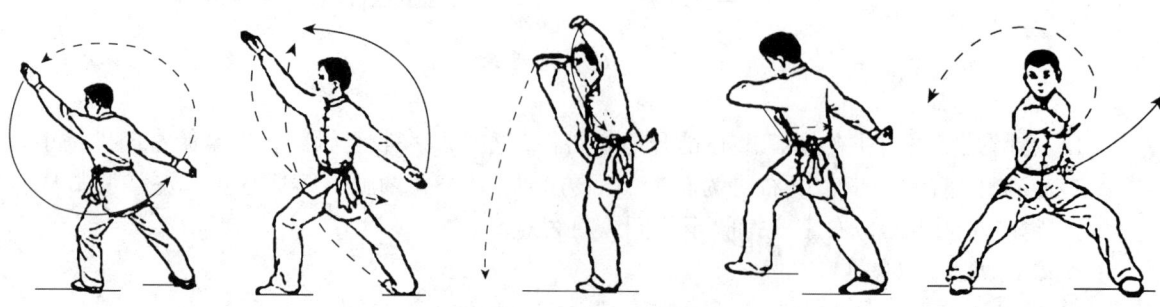

图 11-19　转身踢腿马步盘肘

第三段

1. 歇步抡砸拳（图 11-20）

（1）重心稍升高，右脚尖外撇，右臂由胸前向上、向右抡直；左拳向下、向左使臂抡直，目视右拳。

（2）上动不停，两脚以前脚掌为轴，向右后方转体 180°；右臂向下、向后抡摆，左臂向上、向前随身体转动。

（3）紧接上动，两腿全蹲成歇步，左臂随身体下蹲向下平砸，拳心朝上，臂部微屈；右臂伸直向上举起，目视左拳。

图 11-20 歇步抡砸拳

2. 仆步亮掌（图 11-21）

（1）左脚由右腿后抽出上前一步，左腿蹬直，右腿半蹲，成右弓步；上体微向右转，左拳收至腰间，右拳变掌向下经胸前向右横击掌，目视右掌。

（2）右脚蹬地屈膝提起，上体右转，左拳变掌从右掌上向前穿出，掌心朝上，右掌平收至左肘下。

（3）右脚向右落步，屈膝全蹲，左腿伸直，成仆步；左掌向下、向后划弧成勾手，勾尖朝上；右掌向右、向上划弧微屈，抖腕成亮掌，掌心朝前；头随右手转动，至亮掌时，目视左方。

图 11-21 仆步亮掌

3. 弓步劈拳（图 11-22）

（1）右腿蹬地立起，左腿收回并向左前方上步，右掌变拳收至腰间，左勾手变掌由下向前上经胸前向左做掳手。

（2）右腿经左腿前方向左绕上一步，左腿蹬直成右弓步，左手向左平掳后再向前挥，虎口朝前。

（3）左手平掳的同时，右拳向后平摆，然后再向前、向上做抡劈拳，拳与耳平高，拳心朝上，左掌外旋接扶右前臂，目视右拳。

图 11-22　弓步劈拳

4．换跳步弓步冲拳（图 11-23）

（1）重心后移，右脚稍向后移动，右拳变掌，臂内旋以掌背向下划弧挂至右膝内侧；左掌背贴靠右肘外侧，掌指朝前，目视右掌。

（2）右腿自然上抬，上体稍向左扭转，右掌挂至体左侧，左掌伸向右腋下，目随右掌转视。

（3）右脚以全脚掌用力向下震跺，与此同时，左脚急速离地抬起；右手由左向上、向前掳盖而后变拳收至腰间；左掌伸直向下、向上、向前屈肘下按，掌心朝下，上体右转，目视左掌。

（4）左脚向前落步，右腿蹬直成左弓步，右拳向前冲出，拳与肩平高，左掌藏于右腋下，掌背贴靠腋窝，目视右拳。

图 11-23　换跳步弓步冲拳

5．马步冲拳（图 11-24）　上体右转 90°，重心移至两腿中间，成马步；右拳收至腰间，左掌变拳向左冲出，拳眼朝上，目视左拳。

图 11-24　马步冲拳　　　　　图 11-25　弓步下冲拳

6．弓步下冲拳（图 11-25） 右腿蹬直，左腿弯曲，上体稍向左转，成左弓步；左拳变掌向下经体前向上架于头左上方，掌心朝上，右拳自腰间向左前斜下方冲出，目视右拳。

7．叉步亮掌侧踹腿（图 11-26）

图 11-26　叉步亮掌侧踹腿

（1）上体稍右转，左掌由头上下落于右手腕上，右拳变掌，两手交叉成十字，目视双手。

（2）右脚蹬地并向左腿后插步，以前脚掌着地，左掌由体前向下、向后划弧成勾手，勾尖朝上；右掌由前向右、向上划弧抖腕亮掌，掌心朝前，目视左侧。

（3）重心移至右腿，左腿屈膝提起，向左上方猛力蹬出，上肢姿势不变，目视左侧。

8．虚步挑拳（图 11-27）

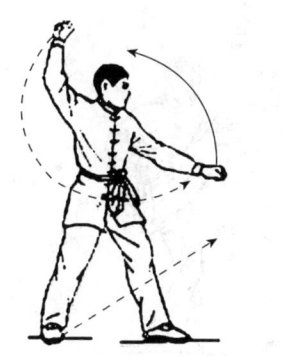  

图 11-27　虚步挑拳

（1）左脚在左侧落地，右掌变拳稍后移，左勾手变拳由体后向左上挑，拳背向上。

（2）上体左转 180°，微含胸前俯，左拳继续向前、向上划弧上挑，右拳向下、向前划弧挂至右膝外侧，同时右膝提起，目视右拳。

（3）右脚向左前方上步，脚尖点地成右虚步，左拳向后划弧收至腰间，拳心朝上；右拳向前屈臂挑出，拳眼斜向上，拳与肩平高，目视右拳。

第四段

1．弓步顶肘（图 11-28）

（1）重心升高，右脚踏实，右臂内旋向下直臂划弧以拳背下挂至右膝内侧，左拳不变，目视前下方。

（2）左腿蹬直，右腿屈膝上抬，左拳变掌，右拳不变；两臂向前、向上划弧摆起，目随右拳转视。

（3）左脚蹬地起跳，身体腾空，两臂继续划弧摆至头上方。

图 11-28　弓步顶肘

（4）右脚先落地屈膝，然后左脚向前落步，以前脚掌着地；同时两臂向右、向下屈肘停于右胸前，右拳变掌，左掌变拳，右掌心贴靠左拳面。

（5）左脚向左上步屈膝，右腿蹬直成左弓步；右掌推左拳，以左肘尖向左顶出，与肩平高，目视前方。

2．转身左拍脚（图 11-29）

（1）以两脚前脚掌为轴向右后方转体 180°，随着转体，右臂向上、向右、向下划弧抡摆，同时左拳变掌向下、向后、向前上抡摆。

（2）左腿伸直向前上方踢起，脚面绷直，左掌变拳收至腰间，右掌由体后向上、向前拍击左脚面。

图 11-29　转身左拍脚

3．右拍脚（图 11-30）

（1）左脚向前落步，左拳变掌向下、向后摆，右掌变拳收至腰间。

（2）右腿伸直向前上方踢起，脚面绷直，左拳变掌由后向上、向前拍击右脚面。

图 11-30　右拍脚

4．腾空飞脚（图 11-31）

图 11-31 腾空飞脚

（1）右脚落地，左脚向前摆起，右脚猛力蹬地跳起，左腿屈膝继续前上摆，同时右拳变掌向前上方摆起，左掌先上摆而后下降拍击右掌背。

（2）右腿继续上摆，脚面绷直，右手拍击右脚面，左掌由体前向后上举。

5．歇步下冲拳（图 11-32）

图 11-32 歇步下冲拳

（1）左、右脚先后相继落地，左掌变拳收至腰间。

（2）身体右转 90°，两腿全蹲成歇步，右掌变拳收至腰间；左拳由腰间向前下方冲出，拳心向下，目视左拳。

6．仆步抡劈拳（图 11-33）

（1）左臂随重心升高向上摆起，右臂由腰间向体后伸直。

（2）以右脚前脚掌为轴，左腿屈膝提起，上体左转 270°，左拳由前向后划立圆一周；右拳由后向下、向前上划立圆一周。

（3）左脚向后落一步，屈膝全蹲，右腿伸直，脚尖内扣，成右仆步；右拳由上向下抡劈，拳眼朝上，左拳向上举，拳眼朝上，目视右拳。

图 11-33 仆步抡劈拳

7. 提膝挑掌（图11-34）

（1）重心前移成右弓步，同时右拳变掌由下向上抢摆，左拳变掌稍下落，右掌心朝左，左掌心朝右。

（2）左、右臂在垂直面上由前向后各划立圆一周，右臂伸直停于头上，掌心朝左，掌指向上；左臂伸直停于身后成反勾手，同时右腿屈膝提起，左腿挺膝直立，目视前方。

图11-34 提膝挑掌

8. 提膝劈掌弓步冲拳（图11-35）

（1）下肢不动，右掌由上向下猛劈伸直，停于右小腿内侧，用力点在小指一侧；左勾手变掌，屈臂向前停于右上臂内侧，掌心朝左，目视右掌。

（2）右脚向右后落步，身体右转90°；同时左掌变拳收至腰间，右臂内旋向右划弧做劈掌。

（3）上动不停，左腿蹬直成右弓步，右手抓握变拳收至腰间，左拳由腰间向左前方冲出，目视左拳。

图11-35 提膝劈掌弓步冲拳

结束动作

1. 虚步亮掌（图11-36）

图11-36 虚步亮掌

（1）右脚蹬地提起扣于左膝后，两拳变掌，两臂右上左下屈肘交叉于身体左前方，目视右掌。

（2）右脚向右后落步，重心后移，右腿半蹲，上体稍右转；同时右掌向上、向右、向下划弧停于左腋下，左掌向左、向上划弧停于右臂上与左胸前，两掌心左下右上，目视左掌。

（3）左脚尖稍向右移，右腿下蹲成左虚步，左臂伸直向左、向后划弧成反勾手；右臂伸直向下、向右、向上划弧抖腕亮掌，掌心朝前，目视左方。

2．并步对拳（图11-37）

（1）左腿后撤一步，同时两掌从两腰侧向前穿出伸直，掌心朝上。

（2）右腿后撤一步，同时两臂分别向体后下摆。

（3）左腿后退半步向右腿并步直立，两臂由后向上经体前屈臂下按，两掌变拳停于腹前，拳面相对，拳心朝下，目视左方。

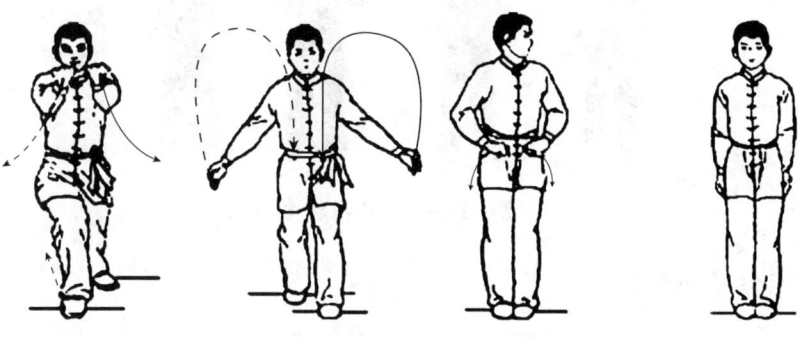

图 11-37　并步对拳　　　　　图 11-38　还原

3．还原（图11-38）　两臂自然下垂，随之头转向正前方，两眼向前平视。

二、太极拳

（一）太极拳概述

太极拳是中国武术的一个重要流派，在中国有着悠久的历史。太极拳具有治疗疾病的功效，经常练习太极拳，对于人体中枢神经系统、血液循环系统、呼吸系统等均有良好的改善作用。太极拳作为中国特有的民族传统体育项目，引起很多国际友人的关注和喜爱，已成为世界人们共同的文化遗产。

（二）太极拳的锻炼要点

1．体松心静、中正安舒　"体松"就是在维持必要动作姿势的基础上，身体肌肉处于一种放松的状态，身体自然而舒展，不要僵劲；"心静"就是排除一切杂念，把注意力若有若无地集中在手上；"中正安舒"就是身体要端正、自然舒展，不要东倒西歪、前俯后仰。

2．柔和缓慢、连绵不断　动作要缓慢、柔和、连贯，各拳式之间要势势相承，不得停顿；"柔和"还体现在手臂姿势要保持弧形，两臂的动作路线走弧线。

3．动作与呼吸、意念相配合　太极拳练习要把呼吸与意念配合起来，才能取得最好的锻炼效果。动作与呼吸相配合，一般是起（向上）的动作吸气，落（向下）的动作呼气，开（两臂张开）为吸气，合为呼气；另一种呼吸方式为：凡是一个动作完成时呼气，过渡动作为吸气，但都应顺其自然，不可勉强。动作与意念互相配合，练拳时首先要排除杂念，把注意力集中到动作上，下一动作未出现之前，意念要提前想到，做到"意领身随"。

（三）太极拳的基本技术

第一组

1. 起势（图11-39）

（1）两脚并拢，身体自然直立，头颈正直；两臂自然下垂，两手指尖轻贴大腿外侧，眼向前平视。

（2）左脚向左慢慢开步，与肩同宽，脚尖向前。

（3）两臂慢慢向前平举，两手高与肩平，与肩同宽，手心向下。

（4）上体保持正直，两腿屈膝下蹲，同时两掌轻轻下按至腹前，两肘下垂与膝相对，眼平视前方。

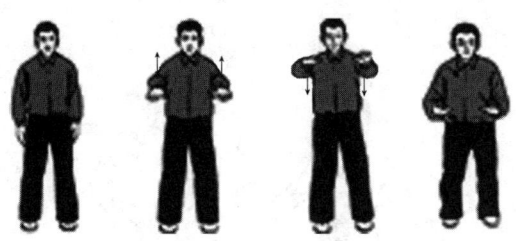

图11-39　太极拳起势

2. 左右野马分鬃（图11-40）

图11-40　左右野马分鬃

（1）上体微向右转，身体重心移至右腿上，同时右臂收在胸前平屈，手心向下，左手经体前向右下划弧放在右手下，手心向上，两手心相对成抱球状；左脚随即收到右脚内侧，脚尖点地，眼视右手。

（2）上体微向左转，左脚向左前方迈出，同时左右手随转体慢慢分别向左上、右下错开，眼视左手。

（3）上体继续左转，右脚跟后蹬，右腿自然伸直成左弓步；左、右手随转体继续向左上、右下分开，左手与眼平高，手心斜向上，肘微屈；右手落在右胯旁，肘微屈，手心向下，指尖向前，眼视左手。

（4）上体慢慢后坐，身体重心移至右腿，左脚尖翘起，微向外撇45°~60°，同时两手准备"抱球"。

(5) 左脚掌慢慢踏实，左腿慢慢前弓，身体左转，身体重心再移至左腿，同时左手翻转向下，左臂收在胸前平屈，右手向左上划弧放在左手下，两手心相对成抱球状；右脚随即收到左脚内侧，脚尖点地，眼视左手。

(6) 上体微右转，右腿向右前方迈出，同时左、右手随转体慢慢分别向左下、右上错开，眼视右手。

(7) 左腿自然伸直成右弓步，同时上体继续右转，左右手继续随转体分别慢慢向左下、右上分开，右手与眼平高，手心斜向上，肘微屈；左手落在左胯旁，肘微屈，手心向下，指尖向前，眼视右手。

(8) 与 (4) 解同，惟左右相反。

(9) 与 (5) 解同，惟左右相反。

(10) 与 (6) 解同，惟左右相反。

(11) 与 (7) 解同，惟左右相反。

3．白鹤亮翅（图 11-41）

(1) 上体微向左转，左手翻掌向下，左臂平屈于胸前，右手向左上划弧，手心转向上，与左手相对成抱球状，眼视左手。

(2) 右脚跟进半步，上体后坐，身体重心移至右腿，上体先向右转，面向右前方，眼视右手，然后左脚稍向前移，脚尖点地，成左虚步；同时上体再微向左转，面向前方，两手随转体慢慢向左下、右上分开，右手上提停于右额前，手心向左后方，左手落于左胯前，手心向下，指尖向前，眼平视前方。

图 11-41　白鹤亮翅

第二组

4．左右搂膝拗步（图 11-42）

(1) 右手从体前下落，由下向后上方划弧举至右肩外侧，肘微屈，手与耳同高，手心斜向上；左手由左下向上、向右下方划弧至右胸前，手心斜向下，同时上体先微向左转再向右转，左脚收至右脚内侧，脚尖点地，眼视右手。

(2) 上体左转，左脚向前（偏左）迈出成左弓步，同时右手屈回由耳侧向前推出，高与鼻尖平；左手向下由左膝前搂过落于左胯旁，指尖向前，眼视右手。

(3) 右腿慢慢屈膝，上体后坐，重心移至右腿，左脚尖跷起微向外撇，随后脚慢慢踏实，左腿前弓，身体左转，重心移至左腿，右脚收到左脚内侧，脚尖点地；同时左手向外翻掌由左后向上划弧至左肩外侧，肘微屈，手与耳同高，手心斜向上；右手随转体向上向左下划弧落于左胸前，手心斜向下，眼视左手。

(4) 与 (2) 解同，惟左右相反。

(5) 与 (3) 解同，惟左右相反。

(6) 与 (2) 解同。

5．手挥琵琶（图 11-43）

(1) 右脚跟进半步，上体后坐，重心移至右腿上，上体半面向右转。

(2) 左脚略提起稍向前移，变成左虚步，脚跟着地，脚尖跷起，膝部微屈，同时左手由左下向上挑举，与鼻尖平高，掌心向右，臂微屈；右手收回放在左臂肘部里侧，掌心向左，两手成侧立掌合于体前，眼视左手示指。

图 11-42　左右搂膝拗步

图 11-43　手挥琵琶

6．左右倒卷肱（图 11-44）

（1）上体右转，右手翻掌（手心向上）经腹前由下向后上方划弧平举，臂微屈，左手随即翻掌向上；眼随向右转体先右视，再转向前方视左手。

（2）右臂屈肘折向前，右手由耳侧向前推出，手心向前，左臂屈肘后撤，手心向上，撤至左肋外侧；同时左腿轻轻提起向后（偏左）退一步，脚掌先着地，然后全脚慢慢踏实，身体重心移到左腿上，成右虚步，右脚随转体以脚掌为轴扭正，眼视右手。

（3）上体微向左转，同时左手随转体向后上方划弧平举，手心向上，右手随即翻掌，掌心向上；眼随转体先左视，再转向前方视右手。

（4）与（2）解同，惟左右相反。

（5）与（3）解同，惟左右相反。

（6）与（2）解同。

（7）与（3）解同。

（8）与（2）解同，惟左右相反。

图 11-44　左右倒卷肱

第三组

7．左揽雀尾（图 11-45）

图 11-45　左揽雀尾

（1）上体微向左转，同时右手随转体向后上方划弧平举，手心向上，左手放松，手心向下，眼视左手。

（2）身体继续向右转，左手自然下落，逐渐翻掌经腹前划弧至右肋前，手心向上；右臂屈肘，手心转向下，收至右胸前，两手相对成抱球状，同时身体重心落在右腿上，左脚收至右脚内侧，脚尖点地，眼视右手。

（3）上体微向左转，左脚向左前方迈出，上体继续向左转，右腿自然蹬直，左腿屈膝成左弓步，同时左臂向左前方推出，与肩平高，手心向后；右手向右下落，放于右胯旁，手心向下，指尖向前，眼视左前臂。

（4）身体微向左转，左手随即前伸翻掌向下，右手翻掌向上，经腹前向上、向前伸至左前臂下方；然后两手下捋，即上体向右转，两手经腹前向右后上方划弧，直至右手心向上，与肩平高，左臂平屈于胸前，手心向后，同时身体重心移至右腿，眼视右手。

（5）身体微向左转，右臂屈肘折回，右手附于左手腕里侧（相距约 5 厘米），上体继续向左转，双手同时向前慢慢挤出，左手心向后，右手心向前，左前臂要保持半圆；同时身体重心逐渐前移变成左弓步，眼视左手腕部。

（6）左手翻掌，手心向下，右手经左腕上方向前、向右伸出，高与左手齐，手心向下，两手左右分开，与肩同宽；然后右腿屈膝，上体慢慢后坐，身体重心移至右腿上，左脚尖跷起，同时两手屈肘回收至腹前，手心均向前下方，眼向前平视。

（7）上式不停，身体重心慢慢前移，同时两手向前、向上按出，掌心向前，左腿前弓成左弓步，眼平视前方。

8．右揽雀尾（图11-46）

（1）上体后坐并向右转，身体重心移至右腿，左脚尖里扣；右手向右平行划弧至右侧，然后由右下经腹前向左上划弧至左肋前，手心向上；左臂平屈于胸前，左手掌向下与右手成抱球状，同时身体重心再移到左腿上，右脚收到左脚内侧，脚尖点地，眼视左手。

（2）同"左揽雀尾"（3）解，惟左右相反。

（3）同"左揽雀尾"（4）解，惟左右相反。

（4）同"左揽雀尾"（5）解，惟左右相反。

（5）同"左揽雀尾"（6）解，惟左右相反。

（6）同"左揽雀尾"（7）解，惟左右相反。

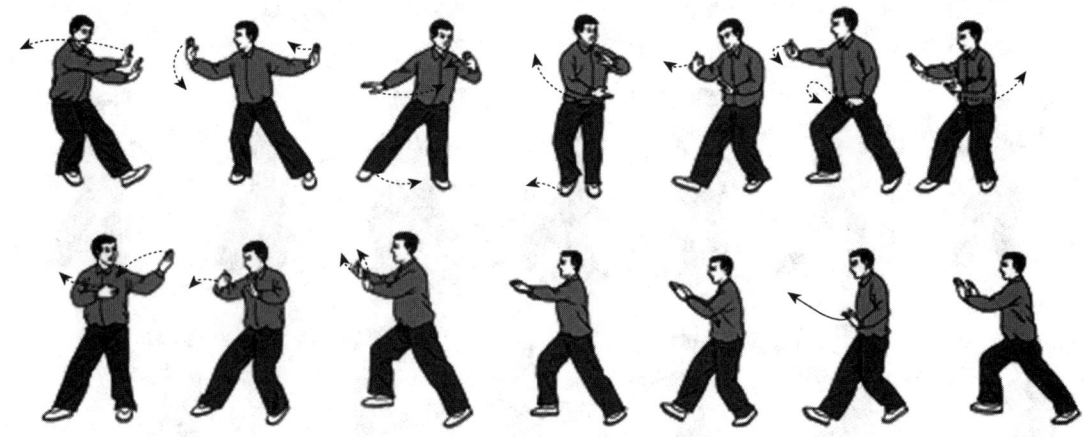

图 11-46 右揽雀尾

第四组

9．单鞭（图11-47）

（1）上体后坐，重心逐渐移至左腿，右脚尖里扣，同时上体左转，两手（左高右低）向左弧形运转，直至右臂平举，伸于身体左侧，手心向左；右手经腹前运至肋前，手心向后上方，眼视左手。

（2）重心再渐渐移至右腿上，上体右转，左脚向右脚靠拢，脚尖点地，同时右手向右上方划弧（手心由里转向外）至右侧方时变勾手，臂与肩平；左手向下经腹前向右上划弧停于右肩前，手心向里，眼视左手。

（3）上体微向左转，左脚向左前侧方迈出，右脚跟后蹬，成左弓步；身体重心移向左腿的同时，左掌随上体的左转慢慢翻转向前推出，手心向前，手指与眼齐平，臂微屈，眼视右手。

图 11-47 单鞭

10．云手（图 11-48）

（1）重心移至右腿上，身体渐向右转，左脚尖里扣；左手经腹前向右上划弧至右肩前，手心斜向后，同时右手松勾变掌，手心向右前，眼视左手。

（2）上体慢慢左转，重心随之逐渐左移，左手由脸前向左侧运转，手心渐渐转向左方；右手由右下经腹前向左上划弧至左肩前，手心斜向后，同时右脚靠近左脚成小开立步（两脚距离 10～20 厘米），眼视右手。

（3）上体再向右转，同时左手经腹前向右上划弧至右肩前，手心斜向后；右手向右侧运转，手心翻转向右，随之左腿向左横跨一步，眼视左手。

（4）同（2）解。

（5）同（3）解。

（6）同（2）解。

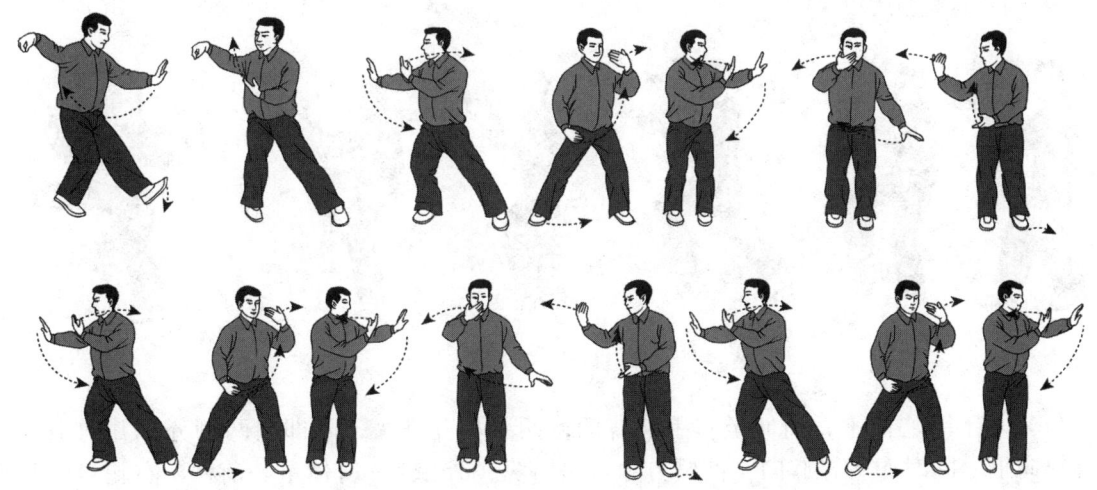

图 11-48　云手

11．单鞭（图 11-49）

（1）上体向右转，右手随之向右运转，至右侧方时变成勾手；左手经腹前向右划弧至右肩前，手心向内，重心落在右腿上，左脚尖点地，眼视右手。

（2）上体微向左转，左脚向左前侧方迈出，右脚跟后蹬，成左弓步；身体重心移向左腿的同时，上体继续左转，左掌慢慢翻转向前推出，成"单鞭"式。

图 11-49　单鞭

第五组

12．高探马（图 11-50）

（1）右脚跟进半步，身体重心逐渐后移至右腿上，右勾手变成掌，两手心翻转向上，两肘微屈，同时身体微向右转，左脚跟渐渐离地，眼视左前方。

（2）上体微向左转，面向左前方，右掌经右身旁向前推出，手心向前，手指与眼同高；左手收至左侧腰前，手心向上，同时左脚微向前移，脚尖点地成左虚步，眼视右手。

图 11-50　高探马

13．右蹬脚（图 11-51）

图 11-51　右蹬脚

（1）左手手心向上，前伸至右手腕背面，两手相互交叉，随即向两侧分开并向下划弧，手心斜向下，同时左脚提起向左前侧方上步（脚尖稍外撇）；身体重心前移，右腿自然蹬直，成左弓步，眼视前方。

（2）两手由外圈向里圈划弧，两手交叉合抱于胸前，右手在外，手心均向后，同时左脚靠拢，脚尖点地，眼平视右前方。

（3）两手臂左右划弧分开平举，肘部微屈，手心均向外，同时右腿屈膝提起，右脚向右前方慢慢蹬出，眼视右手。

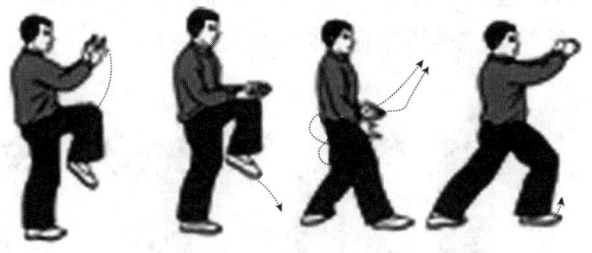

图 11-52　双峰贯耳

14．双峰贯耳（图 11-52）

（1）右腿收回，屈膝平举，左手由后向上、向前下落至体前，两手心均翻转向上，两手同时向下划弧，分别落于右膝盖两侧，眼视前方。

（2）右脚向右前方落下，重心渐渐前移，成右弓步，面向右前方，同时两手下落慢慢变拳，分别从两侧向上、向前划弧至面部前方，成钳形；两拳相对，与耳齐高，拳眼都斜向内下（两拳中间距离为 10～20 厘米），眼视右拳。

15．转身左蹬脚（图11-53）

（1）左腿屈膝后坐，身体重心移至左腿，上体左转，右脚尖里扣，同时两拳变掌，由上向左右划弧分开平举，手心向前，眼视左手。

（2）身体重心再移至右腿，左脚收到右脚内侧，脚尖点地，同时两手由外圈向里圈划弧合抱于胸前，左手在外，手心均向后，眼平视左方。

（3）两手臂左右划弧分开平举，肘部微屈，手心均向外，同时左腿屈膝提起，左脚向左前方慢慢蹬出，眼视右手。

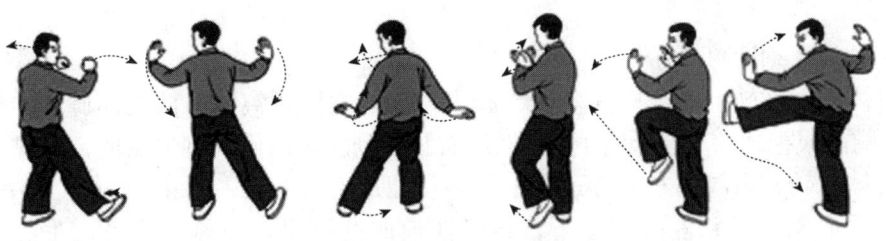

图11-53 转身左蹬脚

第六组

16．左下势独立（图11-54）

（1）左腿收回平屈，上体右转，右掌变成勾手，左掌向上、向右划弧下落立于右肩前，掌心斜向后，眼视右手。

（2）右腿慢慢屈膝下蹲，左腿由内向左侧（偏后）伸出，成左仆步；左手下落（掌心向外）向左下顺左腿内侧向前穿出，眼视左手。

（3）身体重心前移，左脚跟为轴，脚尖尽量向外撇，左腿前弓，右腿后蹬，右脚尖里扣，上体微向左转并向前起身，同时左臂继续向前伸出（立掌），掌心向右，右勾手下落，勾尖向后，眼视左手。

（4）右腿慢慢提起、平屈，成左独立式，同时右勾手变掌，并由后下方顺右腿外侧向前弧形上挑，屈臂立于右腿上方，肘与膝相对，手心向左；左手落于左胯旁，手心向下，指尖向前，眼视右手。

图11-54 左下势独立

17．右下势独立（图11-55）

（1）右脚下落于左脚前，脚尖着地，然后以左脚前掌为轴，脚跟转动，身体随之左转，同时左手向后平举变成勾手，右掌随着转体向左侧划弧，立于左肩前，掌心斜向后，眼视左手。

（2）同"左下势独立"（2）解，惟左右相反。

（3）同"左下势独立"（3）解，惟左右相反。

（4）同"左下势独立"（4）解，惟左右相反。

图 11-55　右下势独立

第七组

18．左右穿梭（图 11-56）

（1）身体微向左转，左腿向前落地，脚尖外撇，右脚跟离地，两腿屈膝成半坐盘式，同时两手在左胸前成抱球状（左上右下）；然后右脚收到左脚内侧，脚尖点地，眼视左前臂。

（2）身体右转，右脚向右前方迈出，屈膝弓腿成右弓步，右手由脸前向上举并翻掌停架在右额前，手心斜向下；左手向左下，再经体前向前推出，与鼻尖平高，手心向前，眼视左手。

（3）身体重心略向后移，右脚尖稍向外撇，随即身体重心再移到右腿，左脚跟进停于右脚内侧，脚尖点地，同时两手在胸前成抱球状（右上左下），眼视右前臂。

（4）同（2）解，惟左右相反。

图 11-56　左右穿梭

图 11-57　海底针

19．海底针（图 11-57）

（1）右脚向前跟进，身体重心移至右腿，右脚稍向前移举步；右手下落经体前向后、向上提抽至肩上耳旁，左手下落至体前侧。

（2）左脚尖点地成左虚步，同时身体稍向右转，右手再随身体左转，由右耳旁斜向前下方插出，掌心向左，指尖斜向下；与此同时，左手向前、向下划弧落于左胯旁，手心向下，指尖向前，眼视前下方。

20．闪通臂（图 11-58）

（1）上体稍向右转，左脚微回收举步，同时两手上提，眼视前方。

（2）左脚向前迈出，脚跟着地，左右两手分别向左前、右后分开；左手心向前，右手心向外，眼视前方。

（3）重心前移，左腿屈膝弓成左弓步，同时右手屈臂上举，停于右额前上方，掌心翻转斜向上，拇指朝下；左手由胸前随重心前移慢慢向前推出，与鼻尖平高，手心向前，眼视左手。

图 11-58　闪通臂

第八组

21．转身搬拦捶（图 11-59）

（1）上体后坐，身体重心移至右腿上，左脚尖里扣，身体向右后转，然后身体重心再移至左腿上；与此同时，右手随着转体向右、向下（变拳）经腹前划弧至左肋旁，拳心向下，左掌上举于头前，掌心斜向上，眼视前方。

（2）向右转体，右拳经胸前向前翻转撇出，拳心向上；左手落于左胯旁，掌心向下，指尖向前，同时右脚收回后（不要停顿或脚尖点地）即向前迈出，脚尖外撇，眼视右拳。

（3）身体重心移至右腿上，左腿向前迈出一步；左手上起经左侧向前上划弧拦出，掌心向前上方，同时右拳向右划弧收至右腰旁，拳心向上，眼视左手。

（4）左腿前弓成左弓步，同时右拳向前打出，拳眼向上，与胸平高，左手附于右前臂里侧，眼视右拳。

图 11-59　转身搬拦捶

22．如封似闭（图 11-60）

（1）左手由右腕下向前伸出，右拳变掌，两手手心逐渐翻转向上并慢慢分开回收，同时身体后坐，左脚尖跷起，身体重心移至右腿，眼视前方。

（2）两手在胸前翻掌，向下经腹前再向上、向前推出；腕与肩平高，手心向前，同时左腿前弓成左弓步，眼视前方。

图 11-60　如封似闭

23．"十"字手（图 11-61）

图 11-61　"十"字手

（1）屈膝后坐，身体重心移向右腿，左脚尖里扣，向右转体；右手随着转体动作向右平摆划弧，与左手成两臂侧平举，掌心向前，肘部微屈，同时右脚尖随着转体稍向外撇，成右侧弓步，眼视右手。

（2）身体重心慢慢移至左腿，右脚尖里扣，随即向左收回，两脚距离与肩同宽，两腿逐渐蹬直，成开立步，同时两手向下经腹前向上划弧交叉合抱于胸前，两臂撑圆；腕与肩平高，右手在外，成"十"字手，手心均向后，眼视前方。

24．收势（图 11-62）

图 11-62　太极拳收势

（1）两手向外翻掌，手心向下，两臂慢慢下落停于腹前，眼视前方。

（2）两腿缓缓蹬直，同时两掌慢慢下落至大腿侧，然后收左脚成并步直立，眼视前方。

三、太极剑

（一）太极剑概述

在我国古代，剑是一种非常重要的兵器，剑术产生、演变至今，历经几千年。它是在太极拳的基础上，配合剑术的特点而发展起来的，因此，形成的时间相对较晚。目前流行的太极剑有很多形式，并且有着不同的内容，这是由于各式太极剑的产生大多是近百年太极拳形成流派以后，在古代剑术的基础上，分别吸收了其他拳派的剑术内容，改造发展而形成的，太极剑以它特有的魅力和风采，深受广大群众的欢迎与喜爱。

（二）太极剑的锻炼要点

1．意领剑行，剑身合一　太极剑与太极拳都具有心静体松、神态自然、以意运身、重意不重力的特点，但太极剑用意的对象更多的是集中在剑体上，通过用意导剑，在身体的配合下完成各种剑法，练习太极剑时，切忌剑与身离、剑与意离。

2．圈化圈发，避实击虚　主要体现太极剑的技击特点，由剑体双刃轻薄形制所决定。太极剑不能死打硬拼，除保留了其他剑术避实击虚、轻敏灵巧的特点外，更揉进了太极拳的思想，讲求圈化圈发；剑法多表现出剑圈，此圈上半圈黏化对方，下半圈用于化而发之，符合太极拳"引进落空合即出"的拳理，和其他剑术比，太极剑更注重粘连、化发技法。

3．手空剑活，剑法灵巧　主要体现太极剑的把法特点，也是太极剑持剑、运剑的要求。太极剑突出强调剑是手臂的延长，剑与身相合，持剑的方法是关键，千变万化的剑法都要通过手的灵活运使体现，所以握法至关重要。要求手心空，手的力度适中，既不能太松也不能太紧，太松则剑与臂分离，劲力传不到剑上，如果技击易被对方击掉手中剑；太紧则死把变化不活，僵直死板，劲不能传到剑身更不能贯于剑尖，应细心体会手的用力度，以确感手与剑似胶如漆相合最佳，这样剑法才能灵活多变。

4. 以腰带剑，劲透剑身　主要体现太极剑的劲力特点。太极拳术有"劲起于脚跟""由脚而腿，由腿而腰，由腰而手，由手而形于手指""总需完整一气"的劲力要求，由于持剑后手臂"加长"，不仅要使劲形于手指，而且要劲贯剑尖及全部剑体，传统要求叫做"透三关"，即指腰、臂和剑一贯。腰是全身的枢纽，腰为主宰，太极拳理要求所谓"丹田内转""两肾抽提"，实质是腰的运动，因此要抓住全身主要部位，由下而上，由内而外，由手而剑，一动俱动，用腰带剑运行。

5. 先大后小，弧圈相连　主要体现太极剑的练法特点。太极剑练习开始时，剑走的路线以大为好，表现为剑圈先大后小，随着技法的提高适当缩小圈，但大圈与小圈是相对的，大剑圈运行路线长而显速度慢，但其转动半径大、惯量大、力度强；小剑圈则正好相反，所以要注意统一；另外，太极剑的剑法之间、动作之间多以弧形与圆圈相连，没有直角的进击，练习上要体会通过弧线、圈形来衔接动作。

（三）太极剑的基本技术

起势（图11-63）

1. 身体正直，两脚开立，与肩同宽，脚尖向前；两臂自然垂于身体两侧，左手持剑，剑尖向上，剑身竖直，目视前方。

2. 右手握成剑指，两臂慢慢向前平举，高与肩平，手心向下，目视前方。

3. 上体略向右转，身体重心移于右腿，屈膝下蹲，然后再向左转体，左腿提起向左侧前方迈出，成左弓步；左手持剑随即经体前向左下方搂出，停于左胯旁，剑立于左臂后，剑尖向上，同时右手剑指下落转成掌心向上，由右后方屈肘上举经耳旁随转动方向向前指出，高于眼平，先向右目视，然后向前目视右剑指。

4. 左臂屈肘上提，左手持剑（手心向下）经胸前从右手上穿出，右剑指翻转（手心向上），并慢慢下落撤至右后方（手心向上），两臂前后展平，身体后转，同时右腿提起向前横落，脚尖外撇，两腿交叉，膝部弯曲，左脚脚跟离地，身体稍向下坐，成半坐盘势，目视右手。

5. 左手持剑和右脚的位置不动，左脚前进一步，成左弓步；同时身体向左扭转，右手剑指随之经头部右上方向前落于剑把之上，准备接剑，目视前方。

图11-63　太极剑起势

第一组

1. 并步点剑（图11-64）

（1）左手示指向中指一侧靠拢，右手剑指松开，虎口对着护手，将剑接换过，并使剑在身体左侧划一立圆，然后剑尖向前下点，剑尖略下垂，右臂要平直。

（2）左手变成剑指，附于右手腕部，同时右脚前进向左脚靠拢并齐，脚尖向前，身体略下蹲，目视剑尖。

2. 独立反刺（图11-65）

（1）右脚向右后方撤一步，随即身体右后转，左脚收至右脚内

图11-64　并步点剑

侧，脚尖点地，同时右手持剑经体前下方撤至右后方，右腕翻转，剑尖上挑；左剑指随剑回撤，停于右肩旁，目视剑尖。

（2）上体左转，左腿屈膝提起，脚尖下垂，成独立式；同时右手渐渐上举，使剑经头部前上方向前刺出（拇指向下，做反手立剑），剑尖略低，力达剑尖；左剑指经下颌处随转体向前指出，与眼平高，目视剑指。

3．仆步横扫（图11-66）

（1）上体右后转，剑随转体向右后方劈下，右臂与剑平直，左剑指落于右手腕部。

（2）转体的同时，右膝前弓，左腿向左横落撤步，膝部伸直，目视剑尖。

（3）身体向左转，左剑指经体前顺左肋反插，向后、向左上方划弧举起至左额前上方，手心斜向上；右手持剑翻掌，手心向上，使剑由下向左上方平扫，力达剑刃中部，剑与胸平高。

图11-65　独立反刺

（4）转体的同时，右膝弯曲成半仆步，此势不停，接着身体重心逐渐前移，左脚尖外撇，左腿屈膝，右脚尖里扣，右腿自然伸直，变成左弓步，目视剑尖。

图11-66　仆步横扫　　　　　　　　图11-67　向右平带

4．向右平带（图11-67）

（1）右腿提起经左腿内侧向右前方跨出一步，成右弓步。

（2）成右弓步同时右手剑向前引伸，然后翻转手心向下，将剑向右斜方慢慢回带，屈肘，握剑手带至右肋前方，力达右剑刃，剑尖略高于手；左剑指下落附于右手腕部，目视剑尖。

5．向左平带（图11-68）

（1）右手剑向前引伸，并慢慢翻掌将剑向左斜方回带，屈肘握剑手带至左肋前方，力达左剑刃。

（2）左剑指经体前左肋向左上方划弧举起至左额上方，手心斜向上，同时左脚经右腿内侧向左前方迈出一步，成左弓步，目视剑尖。

图 11-68　向左平带　　　　　　图 11-69　独立抢劈

6．独立抢劈（图 11-69）

（1）右脚前进到左脚内侧，脚尖着地，左剑指由头部左上方落至右腕部。

（2）身体左转，右手抽剑由前向下、向后划弧，经身体左下方旋臂翻腕上举，向前下方正手立剑劈下，力达剑下刃。

（3）左剑指由身体左侧向下、向后绕至头左上方，掌心斜向上。

（4）抢劈剑的同时，右脚向前一步，左腿屈膝提起，成独立步，目视剑尖。

7．退步回抽（图 11-70）

（1）左脚向后落下屈膝，右脚随之撤回半步，脚尖点地，成右虚步。

（2）成右虚步同时右手剑回抽，剑把靠近左肋旁，手心向里，剑面与身体平行，剑尖斜向上，左剑指下落附于剑把上，目视剑尖。

8．独立上刺（图 11-71）

（1）身体微向右转，面向前方，右脚向前一步，左腿屈膝提起，成独立步。

（2）成独立步同时右手剑向前上方刺出（手心向上），力达剑尖，剑尖与眼平高，左手仍附于右手腕部，目视剑尖。

图 11-70　退步回抽　　　图 11-71　独立上刺　　　图 11-72　虚步下截

第二组

9．虚步下截（图 11-72）

（1）左脚向左后方落步，右脚随即微向后撤，脚尖点地，成右虚步。

（2）成右虚步同时右手持剑先随身体左转再随身体右转，经体前向右、向下按（截），力达剑刃，剑尖略下垂，与膝平高；左剑指由左后方绕行至左额上方（掌心斜向上），目视右前方。

图 11-73　左弓步刺

10．左弓步刺（图 11-73）

（1）右脚向右后方回撤一步，左脚收至右腿内侧后再向左前方迈出，成左弓步，面向左前方；同时右手剑随身体转动经面前向后、向下抽卷，再向左前方刺出，手心向上，力达剑尖。

（2）左手剑指向右、向下落，经体前再向左、向上绕行至左额上方，手心斜向上，臂要撑圆，目视剑尖。

11．转身斜带（图 11-74）

（1）身体重心后移，左脚尖里扣，上体右转，随后身体重心又移至左脚上，右腿提起，贴于左腿内侧；同时右手剑收回横置胸前，掌心仍向上；左剑指落于右腕部，目视左方。

（2）上势不停，向右后方转体，右脚向右侧方迈出，成右弓步，同时右手剑随转体翻腕，掌心向下并向身体右侧外带（剑尖略高），力达剑刃外侧；左剑指仍附于右手腕部，目视剑尖。

12．缩身斜带（图 11-75）

（1）左腿提起后再向原位置落下，身体重心移至左腿，右脚撤到左脚内侧，脚尖点地。

（2）脚尖点地同时右手翻掌手心向上并使剑向左侧回带（剑尖略高），力达剑刃外侧；左手剑指随即由体前向下反插，再向后、向上绕行划弧落于右手腕部，目视剑尖。

图 11-74　转身斜带　　　　　　　　　　图 11-75　缩身斜带

13．提膝捧剑（图 11-76）

（1）右脚后退一步，左脚也微向后撤，脚尖着地，同时两手平行分开，手心均向下，剑身斜置于身体右侧，剑尖位于体前，左剑指置于身体左侧。

（2）左脚略向前进，右膝向前提起成独立式，同时右手剑把与左手（剑指变掌）在胸前相合，左手捧托在右手背下，两臂微屈，剑在胸前，剑身指向前方，剑尖略高，目视前方。

图 11-76 提膝捧剑

14．跳步平刺（图 11-77）

（1）右脚向前落下，身体重心前移，然后右脚尖用力蹬地，左脚随即向前一步踏实，右脚在左脚将落而未落地时，迅速向左腿靠拢（脚不落地）；同时两手捧剑先微向回收，紧接随右脚落地再直向前伸刺，然后随左脚落地两手分开撤回身体两侧，两手手心向下，左手再变剑指，目视前方。

（2）右脚向前上一步，成右弓步，同时右手剑向前平刺（手心向上），力达剑尖；左剑指由左后方上举，绕至左额上方，手心斜向上，目视剑尖。

图 11-77 跳步平刺

15．左虚步撩（图 11-78）

（1）身体重心后移至左腿上，上体左转，右脚回收再向前垫步，脚尖外撇，再向右转体，身体重心前移至右腿，左脚随即前进一步，脚尖着地，成左虚步；同时右手剑随身体转动经左上方向后、向下立剑向前撩出（前臂内旋，手心向外），力达剑刃前部，剑把停于头前，剑尖略低。

（2）左手剑指在上体左转时即下落附于右腕部，随右手绕转，目视前方。

图 11-78 左虚步撩

16．右弓步撩（图 11-79）

（1）身体先向右转，剑由上向后绕环，掌心向外，剑指随剑绕行附于右臂内侧。

(2)左脚向前垫步,右脚继而前进一步,成右弓步。

(3)右手剑随着上右步由下向前立剑撩出(前臂外旋、手心向外),剑与肩平,剑尖略低,力达剑刃前部;剑指则由下向上绕行至左额上方,手心斜向上,目视前方。

图 11-79　右弓步撩

第三组

17．转身回抽(图 11-80)

(1)身体左转,重心后移,右脚脚尖内扣,左脚脚尖稍外展,腿蹬直,成侧弓步;同时右手将剑柄收引到胸前,剑身平直,尖向右后,剑指仍附于右腕上。

(2)身体向左转,随转体剑向左前方劈下,力达剑刃(剑身要平),左手剑指附于右腕部,目视剑尖。

(3)身体重心后移至右腿,右膝稍屈,左脚回撤,脚尖点地,成左虚步,同时剑抽回至身体右侧(剑尖略低);左剑指收回再经胸前、下颌处向前指出,与眼齐高,目视剑指。

图 11-80　转身回抽

18．并步平刺(图 11-81)

(1)左脚略向左移,右脚向左脚靠拢成并步,面向前方,身体直立,同时剑指向左转并向右下方划弧,反转变掌捧托在右手下。

(2)两手捧剑向前平刺,手心向上,力达剑尖,与胸平高,目视前方。

图 11-81　并步平刺　　　　　　　　图 11-82　左弓步拦

第十一章 武术运动

19．左弓步拦（图 11-82）

（1）右手翻腕后抽，随身体右转由前向右转动，再随身体左转经右后方向下、向左前方托起拦出，力达剑刃，剑身与头平，前臂外旋，手心斜向里。

（2）剑指则向右、向下、向上绕行，停于左额上方，手心斜向上。

（3）身体左转时，左脚向左前方上一步，左腿屈膝，成左弓步。

（4）眼先随剑向右后视，后平视前方。

20．右弓步拦（图 11-83）

（1）身体重心微向后移，左脚尖外撇，身体先向左转再向右转，同时右脚经左脚内侧向右前方上一步，成右弓步。

（2）右手剑由左后方划一整圆向右前方托起拦出（前臂内旋，手心向外），力达剑刃，剑身与头平；左剑指附于右手腕部，目视前方。

图 11-83　右弓步拦　　　　图 11-84　左弓步拦

21．左弓步拦（图 11-84）

（1）身体重心微向后移，右脚尖外撇，其余动作要点与前"右弓步拦"相同，惟方向相反。

（2）右手剑拦出时，右臂外旋，手心斜向内，目视剑尖。

22．进步反刺（图 11-85）

（1）身体向右转，右脚向前横落盖步，脚尖外撇，左脚跟离地成半坐盘势；同时剑尖下落，剑指下落到右腕部，然后剑向后方立剑刺出，剑指向前方指出，手心向下，两臂伸平，右手手心向体前，目视剑尖。

（2）身体左转，左脚前进一步，成左弓步，同时右前臂向上弯曲，剑尖向上挑挂，继而向前刺出（前臂内旋，手心向外，成反立剑），力达剑尖，剑尖略低，剑指附于右腕部，目视剑尖。

图 11-85　进步反刺　　　　图 11-86　反身回劈

23．反身回劈（图 11-86）

（1）身体重心先移至右腿，左脚脚尖里扣，然后再移至左腿上。

（2）右脚提起收回（不停），身体向右后转，右脚随即向前迈出成右弓步，面向中线右前方，同时剑随转体由上向右后方劈下，力达剑刃。

（3）剑指由体前经左下方转架至左额上方，手心斜向上，目视剑尖。

24．虚步点剑（图11-87）

（1）左脚提起，上体左转，左脚向起势方向垫步，脚尖外撇，随即右脚提起落在左脚前，脚尖点地，成右虚步；同时剑随转体划弧上举向前下方点出，右臂平直，剑尖下垂，力达剑尖。

（2）剑指下落经身体左侧向上绕行，在体前与右手相合，附于右腕部，目视剑尖。

第四组

25．独立平托（图11-88）

（1）右脚向左脚的左后方倒插步，两脚以脚掌为轴向右转体（面向前方），随即左膝提起成右独立步。

图11-87 虚步点剑

图11-88 独立平托

（2）转体的同时，剑由体前先向左、向下绕环，然后随右转体动作向右上方托起，剑身略平，稍高于头，力达剑刃上侧，剑指仍附于右腕部，目视前方。

26．弓步挂劈（图11-89）

（1）左脚向前横落，身体左转，两腿交叉成半坐盘式，右脚跟离地，同时右手剑向身体左后方穿挂，剑尖向后，左剑指仍附于右腕上，目向后视剑尖。

（2）右手剑由左侧翻腕向上再向前劈下，剑身要平，力达剑刃；左剑指则经左后方上绕至左额上方，手心斜向上，同时，右脚向前一步，成右弓步，目视剑尖。

图11-89 弓步挂劈

27．虚步抡劈（图11-90）

（1）重心略后移，身体右转，右脚脚尖外撇，左脚脚跟离地成交叉步，同时剑由右侧下方向后反手撩平，左剑指落于右肩前，目视剑尖。

（2）左脚向前垫一步，脚尖外撇，身体左转，随即右脚向前一步，脚尖着地，成右虚步，同时剑由右后翻臂上举再向前劈下，剑尖与膝同高，力达剑刃；左剑指自右肩前下落经体前向左上划圆，再落于右前臂内侧，目视前下方。

图 11-90　虚步抡劈　　　　　　图 11-91　撤步反击

28．撤步反击（图 11-91）

（1）上体右转，右脚提起向右后方撤一大步，左脚跟外转，左腿蹬直，成右侧弓步，同时剑向右后上方斜削击出，力达剑刃前端，手心斜向上，剑尖斜向上，与头平高。

（2）剑指向左下方分开平展，剑指略低于肩，手心向下，目视剑尖。

29．进步平刺（图 11-92）

（1）身体微向右后转，左脚提起贴靠于右腿内侧，同时右手翻掌向下，剑身收回于右肩前，剑尖斜向左前；左剑指向上绕行向前落在右肩前，目视前方。

（2）身体向左后转，左脚垫步，脚尖外撇，继而右脚前进一步，成右弓步，同时剑随转体动作向前方刺出，力贯剑尖，手心向上；剑指经体前顺左肋反插，向后再向左上绕至左额上方，手心斜向上，目视剑尖。

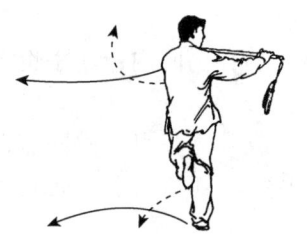 

图 11-92　进步平刺　　　　　　图 11-93　丁步回抽

30．丁步回抽（图 11-93）

（1）身体重心后移，右脚撤至左脚内侧，脚尖点地，成右丁步。

（2）成右丁步同时右手持剑屈肘回抽（手心向里），剑把置于左肋部，剑身斜立，剑尖斜向上，剑面与身体平行，左剑指落于剑把之上，目视剑尖。

31．旋转平抹（图 11-94）

（1）右脚提起向前落步外摆（两脚成"八"字形），同时上体稍右转，右手翻掌向下，剑身横置胸前，目视剑尖。

（2）身体重心移于右腿，上体继续右转，左脚随即向右脚前扣步，两脚尖斜相对（成内"八"字形），然后以左脚掌为轴向右后转身，右脚随转体向中线侧后方后撤一步，左脚随之稍后收，脚尖点地，成左虚步。

（3）成左虚步同时剑随转体由左向右平抹，力达剑刃外侧，然后在变左虚步的同时，两手向左右分开，置于两胯旁，手心都向下，剑身斜置身体右侧，剑尖位于体前，身体恢复起势方向，目视前方。

图 11-94　旋转平抹

32．弓步直刺（图 11-95）

（1）左脚向前进半步，成左弓步。

（2）成左弓步同时立剑直向前刺出，与胸平高，力达剑尖，剑指附在右手腕部，目视前方。

图 11-95　弓步直刺　　　　　　　图 11-96　收势

收势（图 11-96）

1．身体重心后移，随即身体向右转，同时剑向右后方回抽，手心仍向内；左手也随即屈肘回收（两手心内外相对），接握剑的护手，目视剑身。

2．身体左转，重心再移到左腿，右脚向前跟进半步，与左脚成开立步（与肩同宽，脚尖向前），同时左手接剑（反握），经体前下落垂于身体左侧；右手变成剑指向下、向右后方划弧上举，再向前、向下落于身体右侧，全身放松，目视前方。

四、套路运动竞赛规则简介

武术套路规则对于竞赛组织机构、竞赛要求和竞赛办法、评分方法与标准做出了具体的规定和要求，下面从两个方面来对其进行阐述。

（一）竞赛的一般常识

1．裁判人员组成　总裁判长 1 人、副总裁判长 1～2 人，裁判组设裁判长 1 人、副裁判长 2 人；A 组评分裁判员 2～3 人；B 组评分裁判员 3 人；C 组评分裁判员 2～3 人，编排记录长 1 人，检录长 1 人。

2．竞赛分类　按类型可分为个人赛、团体赛、个人及团体赛；按年龄可分为成年赛、青少年赛、儿童赛。

3．竞赛项目　长拳、太极拳、南拳、剑术、刀术、枪术、棍术、太极剑、南刀、南棍、传统拳术、传统器械、对练项目和集体项目。

4．竞赛年龄分组　成年组、青少年组和儿童组。

5．比赛顺序　在竞赛监督委员会和总裁判长的监督下，由编排记录组抽签决定比赛顺序。

6．检录　运动员须在赛前 40 分钟到达指定地点报到，参加检录并检查服装和器械。

7．礼仪　运动员听到上场点名时和完成比赛套路后，应向裁判长行抱拳礼。

8．得分相等的处理　个人分别以难度分高者、以完成高等级难度数量多者、以演练水平分高者、以演练水平扣分少者、以动作质量扣分少者顺序排列名次；全能或团体以比赛中获单项第一名多者列前，依此类推。

9．竞赛有关规定

（1）难度填报：参赛的运动员必须根据竞赛规则和规程要求选择难度和必选主要动作，于赛前20天在规定网站填报"武术套路难度及必选动作申报表"，并确认打印、签字、盖章后寄往赛会（以到达邮戳为准）。

（2）套路完成时间：套路分为长拳、南拳、剑术、刀术、枪术、棍术、南刀、南棍，成年人不少于1分20秒；青少年（含儿童）不得少于1分10秒。太极拳、太极剑自选套路为3～4分钟；太极拳规定套路为5～6分钟；对练不得少于50秒；集体项目为3～4分钟；传统项目单练不得少于1分钟。

（3）比赛音乐：规程规定的配乐项目必须在音乐（不带歌词）伴奏下进行，音乐可以根据套路的编排自行选择。

（4）比赛服装：应穿武术比赛服装。

（5）竞赛场地：个人项目的场地长14米、宽8米；集体项目的场地长16米、宽14米。场地四周内沿，应标明5厘米宽的白色边线，场地的地面空间高度不少于8米，两个比赛场地之间的距离为6米以上。

（6）比赛器械：国家体育总局武术运动管理中心指定的器械。

（7）比赛设备：大型比赛必须配备摄像机4台，放像设备3台，电视机3台，以及全套电子评分系统和音响系统。

（二）评分标准与办法

武术套路各项目评分均为10分制。自选项目动作质量分为5分（A组），演练水平分为3分（B组），难度分为2分（C组）。传统项目或无难度的自选项目动作质量分为5分（A组），演练水平分为5分（B组）。

1．动作质量的评定与动作质量应得分的确定　A组裁判员根据运动员现场完成动作的质量，按照"动作规格常见错误内容及扣分标准"的要求，用动作质量的分值减去各种动作规格错误和其他错误的扣分，即为运动员的动作质量得分。

2．演练水平的评定与演练水平应得分的确定

（1）自选项目：B组中由1名裁判员加裁判长按照套路动作劲力、节奏及音乐的要求整体评判后确定的等级平均分数减去另外2名裁判员对套路编排错误的扣分，即为运动员的演练水平得分。

（2）传统项目：B组裁判员根据运动员整套的现场演练，按照劲力、节奏、编排以及音乐的要求整体评判后确定示出的分数，即为运动员的演练水平得分。取3个分数的平均数或去掉高低分取中间2个分数的平均值为运动员的演练水平应得分。

3．难度的评定与难度应得分的确定　C组裁判员根据运动员现场整套难度完成的情况，按照各项目动作难度和连接难度的加分标准，确定运动员现场完成动作难度、连接难度的累计分，即为运动员的难度得分。

4．运动员实际应得分数的确定

（1）自选项目：动作质量应得分、演练水平应得分和难度应得分之和即为运动员的应得分数。

（2）传统项目：动作质量应得分和演练水平应得分之和即为运动员（队）的应得分数。

5．运动员最后得分的确定　裁判长从运动员的应得分中减去"裁判长的扣分"，加上创新难度的加分即为运动员的最后得分。

6．裁判长的加分与扣分　裁判长执行对比赛中被确认完成的创新难度的加分，执行对比赛中套路时间不足或超出规定的扣分。

第三节　散打运动

一、散打运动概述

散打是一项徒手搏击技术，是武术运动的对抗性形式和最高表现形式，也是武术的精髓所在。现代散打运动是指两人以踢、打、摔、拿等技法，按照规则在规定的场地、时间等条件下进行徒手对搏格斗的一项运动，具有高度的攻防实战性和激烈的对抗性。

散打运动的起源与发展是与中华民族的悠久历史同步的，从先辈的生产劳动、生存斗争中产生，演化至今成为华夏民族灿烂文化遗产中的瑰宝。据文献记载，我国历史上的技击有角力、搏刺、手搏、格斗、搏击等；到了近代，这些技击的形式才被称之为散打。为了把武术散打推向市场，走向世界，中国武术协会做了大量有益的尝试，使越来越多的散打比赛得以举行。到目前为止，世界上已有70多个国家和地区开展了散打运动，为武术散打真正走向世界，进入奥运会打下坚实的基础。

二、散打运动的锻炼价值和特点

（一）散打运动的锻炼价值

散打是一项身体和智慧双重较量的激烈性搏击项目。经常参与散打练习的人，其速度、力量、灵巧、耐力和柔韧等身体素质都有较为明显的提高，尤其对提高人体内脏器官的功能和神经系统的灵活性都有较大作用。

散打练习除了在强健体魄方面具有很大作用外，随着练习者经过一定时间的训练，其基本功力以及击打与抗击打能力也在不断地提高，于是散打就摆脱了"花架子"似的务虚效果，开始发挥其攻防的实战实效性。例如散打练习者的四肢肌肉会变得更加发达，尤其是腿部肌肉和骨骼更加坚硬无比，可以作为攻击利器的四肢无疑会增加练习者防身自卫的能力。

（二）散打运动的特点

1．技击性　散打与武术其他各项运动一样都属于体育范畴，但它突出地反映了武术的特殊本质——技击性。虽然散打的技术总是在不断追求最大的攻击效果中发展，但出现对人健康有害的行为是绝对不允许的。因此，散打明显区别于使人致伤致残的技击术内容，竞赛规则中严格规定了后脑、颈部、裆部等为禁击部位；另外，从技法上，不管用哪种技术流派的击打方法，均不允许使用反关节的擒拿动作以及用肘、膝等技法进攻对方。

2．民族性　散打是中华民族优秀的文化遗产，是在中国特定的社会历史条件下逐渐演变发展形成的。因而，它具有鲜明的民族特色。首先，在8米×8米的擂台上进行比赛和三局两胜制就是沿袭了中国古代民间打擂比武的风俗习惯；其次，在技术的应用上，"远踢近打贴身摔"技击方法的多样化和打击部位的多层次，充分体现了中国武术的技术整体性运动特点。

3．对抗性　对抗性的技击内容是散打的基本运动特征。现代散打运动并不局限于对中国武术中传统的徒手格斗术进行单纯的继承和表现，而是在继承的基础上有了发展和提高。比赛双方没有固定的动作顺序，而是互以对方技击动作随机转移，互相捕捉对方的弱点进行斗智、较技，不仅要求运动员熟练地掌握散打技术，还要有敏捷的应变能力，从而明显区别于武术套路运动形式。

三、散打运动竞赛规则简介

（一）竞赛办法

一般采用分级循环赛和单败淘汰赛，每次竞赛的办法要根据比赛的规模、性质、运动员人数的多少等实际情况由竞赛规程而定。每场比赛3局，每局净打3分钟，局间休息1分钟。

比赛分为52千克级（52千克以下）、56千克级、60千克级、65千克级、70千克级、75千克级、80千克级、85千克级和85千克级以上等级别。

（二）竞赛场地与器材

正式的散打擂台赛在木质的比赛台上进行，比赛台高60厘米、长8米、宽8米；个人护具包括护头、护齿、护胸、护裆、护腿和手套。

（三）主要规则

1．禁击部位　后脑、咽喉、裆部和眼睛。

2．有效得分部位　头部、躯干、大腿和小腿。

3．攻击方法　可以用任何种类的武术技术动作进攻与防守，但不准用头、肘、膝和反关节动作。

4．得分标准

（1）优势胜利：双方技术悬殊，场上裁判征得裁判长的同意，判强者胜；被击中有效部位倒地达10秒或间歇20秒后仍不能再比赛时，判强者胜；因对方犯规而受伤，经医生检查不能比赛，征得裁判的同意，判伤者为该场胜。

（2）计分方法

得3分：用主动倒地动作致使对方倒地而自己迅速站立；用转身后摆腿击中对方躯干部位而自己站立者。

得2分：明显的使用两种方法同时或连续击中对方有效部位；将对方摔倒、打倒，自己站立时；对方使用方法不当而倒地，自己站立时；用腿击中对方腰以上部位，对方受警告时。

得1分：一次明显击中对方有效部位；用手或脚击到对方头部一次；对方自行滑倒时；双方倒地分先后时，后倒者得分；使用方法使对方失去平稳而附加支撑；当对方受到警告时等。

不得分：双方倒地或下台；双方互打互踢；抱缠时击中对方。

5．处罚　比赛中每出现一次技术犯规或轻微的侵人犯规，给予一次劝告；每出现一次严重的侵人犯规，给予一次警告；受罚失分达6分者，取消该场比赛资格，判对方胜；运动员严重犯规，取消该场比赛资格，判对方胜；运动员故意伤人，取消比赛资格，判对方胜。

思考题

1．武术的"四击"指的是什么？
2．太极拳运动的特点是什么？
3．简述学习太极拳的心得体会。
4．根据你的理解，说说太极剑包含了哪些剑法？
5．散打运动的特点是什么？

（盛　颖）

第十二章　游泳运动

学习导言

游泳能够提高身体的体温调节能力，有效改善神经系统、心血管系统、消化系统的功能，对均匀地发展肌肉，增加耐寒能力，提高心、肺功能，促进新陈代谢以及培养勇敢顽强的意志品质等方面都有积极的作用。本章主要简单介绍蛙泳、自由泳的技术要领。

学习提要

1. 了解游泳的起源、锻炼价值及分类。
2. 掌握蛙泳、自由泳动作的技术要领。

第一节　游泳概述

一、游泳运动的起源

据史料记载，现代游泳起源于英国，19世纪英国修建了第一个室内游泳池。1837年成立了第一个游泳组织并开始举办比赛。1896年在雅典举行第一届现代国际奥林匹克运动会（简称"奥运会"）时设立了男子游泳比赛项目，当时只有400米、500米和1200米自由泳三个项目。为了推动游泳运动在世界范围内的普及，1908年伦敦第4届奥运会时成立了国际业余游泳联合会并制定了游泳比赛规则。国际泳联规定了4种比赛项目：自由泳、仰泳、蛙泳和蝶泳。

二、游泳运动的锻炼价值

（一）增强人体心血管系统的功能

心脏、力量、柔韧性是人类健康的三个重要标志，心血管系统是人体维持生命活动的最重要的器官和系统。心血管系统的健康是健康的重要指标，而游泳运动是增强心血管系统功能，延缓心血管系统衰老的最有效的锻炼项目。

（二）增强人体呼吸系统功能

人站在齐胸的水中，胸腔受到水的压力为12～15千克，为了克服水的压力，必须加大呼吸的深度来满足运动中所需要的大量的氧气。同时，游泳特有的呼吸方式和节奏以及头出水面时间短的特点，使吸气动作快而深，有助于呼吸肌力量增强和肺活量的增加。

（三）改善人体的体温调节功能

经常参加游泳锻炼的人，能改善体温调节系统的功能，身体的产热过程得到增强，对冷水刺激不仅能较好地适应，而且对寒冷的耐受力也大大增强。

（四）使体形健美

游泳时几乎人体全身关节和肌肉都要参加运动，不仅使全身所有的肌肉、骨骼和关节都得到均衡的锻炼和发展，而且周期性运动使肌肉紧张和放松交替进行，使其变得柔软而富有弹性。游泳时，身体呈水平位置，避免了重力作用的影响，使游泳者的上下肢肌肉在划水和打水过程中，用力柔韧持久，这样会使肌肉发达、饱满，但是不明显隆起，使肌肉形成流线美。

三、游泳运动的分类

游泳可分为竞技游泳、实用游泳和大众游泳。竞技游泳是指具有特定的技术规格，并按游泳竞赛规则进行比赛的运动项目。正式的游泳竞赛项目有自由泳、仰泳、蛙泳、蝶泳、个人混合泳和接力游泳等项目。实用游泳是指直接为生活、生产或军事服务的游泳技术。大众游泳是指以游泳作为基本手段，以增进身体健康、丰富业余生活为直接目的的各种游泳活动。

第二节 熟悉水性

水和空气的压力、浮力和阻力完全不同，人在水中时由于和陆地感觉的不同而产生害怕的心理，因此，在学习游泳时必须先了解水的特性，熟悉水的压力、浮力和阻力。只有能够在水中自如地掌握平衡并指挥自我肢体的运动，才能够有效地学习游泳技能，并在一定条件下维护自身的安全。

一、水中行走、跳跃练习

通过水中行走和跳跃练习体会水的阻力、压力和浮力，掌握在水中维持平衡的方法，消除怕水心理。

（一）水中行走

1. 有支撑练习　站立水中，双、单手扶池壁，向前、后、左、右方向移动。
2. 无支撑练习　在浅水区没有支撑的情况下水中前、后、左、右移动练习，在水中由浅向深处走动再返回，体会水的浮力和阻力的变化。

（二）水中跳跃练习

1. 原地蹲起　原地蹲起练习，下蹲至水面与下颌齐平后站起。
2. 原地跳跃　原地双（单）脚跳跃练习。
3. 行进间跳跃　由浅向深处跳跃练习再返回。注意身体重心的控制。

二、呼吸

呼吸练习是游泳教学的难点，也是熟悉水性阶段的关键内容，应贯穿于整个练习的始终。该练习可以使初学者基本掌握游泳的呼吸方法、呼吸过程、呼吸节奏，以适应头入水的刺激，消除怕水的心理。

体会正确的游泳呼吸技术，防止喝水、呛水现象的出现和克服怕水心理。

（一）单次呼吸练习

站在水中，两手抓住池（岸）边，用嘴深吸一口气，然后把头埋入水中，慢慢地用口或口鼻均匀地吐气，吐气快结束时头出水面吸气（站立过程中一直在吐气，直至嘴出水面）。

（二）连续呼吸练习

将单次呼吸练习连续做，熟悉后单手扶池壁做连续呼吸练习。

（三）无固定支撑练习

同伴帮助或单独做水中连续呼吸练习，然后做水中行走与呼吸配合练习，再做水中跳跃与呼吸配合练习，注意重心的控制。

呼吸要领：吸气、憋气、吐气。吸气就是头出水面用嘴吸气，要求吸气时短促而充分，且一次吸足；憋气就是头入水后闭嘴做短暂的憋气然后再吐气；吐气就是憋气片刻之后用嘴或嘴鼻同时在水中慢慢的匀速吐气，练习时吐气时间应由短到长。

三、水中漂浮与站立

通过漂浮与站立练习，体会水中的浮力、初步掌握在水中浮起、维持身体平衡及由浮体至站立的方法，增强学习游泳的信心，进一步消除怕水心理。

（一）扶池壁漂浮练习

两手抓握池壁，吸气后低头将头没入水中，同时两腿后伸上举，使身体俯卧于水面上。

（二）抱膝团身漂浮站立练习

吸气下蹲双手紧抱小腿团身（低头，下颌贴近胸骨，大腿贴近腹部，鼻子贴近膝盖，身体成球状），前脚掌稍蹬池底让身体自然漂浮，然后慢慢地伸直腿臂，使身体成流线型。漂浮结束时，两臂放松前伸并向下压水直至手掌贴住大腿，同时抬头、收腹收腿，两脚主动踩池底。开始练习时身体会有晃动，要注意做动作时身体放松。

（三）牵引漂浮

两人一组，其中一人如同池壁，另一人按照扶池壁漂浮练习动作要领进行练习。

四、水中滑行

通过水中滑行练习体会和掌握游泳时身体的水平位置和流线型姿势。

深吸气后上体前倒，当头、肩浸入水中时，前脚掌用力蹬池底或池壁随后两脚并拢，使身体成流线型向前滑行。

第三节 蛙 泳

在游进过程中，身体位置是随着臂、腿及呼吸动作的周期性变化而不断变化的。蛙泳的特点是比较省力、呼吸有规律、动作平稳，容易掌握，适于长距离游泳。

一、身体姿势

身体呈水平俯卧姿势，两臂、两腿自然并拢伸直，身体近似水平姿势，腰、腹、臀部和腿部肌肉稍微紧张，为下一步做动作做好准备。同时上体稍挺起，身体和前进方向成 5°~10°，这样既减少了前进的阻力又可以发挥手臂和腿的作用，加快游速，增加游距。

二、臂部动作

蛙泳动作的口诀是："划手腿不动，收手再收腿，先伸胳膊后蹬腿，并拢伸直漂一会儿。"现代蛙泳多采用高肘、快频率技术。主要分为开始姿势、抓水、划水、收手和向前伸臂四个紧密相连的阶段。

（一）开始姿势

蹬腿结束时两臂向前自然伸直，掌心向下手指并拢，两手尽量接近水面，身体呈一条直线并保持较好的流线型。

（二）抓水

从开始姿势起，前臂、上臂内旋，掌心转向外斜下方并稍勾手腕，两手分开向侧斜下方压水至两手间距离约为两倍肩宽处,手掌和前臂感到有压力,便开始划水。此阶段动作速度较慢。

(三)划水

两手做抓水动作分至45°左右时开始划水,两手继续外分,手臂向外旋转,同时屈肘、屈腕保持高肘划水。划水前期手臂同时向外、向下和向后运动,划水后期手臂同时向内、向下和向后运动,划水路线呈"桃心形"。要求:划水时手向后引的速度比前臂快,而前臂又比上臂快,以保持整个划水过程的高肘姿势。划水结束时,肘不超过两肩的垂直面。

(四)收手

划水结束后两臂外旋,手同时向内、向上和向前快速运动,收手时掌心相对,收手结束时肘的位置低于手,肘关节弯曲成锐角。

(五)伸臂

在收手的基础上,通过向前伸肩和伸肘,使两臂自然前伸直至开始姿势,掌心向下。同时迅速低头,将头夹于两臂之间。

臂部技术动作口诀:两臂向外侧下划,屈臂抬肘速内收,两手颌下转向前,并拢伸直稍停留。

三、腿部动作

蛙泳的腿部动作很重要,可产生较大的推进力。腿的动作可分为四部分,即收腿、翻脚、蹬夹腿和滑行,它们其实是紧密相连的完整动作。

(一)收腿

收腿开始同时屈膝屈髋,大腿带动小腿边分边慢收腿,小腿和脚跟向臀部靠拢,小腿躲在大腿后面。收腿结束时,大腿与躯干之间成130°~140°,大腿与小腿之间成40°~45°,两膝与肩同宽,小腿与水面垂直,脚掌在水面附近。

(二)翻脚

在收腿即将结束时开始翻脚,翻脚动作是否正确直接影响着蹬夹腿的效果。收腿结束时,脚仍向臀部靠近,这时大腿内旋,膝关节稍内收。同时两脚向外翻,勾脚尖,脚尖朝外,脚掌朝天,使脚和小腿内侧对好蹬水方向,形成良好的对水面。

(三)蹬夹腿

蛙泳蹬夹腿动作是推动身体前进的主要动力,是翻脚即将完成时开始的。蹬夹腿是由大腿发力,通过伸膝,以小腿内侧和脚掌向后做急速而有力的蹬夹动作,两脚向外、向后、向内边蹬边夹;蹬水的速度不要过猛,要由慢到快地加速蹬水,两条腿将近伸直并拢的时候蹬水速度最快,蹬夹腿完成时双腿并拢伸直;在蹬夹腿过程中,当两腿并拢时略向下压,以形成前后鞭打动作。

(四)滑行

蹬腿结束后身体获得最大的推进力,此时臂腿完全伸直保持良好的流线型,同时做一个短暂的滑行休息。

腿部技术动作口诀:边收边分慢收腿,两脚外翻对准水,向外弧形蹬夹腿,并拢伸直漂一会儿。

四、配合技术

(一)呼吸与臂部动作的配合

蛙泳的呼吸是通过向前上方抬头使嘴露出水面进行的。蛙泳的呼吸有"早呼吸"和"晚呼吸"两种类型。初学者多采用早呼吸的方式,早呼吸是在两臂抓水时抬头快速吐气,划水过程中主动吸气,收手过程中低头闭气,伸臂滑行时慢慢吐气,这种配合由于呼吸时间相对较长易于掌握,又可以利用划水的下压产生向上的升力,有助于上体浮起抬头吸气。

呼吸与臂部动作的配合技术口诀:划水开始抬头吸,伸臂慢吐不要急。

(二)腿、臂动作配合

蛙泳技术中腿和臂的配合非常重要,配合不协调将直接影响到整个动作的效果、游进的速度以及游进的距离。正确的腿臂配合是:手臂划水时腿自然放松伸直,收手时腿自然屈膝开始收腿,手臂开始前伸时收腿结束并作好翻脚动作,手臂伸直时,开始向后蹬腿。伸臂蹬腿结束后,身体伸直向前滑行(图 12-1)。

腿、臂动作配合口诀:划手腿不动,收手再收腿,先伸胳膊后蹬腿,并拢伸直漂一会儿。

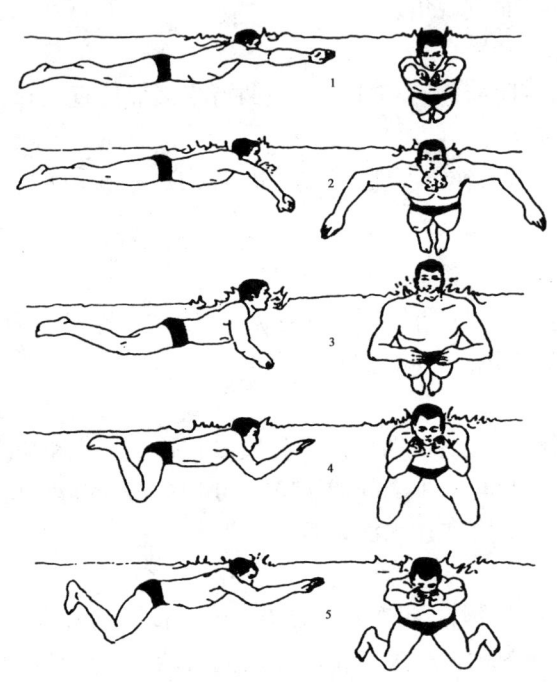

图 12-1　蛙泳腿臂动作配合

五、练习方法

蛙泳技术比较复杂,在学习过程中要重视基本技术动作的学习,要明确腿部动作是基础,呼吸(换气)是难点,掌握配合是关键。

(一)腿部动作

1. 陆上模仿练习

(1)坐撑模仿蛙泳腿练习:坐在板凳或池(岸)边上,上体稍后仰,两手支撑于体后侧,两腿伸直并拢,髋关节展开,身体成一条直线,做蛙泳腿的收(腿)、翻(脚)、蹬夹(水)、漂(一会儿)的动作练习。先分解练习再逐渐过渡到连贯动作练习,重点是体会翻脚时的肌肉感觉。

(2)俯卧模仿蛙泳腿练习:以大腿的上三分之一处贴近板凳或池(岸)边成俯卧(这样既省力,又可控制大腿少收),做蛙泳腿的技术动作练习。先分解练习再逐渐过渡到连贯动作练习,重点是体会翻脚和腿蹬夹的路线及动作节奏。

2. 水中练习

(1)固定支撑做蛙泳腿练习:手扶池(岸)边或同伴的手,也可支撑在浅水的池底,身体俯卧于水中,髋关节展开两腿放松伸直并拢,做收、翻、蹬夹、漂的动作。

（2）滑行做蛙泳腿的练习：蹬池（岸）边或者蹬池底滑行后做蛙泳腿的练习。身体自然放松，两腿蹬水后漂浮的时间稍长，注意体会蹬腿的效果及动作的节奏。

（3）扶板做蛙泳腿练习：两臂伸直肩放松，两掌心相对，抓住扶板的边缘，小臂置于板上，肘关节正好处在扶板的末端。肩与水平面差不多齐平，眼睛向前看，身体保持平稳的姿势。

（二）手臂动作及臂与呼吸配合动作

1. 陆上模仿练习　两脚开立与肩同宽，上体前倾，两臂前伸，掌心向下做蛙泳臂的动作。基本掌握手臂动作之后与呼吸配合进行练习。

2. 水中练习

（1）站立水中做划臂练习：两脚开立站于水中，上体前倾做手臂动作，体会水对手掌的压力及划水的路线，基本掌握之后与呼吸配合进行练习。

（2）在水中边走边做划臂练习：在水中慢慢行走，在走的过程中做手臂动作练习，基本掌握之后与呼吸配合进行练习。

（3）滑行做划臂练习：蹬池（岸）边或者蹬池底滑行后做手臂动作练习，动作熟练后与呼吸配合进行练习。

（三）完整动作

1. 陆上模仿练习　两脚站立，两臂上举并拢伸直紧贴耳际，两臂和单腿配合进行完整技术练习，在熟练动作过程后加呼吸进行练习，重点体会臂、腿、头部、呼吸之间的配合。

2. 水中练习

（1）水中滑行做臂和腿的分解配合：即做完一次完整的手臂动作后马上做一次完整的腿部动作，体会手臂动作在先腿在后的动作概念。

（2）臂、腿连贯配合练习：低头憋气进行练习，注意动作的要领，尤其要注意慢收快蹬夹漂的动作，重点体会臂腿的配合时机。

（3）臂、腿、呼吸的完整配合练习：在熟练掌握腿臂的连贯配合及手臂与呼吸的协调配合后，进行完整动作配合练习。在练习过程中出现配合上的问题时，可以返回到之前的练习重新开始。注意克服呼吸困难的问题，逐渐增长游距。

第四节　自　由　泳

自由泳是竞技游泳中速度最快的一种姿势。自由泳是身体俯卧于水中，依靠两臂轮换划水而前进的游泳技术，因其动作很像爬行，所以又称为爬泳。

一、身体姿势

为了最大限度地减小阻力、增大推进力，运动员应使身体尽量保持俯卧的水平姿势，呈较好的流线型，身体纵轴与水平面有一个很小的角度；游进过程中，身体随着划水和呼吸围绕身体纵轴做有一个 35°~45°之间的转动。

二、腿部动作

自由泳腿部动作主要起平衡作用，保持身体的稳定和双臂协调有力地划水。要求两腿自然并拢伸直，脚稍内旋，踝关节关松，膝关节稍弯曲，以髋关节为轴，由大腿发力带动小腿和脚形成上下鞭打状打水动作。向上抬腿时，伸直膝关节（直腿），向下打腿时，膝关节自然弯曲，脚背伸直内旋，向下打腿的过程是"向下向后"，向下打到底，两腿上下的动作距离最多不超过 30～40 厘米。

腿部动作的技术要领：直腿上抬，踝伸内旋，屈膝下打。

三、臂部动作

臂部动作的好坏决定着自由泳的速度。臂部技术动作包括入水、抱水、划水、出水和空中移臂等几个阶段，这几个阶段在划水动作中是紧密相连的一个完整动作。

（一）入水

做入水动作时，手向前、向下、向外运动，臂内旋使肘关节抬高处于最高点，手指自然伸直并拢，向前斜下方斜插入水，然后前臂和上臂依次入水，入水点一般在身体纵轴和肩关节的前方延长线之间。

（二）抱水

臂入水后应积极前伸并外旋下滑，使手掌从向斜外下方转向斜内后方并开始屈腕、屈肘，肘高于手，手和前臂以较大的截面积对准划水面，整个手臂像抱着一个大圆球为划水做准备。

（三）划水

划水是发挥最大推进作用的主要阶段，手臂从与水平面成 40°起向后划水至水平面 150°左右。其动作过程可分为拉水和推水两个部分；从抱水结束到划臂至与水平面垂直之前称为"拉水"，过垂直面后称为"推水"。

拉水是从直臂到屈臂的过程。拉水时，高肘臂内旋，手向内向后向正后运动。当拉水结束时，手在体下接近中线的位置，肘关节弯曲的角度为 90°～120°，小臂由外旋转为内旋，掌心由向内后方变为向外后方。

拉水至肩的垂直平面后，即进入推水部分。大臂在保持内旋、带动小臂用力向后推水的同时，肩部后移加长有效的划水路线；推水过程中肘关节从屈过渡到伸直，手掌以从内向上，从下向上的动作路线加速划至大腿旁呈"S"形。

（四）出水

出水是在划水结束后，借助划水的惯性，按照肩、上臂、前臂和手的顺序将手臂提出水面。出水时手臂放松、微屈肘，出水动作迅速、柔和、放松而不停顿。

（五）空中移臂

自由泳多采用高肘移臂的动作来提高动作质量。移臂时肘稍屈，保持比肩和手高的位置，接着做准备入水的动作。

（六）两臂配合

自由泳两臂的正确配合能保持前进速度的均匀性，能充分发挥肩带力量划水，直接影响完整技术配合的合理化。划水时，依照两臂所处的位置不同，可分为三种交叉形式，即前交叉（一臂入水时另一臂处于肩前方与水平面约成 30°）、中交叉（一臂入水时另一臂处于肩下垂直部位与水面约成 90°）、后交叉（一臂入水时另一臂划水至腹部下方与水平面约成 150°）。

四、呼吸和完整动作的配合

自由泳采用转头吸气的方法。吸气时肩和头应向同侧转动，使口在低于水平面的波谷中吸气。可以形象地描述为"咬肩"动作。一般是在两臂各划水一次的过程中进行一次呼吸，以向右吸气为例：右手入水后，嘴与鼻慢慢呼气；右臂划水至肩下时，头向右侧转，右臂推水快结束时，用力呼气，直至嘴出水面；右臂出水时吸气，移臂至与肩平齐时吸气结束（图 12-2）。

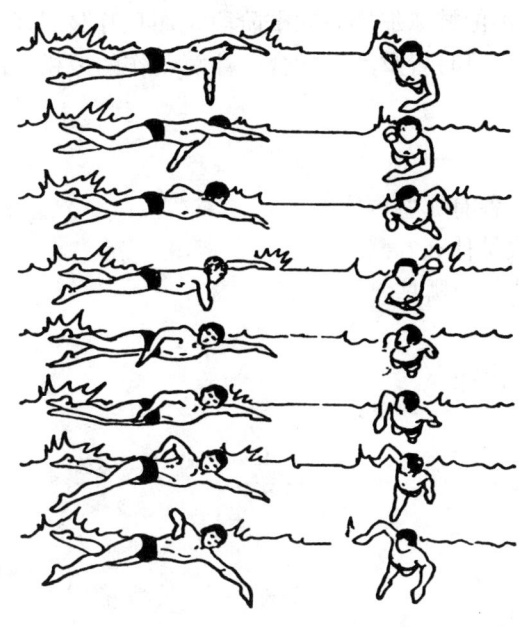

图 12-2　自由泳时的动作配合

五、练习方法

（一）腿部动作

1．陆地模仿练习

（1）坐姿打水：坐在池边或地上，两手后撑，两腿伸直，腿内旋使脚尖相对，脚跟分开成"八"字，两腿放松，以髋为轴，大腿带动小腿，上下交替打水。

（2）卧姿打水：俯卧在凳上，做两腿上下交替打水，要求同上。

2．水中练习

（1）支撑打水练习：手握池壁或由同伴托其腹部成水平姿势，两腿伸直，做直腿或屈腿打水。

（2）滑行打水：蹬池壁或池底滑行后做腿的打水练习。练习时要求闭气，两臂伸直并拢，头夹于两臂之间。

（3）扶板打水：练习时两臂伸直，放松扶板，肩浸水中，手不要用力压板，呼吸自然。

（二）手臂与呼吸配合练习

1．陆上模仿练习　两脚开立，上体前屈，做臂划水的模仿练习。动作熟练后结合转头呼吸。

2．水中练习

（1）站立水中，上体前倾，肩浸入水，臂划水。动作基本掌握后做行进间的划臂练习，动作熟练后再加转头呼吸。

（2）蹬边滑行后闭气，做两臂配合动作。动作熟练后先做单臂划水与呼吸的配合练习，再做两臂和呼吸的配合练习。

（3）腿夹打水板，蹬边滑行后，做两臂划水，动作熟练后先做单臂划水与呼吸的配合练习，再做两臂和呼吸的配合练习。

（三）完整技术配合

1．滑行打腿后一臂前伸一臂划水。

2．滑行打腿后与两臂划水配合练习。

3．完整配合练习。

练习提示：自由泳技术不像蛙泳那样有间歇阶段，而且呼吸时还必须向一侧转头，因而初学者往往显得忙乱而紧张。练习时着重动作配合，注意动作的放松。

思考题

1．游泳运动有哪几类？各有哪些内容？
2．蛙泳完整配合的口诀是什么？
3．自由泳划臂的技术要领有哪些？

（高玲娣）

第十三章 健身健美运动

学习导言

健美是健身和健康基础上的升华和提高，当人们拥有健康的体魄，就会注重对美的追求。健身健美运动是"健"与"美"的完美结合，它以独有的魅力受到越来越多当代大学生的青睐。青春活力的健美操、塑造完美体型的健美运动、动感活泼的街舞等都能成为学生们释放压力的有效疗剂。通过学习本章知识内容，使学生树立正确的健身健美意识，掌握基本健身健美技能。

学习提要

1. 了解健美操的概念、分类、锻炼价值，掌握健美操基本动作。
2. 了解健美运动的特点、明确衡量健美体型的标准以及各肌肉群的锻炼方法。
3. 了解街舞的起源与发展，掌握基本身体弹动与律动技术等。
4. 了解瑜伽的起源、锻炼价值，体会呼吸、冥想等基本技术。

第一节 健 美 操

一、健美操概述

（一）健美操的起源与发展

"健美操"源于英文"Aerobics"，1968年起源于美国，最早是美国医学博士肯尼斯·库伯尔为太空宇航员设计的一些体能训练内容，并将音乐加入其中，结果发现这种训练形式对人的身体功能，特别是心血管功能有重要的影响，加之融入音乐伴奏下的训练内容尤为新颖，引起了人们的关注。20世纪70年代末，健美操运动逐渐被大众接受，世界各国竞相开展健美操运动高潮，健美操便正式作为一项独立的运动项目兴起并蓬勃发展起来。

（二）健美操的概念与分类

1. **健美操的概念** 健美操是在音乐伴奏下，以身体练习为基本手段、以有氧运动为基础，达到增进健康、塑造形体和娱乐目的的一项体育运动。

2. **健美操的分类** 近年来，随着我国健身市场的完善以及国外健身热潮的影响，我国出现了种类繁多的健身活动项目，健美操以独特的价值和魅力受到广大人民群众的喜爱。目前，健美操在我国已成为学校体育的主要课程之一。根据练习目的和任务的不同，可将健美操分为健身、竞技和表演三大类。

健身健美操又称大众健美操，是指以健身为目的，通过全面活动身体提高有氧代谢能力、增强体质、促进人体健美、焕发精神、陶冶情操；动作多有重复且均以对称的形式出现，强度和难度相对较低，时间可长可短，不受场地和器械设备的限制，可根据练习者的年龄、性别、身体素质的不同而自由选择练习的量和强度，具有广泛的适应性，具体分类见表13-1。

表13-1 健身健美操的分类

分类	内容
按人体结构分	头颈部健美操、肩部健美操、胸部健美操、手臂健美操、腰部健美操、髋部健美操、腿部健美操、臀部健美操
按年龄阶段分	幼儿健美操、少儿健美操、青年健美操、中年健美操、老年健美操
按练习目的分	韵律健美操、姿态健美操、减肥健美操、形体健美操、医疗保健健美操
按练习形式分	徒手健美操（拉丁健美操、搏击健美操等）、器械健美操（哑铃操、橡皮筋操、健身球操等）、特殊场地健美操（垫上健美操、动感单车、水中健美操）

竞技健美操是在健身健美操基础上产生和发展起来的。其主要目的是竞技参赛，对参赛者的身体素质、技术能力和艺术表现力均有较高的要求。目前，国际上规模较大的竞技健美操赛事有世界锦标赛、世界冠军赛和世界杯赛。按照比赛项目分类，可分为男子单人操、女子单人操、混合双人操、三人操、集体五人操、有氧舞蹈、有氧踏板。

表演健美操是将健身健美操作为一种体育表演形式。其主要目的是表演，较健身健美操动作复杂，音乐速度可快可慢，参加人数不限，时间一般为2~5分钟，在成套动作中可加入队形变化和集体配合等，可徒手或利用轻器械，并结合一些爵士、拉丁等风格化的舞蹈动作，在预定的某种活动、场合、节日庆典等进行表演，达到烘托氛围、感染观众效果的目的。

（三）健美操的锻炼价值

1．改善体形，培养个人魅力气质　长期进行健美操练习能够矫正不正确的身体姿态，运动中大的能量消耗可以有效地减少多余脂肪，维持人体吸收与消耗的均衡，保持健美的体型，伴随动感鲜明的音乐可以增强自身韵律感、节奏感，提高认识美、鉴赏美、表现美的能力，使人的精神面貌、个人气质都能得到改善和提高。

2．提高身体功能，加强身体素质　进行健美操练习要求动作力度、幅度和节奏的控制，经常参加练习可以提高人体的协调能力，增加肌肉力量，发展柔韧、耐力等身体素质，通过变换多样的路线和动作，可以加强人的记忆能力，提高神经系统的灵活性。

3．缓解精神压力，娱乐身心、陶冶情操　在跟随欢快音乐运动的过程中进行练习，享受运动带来的乐趣，愉悦心情、缓解疲劳、排除精神上的紧张压力，使人的心灵和性情得到陶冶和改善。在熟练掌握成套动作后还可加以编排，通过集体配合练习有助于增进友谊，培养人们互帮互助、团结友爱的意识。

4．医疗保健作用，丰富业余文化生活　不同类型的健美操对于一些患者而言可以起到很好的医疗保健作用，如下肢功能障碍的患者可以进行地上健美操或水中健美操，可以促进其下肢功能恢复；中老年人可以选择符合中老年人群年龄特点的手杖操，借助手杖的辅助使该项运动更具有安全性。现代人工作压力较大，在紧张工作之余能够利用闲暇时间进行锻炼，享受健美操运动所带来的欢愉与轻松快乐的感受。

二、健美操的基本动作

（一）基本手型

并掌：五指伸直并拢，大拇指微屈内扣，紧贴于示指旁。
开掌：五指用力伸直，充分张开。
花掌：五指充分张开，大拇指指根稍内扣，环指和小指内旋。
立掌：五指伸直并拢，手掌用力向上翘。
拳：四指弯曲紧握，拇指在外并紧贴于示指和中指第二指节处，包括实心拳和空心拳。

剑指：手握空心拳，示指和中指伸直并拢。
响指：拇指与中指摩擦打出响声，示指、环指和小指自然弯曲。
一指：握实心拳，示指或拇指伸直。
V指：握空心拳，示指和中指用力伸直，分开呈"V"字形。

（二）头颈动作

屈：颈关节角度的弯曲，包括前屈、后屈及左右侧屈（图13-1）。

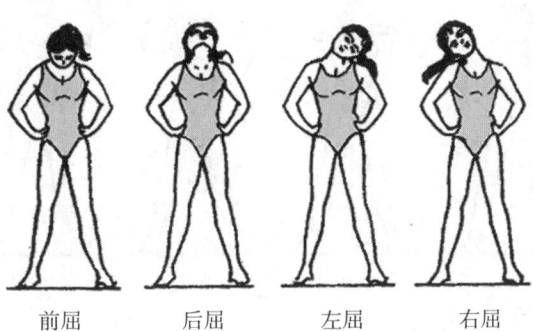

图 13-1　前屈、后屈及左右侧屈

转：头颈部绕身体垂直轴的转动，包括左、右转（图13-2）。

绕和绕环：以颈部为轴，头部做180°～360°之间的绕，以及大于360°以上的绕环，包括左、右绕（绕环）（图13-3）。

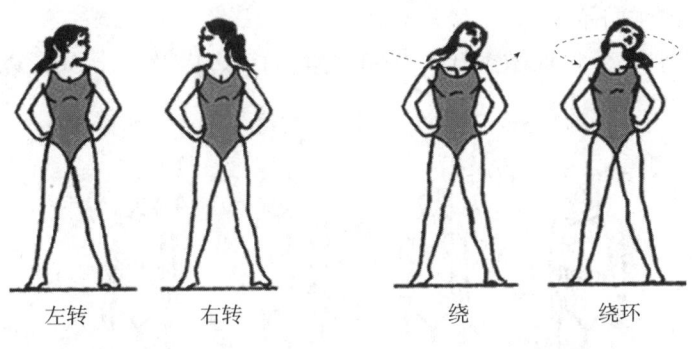

图 13-2　左转和右转　　　　图 13-3　绕和绕环

（三）上肢动作

举：以肩关节为轴，手臂伸直向某方向抬起并停止在某一位置，活动范围不超过180°，包括单或双臂的前举、上举、侧举、侧上举和侧下举等（图13-4）。

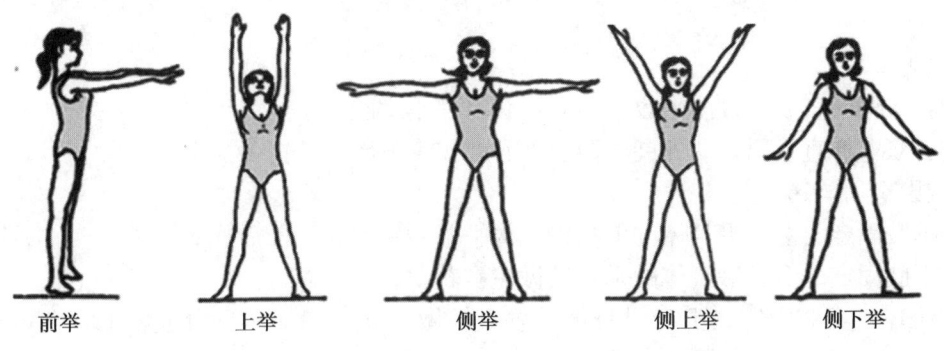

图 13-4　举

屈、伸：手臂肌肉收缩使关节产生屈伸动作，大臂和小臂角度不断减小为屈臂，反之为伸臂，包括胸前屈、胸前平屈、肩侧屈等（图13-5）。

摆：双臂弯曲自然放于体侧，以肩关节为轴，包括前后、左右的摆动，可依次或同时进行。

绕和绕环：以肩关节为轴，手臂做180°～360°之间的绕，以及大于360°以上的绕环，包括单或双臂的前、后、内、外绕（绕环）。

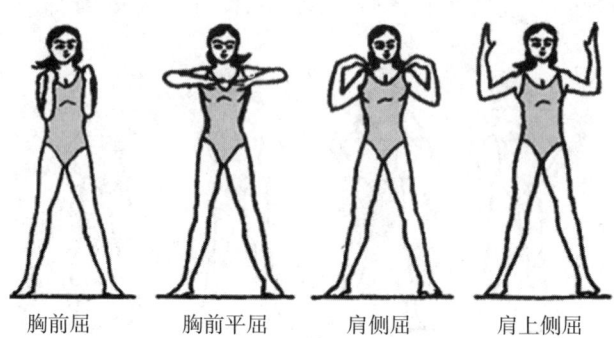

图13-5　屈伸

（四）躯干和髋部动作

1．躯干动作

（1）肩部动作（图13-6）

提肩：肩胛骨做向上的运动。

沉肩：肩胛骨由上向下的运动。

肩绕和绕环：以肩关节为轴做180°～360°之间的绕，以及大于360°以上的绕环，包括单或双肩向前、向后的绕（绕环）。

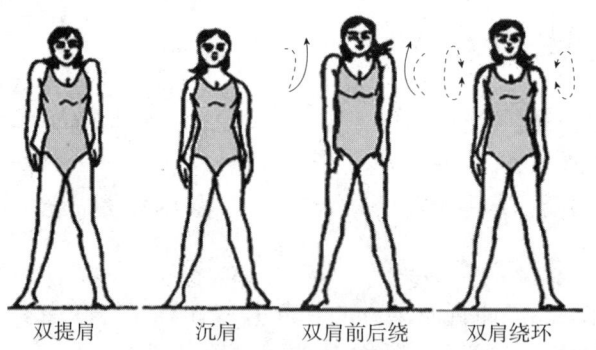

图13-6　肩部动作

（2）胸部动作

含胸：双臂伸直或屈臂向内收，两肩内合，缩小胸腔。

扩胸：双臂伸直或屈臂向外展，两肩外开，扩大胸腔。

（3）腰部动作

屈：下肢固定，上身沿身体的矢状轴、水平轴做左右屈、前后屈。

转：下肢固定，上身沿身体的垂直轴做左右转动。

绕和绕环：下肢固定，上身沿身体的垂直轴做180°～360°之间的绕和大于360°以上的绕环。

2．髋部动作　包括前、后、左、右顶及绕（绕环）（图13-7）。

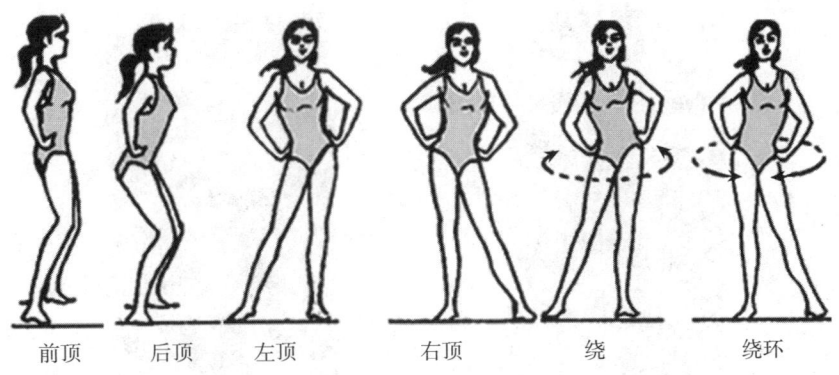

图 13-7　髋部动作

前顶　后顶　左顶　右顶　绕　绕环

（五）下肢动作

1．无冲击力步伐　双腿始终不离开地面，如半蹲、提踵等（图 13-8、图 13-9）。

2．低冲击力步伐

（1）踏步类：两脚依次抬起，依次落地，下落时膝踝关节缓冲弹动，如踏步、"一"字步、"V"字步等（图 13-10）。

（2）点地类：双膝有弹性地屈伸，支撑腿始终保持屈膝站立，并随点地动作有弹性地屈伸，如脚尖、脚跟前点地，脚尖后点、侧点地（图 13-11、图 13-12）。

图 13-8　半蹲　　　　　　　　　　　图 13-9　提踵

图 13-10　"V"字步

图 13-11　脚尖前点地　　　　图 13-12　脚尖侧点地

（3）迈步类：一腿向外迈一步，同时移动身体重心，另一脚做点地、并步、屈腿等动作，如侧并步、迈步后屈腿、迈步吸腿等（图 13-13、图 13-14）。

图 13-13　迈步后屈腿　　　　图 13-14　迈步吸腿

（4）抬腿类：一腿支撑，另一腿以后屈、弹踢、上吸等形式抬起，支撑腿始终保持弹动，如吸腿、弹踢腿、后屈腿等（图 13-15）。

图 13-15　弹踢腿　　　　图 13-16　迈步吸腿跳

3．高冲击力步伐

（1）迈步起跳类：一脚向外迈出，重心跟上跳起，单脚或双脚落地，如并步跳、迈步吸腿跳、迈步后屈腿跳等（图 13-16）。

（2）双脚起跳类：双脚同时起跳，同时落地，如开合跳、弓步跳等（图13-17）。

图 13-17　开合跳

（3）单脚起跳类：一腿抬起，另一腿支撑跳，如吸腿跳、弹踢腿跳、摆腿跳等（图13-18）。

图 13-18　摆腿跳

三、健美操比赛规则简介

（一）比赛项目及内容

《全国健美操大众锻炼标准》和自选动作比赛。

（二）比赛场地和设备

赛台高80～100厘米，比赛场地为12米×12米的地板或平整地面，有背景遮挡及专业的放音设备、舞台灯光。

（三）参赛人数

规定动作人数为每队5人，性别不限或按规程执行；自选动作可分为个人、双人和集体项目，性别按规程执行。

（四）比赛音乐

规定动作音乐由主办方提供《全国健美操大众锻炼标准》规定动作音乐并统一播放；自选动作音乐自备2份，其中1份报到后交大会放音组，音乐允许有2×8拍的前奏，速度不限，但必须是高质量的，时间为120～135秒，计时从动作开始到动作结束。

（五）比赛服装

参赛者穿着运动服和运动鞋，服装可有亮片等修饰物，女选手可化淡妆，不得佩戴饰品，女选手穿三角裤式健美操服时必须穿着肉色连体袜。

（六）裁判组组成

裁判组由 1 名裁判长、5～7 名裁判员、1 名总计录长、2～3 名记录员，1 名计时员（自选动作比赛），1～2 名放音员、2～3 名检录员、1 名宣告员组成，可根据比赛规模大小适当增减裁判人员。

（七）评分方法

规定动作和自选动作满分均为 10 分。比赛采取公开示分的方法，每位裁判员的评分最小单位精确到 0.1 分，裁判员的评分去掉一个最高分和一个最低分，中间分数的平均分即为得分，再减去裁判长的减分即为最后得分。

1．规定动作评分　包括表演与团队精神、动作完成两项，总分为 10 分。其中，表演和团队精神为 4 分，动作完成为 6 分。

2．自选动作评分　包含动作编排、动作完成、表演与团队精神三部分。其中动作编排为集体 3 分、个人 4 分。动作完成为集体 4 分、个人 4 分，表演与团队精神为集体 3 分、个人 2 分。

3．违例动作　为保持健美操项目的健身性、安全性特色，时刻强调安全的重要性，对易造成损伤的动作应禁止使用。

（1）任何马戏或杂技动作，如过度展示静力性柔韧的动作。

（2）技巧动作，如前后手翻、空翻、倒立。

（3）抛接动作。

4．裁判长减分　裁判长对比赛过程进行监控，并对出现的以下情况给予减分：

（1）参赛者/队被叫后 20 秒内未出场，减 0.2 分；60 秒内未出场，取消比赛资格。

（2）参赛人数多于或少于规定人数，减 0.2 分／人。

（3）着装不符合规定，减 0.2 分。

（4）音乐长度不足或超过规定时间，减 0.2 分；音乐质量差、不清晰，减 0.2 分。

（5）比赛过程饰物或装束散落，减 0.2 分。

（6）自选动作每出现一次违例动作，减 0.5 分。

（7）参赛者比赛时身体触及标记带以外的地面，判为出界，减 0.1 分／（人·次）。

（八）特殊情况处理

参赛者遇到以下特殊情况时，应立即停止做动作并向裁判长反映，在问题解决后重做，成套动作结束后提出的要求将不被接受。

1．播放错音乐。

2．因设备等问题而出现的干扰。

3．参赛者责任外的情况而引起的比赛中断或终止。

第二节　健美运动

一、健美运动的概述

健美运动是一项通过徒手或采用各种各样轻重不同的器械，运用专门动作方式和方法对全身各部位的肌肉进行锻炼，以增长体力、改善形体和陶冶情操为目的，注重人体"健"与"美"的运动项目。

（一）健美运动的起源和发展

古奥运会上古希腊人赤身裸体走进运动场，以发达的肌肉和健美的身躯赢得观众的喝彩和欢呼，当时没有"健美"的概念，但却是健康美与力量美群英争雄的年代。19 世纪末，德国一位从事肌肉技巧表演的艺人欧琴·山道，以无与伦比的健美体型在舞台上进行肌肉表演，轰动了整个欧美。自此，山道就在欧洲各国进行健力美的表演，他被后人誉为"健美运动的鼻祖"。1901年，英国伦敦首次举办了世界健美大力士比赛；1946年，国际健美协会成立，是目前世界上最大的单项体育组织之一。

（二）健美运动的特点与锻炼价值

1．健美运动的特点

（1）运动内容丰富，练习方式灵活多样：健美运动练习方法灵活多样，强度、次数和重量均可以根据个人承受能力自由调节，不同于其他技术性体育项目，简单易学。针对发展身体某一部位的肌肉可以通过多种练习方式，因此，在选择的锻炼内容上较为丰富。

（2）设备简单，易于开展：健美运动所需要的练习场地和设备比较简单，根据运动量需要，自由调节重量、次数、组数等，即使空间较小也能达到运动效果。如发展手臂肱二头肌或肱三头肌力量，对学生而言，在宿舍就可以进行，通过抓握小、中、大不同类型及重量的矿泉水瓶的方式来锻炼；对其他人群而言，只要条件允许，根据自身健康状况并结合专门器械选择适合自己的锻炼内容，运动方式可难可易。因此，具有广泛的群众普及性，便于开展。

（3）锻炼讲究肌肉形态匀称、线条优美：在练习中，不应单纯追求把某一部位局部肌肉练大，应注意改善自身的体型体态，整体显示出匀称、协调、优美的肌肉线条，给人带来的是视觉上的享受。

2．健美运动的锻炼价值

（1）有效锻炼肌肉群，增长肌肉力量：通过采用不同重量的哑铃、杠铃进行负重练习，对全身各部位肌肉进行锻炼，能够刺激肌肉的反应度，使肌纤维变粗，肌肉毛细血管数量增加，肌肉变得丰满结实，在力量训练的影响下，脂肪含量减少，肌肉黏滞性降低，肌肉力量增长。此外，对神经系统调节的强度和集中能力也能有效提高。

（2）改善形体，矫正畸形：体态主要是指人体整个姿态是否优美。许多人因长时间不正确的脊柱受力姿势而导致脊柱侧弯或驼背，很大程度上影响人的体态，而正确的健美动作能够有效调整人体姿态，科学的训练还能减少人体的脂肪，达到减脂塑形的功效。男子会呈现腹肌扁平坚实，魁梧雄健；女子则线条优美，S型身躯美丽动人。对于体形出现缺陷的一些人，可以针对性地采用适当的练习方式，如四肢肌肉力量较差的，可以先练习肌肉力量最差的部位，长时间练习可以达到力量均衡、协调。

二、衡量健美体型的标准

"健美"是每个时代人类不断追求的目标，不同时代对美的衡量标准也不同。在现代，健美运动是以展示身体美为特征，身体美是人类健康身体所表现出的美，充盈着活力与生机的美，在青年学生中表现得尤为突出。人们在追求形体美的热潮中，都很关注健美体型的比例和标准，但女性绝非越苗条、越纤细越美，男性绝非越粗壮、越魁梧越好，不同身高、骨骼的人的形态美要求也不同。健美标准骨骼要求站立时头、颈、躯干和脚纵轴线在一条垂直线上，身体各部位发育良好，无畸形，头、躯干和四肢比例匀称。

（一）身高与体重

体重与年龄、身高有着密切关系，其标准体重计算方法如下：

男子标准体重（千克）= [身高（厘米）−100] × 0.90

女子标准体重（千克）= [身高（厘米）−100] × 0.85

（二）人体一般健美体围标准

人体体型健美应具备以下特征：骨骼发育正常，身体各部位比例匀称；男子身材高大而强壮，肌肉发达而均衡，肩宽臂圆，体力充沛，体质健康，健壮的体魄，发达的肌肉，肩部三角肌呈现美丽的倒"V"形,上身挺直,不弓腰驼背,肱二头肌、肱三头肌和前臂肌群线条明显、粗壮有力,发达的臀部、坚实的腹部肌肉给人一种坚定有力之感。

女子体态丰满、无肥胖臃肿感、肤色光洁、润泽,五官端正并与头部配合匀称,姿态优雅,胸部宽厚、比例协调,乳房丰满而不下垂,肩圆腰细,侧看有女性 S 形曲线美的特征,臀部圆满,臀下线不呈下坠状,下肢修长,无"O"形腿或"X"形腿,并拢正视时双腿笔直,无屈曲感。

身体围度是指躯干及四肢的粗细,可以用来衡量肌肉的发达程度,是衡量人体美的重要因素。要想使身体健美匀称,身体各个部位的围度就必须符合一定的标准。所谓健美体型,主要是指身高与体重、躯干与全身以及上下身比例协调。

1．男子健美体围标准 男子一般要经过 6～9 个月的训练才能达到一般健美体围标准,即中级健美水平,以下是男子一般健美体围标准表,包含颈围、上臂围、胸围、腰围等指标标准(表 13-2)。

表13-2 男子健美体围标准表

身高 (厘米)	体重 (千克)	颈围 (厘米)	胸围(厘米)		腰围 (厘米)	上臂围 (厘米)	大腿围 (厘米)	小腿围 (厘米)
			常态	扩展				
153～155	50	32	94	97	65	32	48	32
155～157	52	32	94	98	65	32	49	32
157～160	54	33	95	98	66	33	50	33
160～163	56	33	95	101	66	33	51	33
163～166	59	34	98	102	68	34	52	34
166～169	61	34	100	103	69	34	53	34
169～171	63	35	100	104	69	35	53	35
171～174	65	35	102	105	70	35	54	35
174～177	67	36	103	107	71	36	55	36
180～183	72	37	104	109	72	37	56	37
183～186	75	38	105	110	73	38	57	38

2．女子健美体围标准 衡量女性健美体型的定量标准可用"三围",即胸围、腰围和臀围来表示,"三围"适用于一般女性形体美的标准,最能展现女子身体变化曲线(表 13-3)。

表13-3 女子健美体围标准表

身高(厘米)	体重(千克)	扩展胸围(厘米)	腰围(厘米)	臀围(厘米)
152～154	47.5	88	58	88
154～158	48.5	88	58	88
158～161	50	89	59	89
161～163	51.5	89	60	89
163～166	53	90	60	90
166～169	54.5	90	61	90
169～171	56	92	61	92
171～174	58	92	62	92
174～176	60	94	64	94
176～178	62.5	98	66	96

三、各种肌肉群的锻炼方法

练习者在进行锻炼之前，应对自身各个部位的围度进行测量，了解自己当前的体型状态，明确需要改善的部位，可以更好地、有针对性地参与锻炼；其次，还应了解健美锻炼的要求、方法和手段，为制订合理的锻炼计划提供依据。

人体的身体比例多由先天性遗传因素决定，但围度是可以通过后天的身体锻炼来改变的。因此，从体育锻炼的角度而言，可以通过各种锻炼手段来改善和美化体型，并要注意经常测量自身各个部位的围度，以此检验锻炼效果。

（一）男子健美锻炼方法

一般来说，男大学生进行健美锻炼的目的是想拥有较为强壮的肌肉，要想达到预期效果，就应使用哑铃、杠铃及其他类型的器械进行训练。相比于女生来说，男生在发展肌肉方面有着得天独厚的条件，全身肌肉占体重的40%左右，且骨骼粗壮程度、胸腔、心肺的容积也明显大于女生，因此，锻炼的方式方法也不同于女生。下面介绍几种各肌肉群的锻炼方法，可供学生们进行健美锻炼时选用（表13-4）。

表13-4　身体各部位主要肌肉功能及锻炼方法

肌肉名称	功能	锻炼方法
胸大肌	使上臂屈、内旋、内旋，牵拉躯干和提肋	引体向上、卧推、双杠双臂屈伸
斜方肌	使肩胛骨上提、上回旋、后缩、下降，使头和脊柱伸直	提铃耸肩、负重扩胸、持铃侧上举
三角肌	使上臂屈、伸，内旋、外旋，加固肩关节	直臂侧平屈（可负重）
肱二头肌	使上臂屈，使前臂屈和外旋	肘弯举、引体向上
肱三头肌	使上臂和前臂伸	屈臂伸
背阔肌	使上臂伸、内收和内旋，使躯干向上手臂牵拉	引体向上、后拉拉力器
髂腰肌	使大腿屈和外旋	悬垂举腿、仰卧起坐、负重下蹲
腹肌	使骨盆后倾，脊柱侧屈	仰卧起坐、收腹举腿、仰卧两头起
臀大肌	使大腿伸、外旋、内收	屈小腿、躬身、直腿硬拉、俯卧举腿
股四头肌、股中肌	使小腿伸，使大腿屈	伸小腿、负重下蹲起、悬垂直举腿
腓肠肌、比目鱼肌	使足屈，使膝关节伸	提踵、蹲跳

1. 俯卧撑　发展胸大肌、三角肌和肱三头肌。练习中始终保持全身呈现直线，收紧腰腹，不塌腰弓背（图13-19）。可以通过增加负荷的方式来加大难度，如在背部放上适宜重量的物体。

图13-19　俯卧撑　　　　　图13-20　正握引体向上

2．引体向上　发展背阔肌、肱二头肌、三角肌和胸大肌。双手抓住单杠（可正握或反握），以胸背、肩、臂发力，屈臂上拉，过杠时稍停顿，再慢慢放下至双臂伸直（图13-20）。

3．直臂扩胸　发展胸大肌和肱三头肌。双手握住哑铃或利用专门器械由前平举（拳心相对）向身体两侧外展，即双臂在水平面做外展扩胸运动（图13-21）。

4．肩上推举　发展背阔肌、斜方肌、三角肌等。双脚开立略比肩宽，双手持杠铃或一定重量的哑铃放于肩上并向上推起，至两臂伸直再缓慢落下至双肩处（图13-22）。

图13-21　直臂扩胸　　　　　　　　　图13-22　肩上推举

5．双手反握臂屈伸　发展肱肌、肱桡肌和前臂肌。双手反握住哑铃或杠铃，双臂在体前屈伸，屈伸时肱二头肌、肱肌等肌肉群要用力控制（图13-23）。

图13-23　双手反握臂屈伸　　　　　　图13-24　深蹲

6．深蹲　发展腿部股四头肌、臀大肌和躯干背肌。将重量适宜的杠铃双手抓握，置于肩上，平稳屈膝下蹲，当大腿与小腿接近90°时，大腿肌肉快速用力收缩，双腿伸直、提踵（图13-24）。

7．悬垂举腿　发展腹肌、腹直肌、髂腰肌。上肢固定（双手抓住单杠），双膝伸直，悬垂于空中，靠腰腹部力量快速带动双腿向上抬，下落时要有意识地控制，再快速上举（图13-25）。

8．俯卧上身起　发展躯干背部肌肉和髋关节肌肉，矫正驼背。俯卧于地上或练习器械上，靠腰背肌肉群收缩抬起上身，躯干尽量伸展至最高点，再将上身慢慢放下（图13-26）。

图 13-25 悬垂举腿

图 13-26 俯卧上身起

（二）女子健美锻炼方法

根据女生的生理结构特点来说，脂肪堆积最多的部位是胸、腰、腹、臀、腿，因此健美锻炼的重点是减少这些部位的脂肪堆积。

1．腹部锻炼方法

（1）仰卧起坐：仰卧在垫子或斜板上，踝部固定，双臂前伸或抱头肩上屈，收腹快速抬起上体并坐起；可通过增加板的倾斜角度来加大难度（图 13-27）。

图 13-27 仰卧起坐

（2）仰卧收腹举腿：仰卧在垫上，上肢固定，双腿伸直，靠腰腹力量带动双腿上举至脸部上方，双腿下落时腰腹收紧，腿尽量不要接触地面，即下落要有控制（图 13-28）。

图 13-28 仰卧收腹举腿

（3）仰卧屈膝两头起：仰卧在垫上，双臂伸直举过头顶，收腹快速抬起上体，同时双腿屈膝上抬，双臂伸向前方，再还原成仰卧姿势（图 13-29）。

图 13-29 仰卧屈膝两头起

2. 腰部锻炼方法

（1）俯卧两头起：俯卧在垫上，低头、双手于背后交叉，靠腰背部力量将上身抬起，胸部、上腹部离开垫面，同时双腿向斜后方抬起，腿伸直，抬头挺胸，双臂肘关节外展，身体呈反弓状（图13-30）。

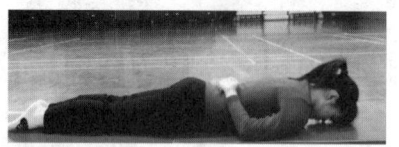

图 13-30　俯卧两头起

（2）胸腰波浪：跪坐于垫上，双臂充分向前伸直，低头、弓背，然后屈肘、塌腰，胸和下颌带动上半身向前移动，接着手臂伸直撑住地面，抬头挺胸，双腿伸直，接着再还原成跪坐姿势，整个过程身体呈波浪式运动（图13-31）。

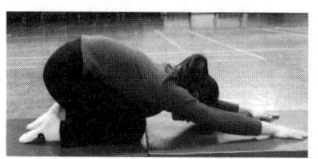

图 13-31　胸腰波浪

（3）分腿直体硬拉：两腿左右分开，与肩同宽，双手抓握一定重量的哑铃（或其他重物），上体前倾，直臂向下伸至脚尖处，然后靠腰部力量将上身及手臂带起，整个过程腰腹部收紧、双腿始终保持直立（图13-32）。

图 13-32　分腿直体硬拉

3. 臀部锻炼方法

（1）仰卧挺髋：仰卧在垫上，双腿屈膝，两脚分开与肩同宽，双臂伸直放于身体两侧，臀部用力夹紧，髋部尽量向上挺，然后还原（图13-33）。

图 13-33　仰卧挺髋

（2）跪撑单腿后摆：跪撑在垫上，双膝并拢，双手撑垫，低头含胸。一腿伸直并向后上方抬起、落下，同时抬头、挺胸、塌腰，然后还原成跪撑，换另一条腿做同样的动作（图 13-34）。

图 13-34　跪撑单腿后摆

4．腿部锻炼方法

（1）侧卧单腿前后踢：侧卧于垫上，内侧手臂伸直举过头顶，外侧手自然放于胸前，双腿伸直，外侧腿向前、向后来回踢，重复一定次数后，换另一个方向做同样的动作（图 13-35）。

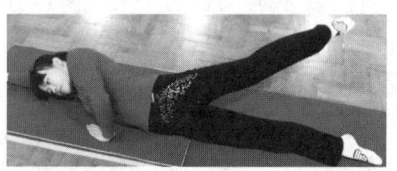

图 13-35　侧卧单腿前后踢

（2）仰卧交替举腿：仰卧于垫上，双腿伸直并拢，双臂弯曲放于脑后，双腿伸直交替向上举，上举时脚尖绷直拉长腿部前侧肌群；下落时勾脚尖拉长腿部后侧肌群（图 13-36）。

图 13-36　仰卧交替举腿

（3）坐立转体腿屈伸：适合中高级练习者。坐在垫上，双臂肩上屈，双手抱头，上身、髋部向一侧转，同时同侧腿弯曲，大腿面尽量贴近腹部，异侧腿伸直，接着换另一方向换腿重复同样动作；速度可逐渐加快，整个身体左右扭转（图 13-37）。

图 13-37　坐立转体腿屈伸

第三节　街　舞

一、街舞概述

街舞是通过不同类型的肢体小关节动作和舞步的自由协调配合，在独具嘻哈风格的音乐伴奏下，崇尚舞者个性特点，主张动作风格轻松随意、张扬自我个性、展示青春活力，集娱乐、健身、表演、观赏等特点于一体的中低强度的有氧运动。

（一）街舞的起源和发展

街舞也称 Hip-Hop，广义上指嘻哈文化，狭义上是各种街舞的总称。从英文字面上看，Hip 是臀部，Hop 是单脚跳，整个字面含义即轻摆臀部。该运动诞生于 20 世纪 60 年代末的美国纽约，是一种美国中下阶层的黑人文化，最早是以美国黑人城市贫民的舞蹈形式出现。街舞作为 Hip-Hop 这一文化的代表，在欧洲最先兴起于英国。自 20 世纪 80 年代中期开始，街舞作为一种新兴时尚娱乐运动在世界范围内流行起来，发展至今，它的取材范围越来越广，在世界各国所表现出来的风格也越来越多样化。

（二）街舞的特点与锻炼价值

1．街舞的特点

（1）动作张弛有度，快慢有序：练习者在运动过程中，主要靠身体各个关节收缩与伸展交替变化，肌肉用力张弛变化反复，动作节奏快慢变化明显、自然，动作随意、松弛。

（2）舞姿编排灵活，自由表达："自由"是黑人舞蹈所要表现的特点，他们强调自我身体的解放，因此便创造出了"舞姿动作灵活，随意自由，不受任何舞蹈规范束缚"特性的舞蹈体系——街舞。其富有创意性、随意性甚至夸张性的动作，突出了街舞无拘无束和充满活力的特点。

（3）音乐节奏鲜明，律动感强：街舞音乐多取材于美国说唱乐，以及各种磨片、电子乐器等多种元素合成各种音效声，构成了独具特色的"慢板"乐段，如嘻哈、迪斯科、摇滚乐、说唱乐等，与其他流行健身操不同的是，街舞大部分动作是一拍两动，即在音乐的弱拍上完成，节奏强劲，风格热情奔放，要依据练习者的身体条件和动作水平来确定音乐的节奏和速度。

（4）着装潮流时尚，个性突出：由于街舞本身具有自由、不受束缚的特点，使练习者参与街舞运动时，穿着随意、宽松舒适的服装，包括宽宽的 T 恤、肥大的牛仔裤、吊裆裤、有特色的头巾等，都可以为练习者增加个性突出的运动范儿，这些新颖而潮流元素的时尚符号体现出街舞独有的衣饰风格。

2．街舞的锻炼价值

（1）改善心肺功能水平，提高身体协调性：街舞属于运动强度适中、时间持续较长的有氧运动，因此它能全面锻炼练习者的心、肺耐力。街舞运动突出的是人体小关节和肌肉群的运动，由各种走、跑、跳等变化，各关节屈伸、转动、绕环等动作连贯组合而成，通过放松、自由多变的动作，可增加上下肢、腹背部、头部与躯干的灵活性，全面提高身体的协调能力。

（2）增加活力与自信，缓解释放压力：街舞运动具有很强的参与性、表演性特征，崇尚个性时尚、自由随意的运动风格，在生活节奏加快的社会中备受人们的喜爱，越来越多的人选择这种运动方式来调剂。随着动感的音乐，肢体动作自然呈现，使练习者充满青春活力与自信。通过这种身体语言，充分宣泄和表达自己的情感，减缓学习、工作及生活带来的压力，消除紧张、焦虑、激动等不良情绪，使心理上得到放松。

二、街舞的基本技术

（一）身体律动技术

律动技术也称Up-Down，是指身体随着音乐上下起伏和摇摆，胸腔在音乐重拍下连续不断地做双向运动，尽量做到全身自然放松，注意动作张弛交替。律动技术是街舞动作的基础，必须经过长时间练习，才能逐渐掌握这种节奏律动的特点。

Up即"向上"，这个动作的律动是需要靠胸、腰、腿、手臂同时协调配合完成，收腹挺胸，颈部上提、下巴内收，胸部向斜上方挺出，双膝有弹性地伸直，手臂半握拳自然放松下垂。

Down即"向下"，该动作律动同样需要胸、腰、腿、手臂同时协调配合完成，在Up技术的基础上做相反的运动。屈膝含胸提小腹，颈部放松下放，下巴上抬，双膝有弹性地弯曲，手臂自然弯曲半握拳抬起（图13-38）。

图13-38　街舞身体律动技术

（二）关节弹动技术

弹动技术主要有膝、踝关节的弹动、缓冲以及髋关节的屈伸为主要动力，弹动技术的熟练程度直接影响动作的质感。在运动过程中双膝始终处于微屈弹动状态，其实质就是与律动技术相结合，使胸腔做上下起伏的运动。初学者可以先进行下肢膝关节弹动练习，待动作熟练后，再逐渐加上上肢、躯干及头部动作，由慢到快。弹动技术不仅可以把握动作特色，对关节也起到了保护作用。

（三）肌肉控制技术

控制技术主要是控制肌肉的力量和用力顺序。同一个动作，力度和侧重点不一样，跳出来的效果也不一样。整个动作给人的感觉是放松中不失力量的控制，每个动作应体现动感和力度美，巧妙配合肌肉的爆发力，同时肌肉紧张与松弛必须协调控制，才可以达到应有的动作效果。例如，当体现上肢爆发力时，手臂肌肉力量就要控制，当突出腿部动作时，就应对腿部力量灵活控制。

（四）重心移动、转换技术

街舞动作变化复杂、多样，主要表现在动作方向的变化上，通过前后、左右的移动，使身体运动的路线发生丰富的变化。重心移动技术主要是靠左右脚支撑的变化来实现，在移动过程中要与身体律动结合起来，做到协调统一。重心的转换技术包括重心的左右转换、高低转换、高－中－低－中的配合转换，转换过程要自然流畅，突出街舞动作的律动感和技巧性，展现街舞的基本特色。

第四节 瑜 伽

一、瑜伽概述

(一)瑜伽的起源和发展

瑜伽的渊源十分久远,在有文字记载历史开始之前就已经存在。它起源于印度,是梵文 yoga 一词的音译,意思是自我(atma)和原始因(the original cause)的结合或一致,至今已有 5000 多年的历史。从哲学层面看,瑜伽是一种精神和肉体结合的运动。数千年前,印度高僧为了追求进入天人合一的最高境界,常隐居原始森林,静坐冥想,从自然界中体会"浮生物语",发现了植物和动物极强的自愈能力,于是便细心观察动植物如何适应自然的各种恶劣条件,模仿并亲自体验动物的姿势,并结合人类自身结构从精神层面解析人类健康的治愈方法,逐步感应内心的微妙变化,创造出了一系列有益身心的锻炼方法,即体位法。这些体位经过后人几千年的钻研归纳,逐渐形成了一套完整、实用的健身体系,也就是我们现在了解的瑜伽(图 13-39)。

(二)瑜伽的特点与锻炼价值

1. 身心合一、呼吸均匀 身心合一即体位、呼吸和意识的完美结合,呼吸连接人的躯体和精神,是潜在的能量储备处。呼吸均匀深长与瑜伽姿势紧密配合,动作节奏舒缓,运动强度自我控制,心身同练,可以调动和培养人的生理潜能,配以柔和舒缓的音乐,能够引导练习者全身心放松,意识集中,把无意识的行为变为有意识的控制。通过提升意识,达到和谐、安静、忘我的思想境界,充分释放自我。

2. 以静为主的有氧运动,注重自我感受 瑜伽运动不同于其他传统体育运动,既不需要与人竞技,也无需过多表演修饰。在宁静的心境下,通过舒缓的伸展动作拉伸肌肉,排除任何杂念,静心练习,动作舒展至最舒服的位置,练习过程注重练习者的个人感受,节奏动静结合,以静为主,通过消耗脂肪来供能,坚持练习有助于舒展肌肉线条、减脂塑形,改善身体各关节的柔韧度,减少身心疲惫感。

图 13-39 瑜伽

3. 适合大众,陶冶情操 瑜伽练习对年龄、性别、时间等无特殊要求,是一项适合大众锻炼的健身体育项目。对于现代都市人来说,瑜伽能够调节人的情绪,解除现代人因生活节奏快而带来的紧张压力,通过呼吸和意念等方法调整人体达到一个良好状态。练习瑜伽不仅能使身体健康,还能消除疲劳,安定情绪和情感,保证积极向上的精神和情绪。

4. 预防疾病,改善身体健康状况 现代都市人们精神压力大,加上长时间缺乏运动、自然环境污染等消极因素的影响,大多数人处于亚健康状态。长期进行瑜伽呼吸调节、瑜伽体位练习等可以有效地预防糖尿病、高血压等慢性疾病。从生理学角度来说,瑜伽能有效调节人的神经系统和内分泌系统功能,从而改善和提高个人整体健康水平。

二、瑜伽的基本技术

(一)瑜伽呼吸法

瑜伽呼吸法强调自然而完全的呼吸。呼吸时意识要集中到一呼一吸上,一般只由鼻腔参与呼吸,更加强调呼气的重要性,因为正确的呼气能够有效清洁肺部和加速消除体内的毒素。

1．胸式呼吸法　吸气时，意识集中于腹部，缓慢吸气，感觉自己肋骨向外扩张，气息充满胸腔，保持腹部平坦，缓慢呼气，放松胸腔，将气呼尽。

2．腹式呼吸法　呼吸时更多地关注腹部，缓慢吸气，感觉腹部被气息充分膨胀，向前推出，肋骨向外、向上扩张，保持胸腔不动，缓慢呼气，腹部下沉，肋骨向下、向内收，腹部慢慢向内瘪进（图13-40）。

3．胸腹式呼吸法　瑜伽练习中最常用的呼吸方法是胸式呼吸和腹式呼吸的结合。缓缓吸气，感觉到由于肋骨下降，腹部完全鼓起，肋骨向外扩张至最开状态，肺部继续保持吸气，胸腔完全扩张，完全上提，吸满气后缓缓呼出，放松胸腔，随后温和地收紧腹部，腹部向内瘪进去，感觉肚脐贴近后背，将气完全呼尽为止。

图 13-40　腹式呼吸与胸式呼吸

（二）静思与冥想

全身心放松、保持内心平和安静，摒弃一切杂念，就可以进入冥想状态。冥想可以使人集中精神，提高控制自身意识及调节身心的能力，促使人们尽快达到内心安静、平和的状态。其宗旨不在于保持思想清晰和集中的时间有多长，而在于能够反复转移注意力到某个选定目标的能力。

意识集中于呼吸：练习体位法时，做完每个动作后的静止过程中，闭上眼睛，配合缓慢深长的呼吸，用心感受和体会呼吸过程，任何情况下都不要改变呼吸的节奏。

意识集中于某一物体上：物体可以是蜡烛、花草或是石头等，眼睛注视这些物体，当注意力分散时，需重新把注意力集中到这些物体上，也可闭上眼睛，想象这些物体的样子直至从脑海消失，然后睁开眼睛，再一次凝望。

（三）瑜伽松弛法

仰卧在垫子上，双眼轻闭，双手放于身体两侧，掌心向上，身体自然放松。深呼吸，手臂和脚轻轻内外转动几次，然后停止运动，感受身体的放松状态，每一次呼气都能感受身体不断下沉，紧接着由上至下放松身体的每一个部位，放松颈部、下巴、脸部、嘴、牙齿、舌头、鼻子、眼睛、眉毛、耳朵等至整个头部，继续让意识下行，放松肩膀、肋骨、心脏、大臂、小臂、手肘、手腕、手指，继续均匀呼吸，放松腰部、骨盆、大腿、膝盖、小腿、脚踝、脚背、脚底，随着吐气的动作，感觉身体在慢慢下沉，然后整个身体变得越来越放松、越来越安详稳定，根据自身需要反复练习3～5遍，直至身心完全放松，然后睁开双眼，松弛法结束。

思考题

1．健身健美运动的特点与功能各有哪些？
2．健美操基本动作有哪些？技术要领是什么？
3．如何衡量自身体型是否标准？其依据是什么？

4．瑜伽呼吸法有哪些？效果有何不同？
5．街舞的基本技术有哪些？

（周　茜）

木板、瓦砖等方式来检验和评价练习者的功力。这种形式已成为跆拳道训练、晋级、表演和比赛的重要内容。

(4) 注重礼仪，内外兼修：跆拳道运动的宗旨是"礼始礼终"。将"礼"贯穿于整个训练当中，练习者在任何练习场合都要行礼鞠躬，表现个人内心对师长、队友的尊敬、友好之情，同时培养练习者"礼义廉耻、忍耐克己、百折不屈"的尚武精神。

2．跆拳道的锻炼价值

(1) 强身健体，防身自卫：跆拳道运动要求练习者手脚并用，左右对称，经常进行锻炼，可以提高人体各关节的灵活性以及上下肢的协调能力。对内脏各器官系统的功能，尤其是神经系统的灵敏性有明显的改善作用；通过对练攻防训练，学习一定的攻防技法，掌握实用防身自卫的本领。

(2) 修养身心，磨炼意志：经常参加跆拳道锻炼可以提高身体各器官的功能，培养良好的心理素质，使身心协调发展。由于跆拳道项目十分注重比赛的礼仪，可以培养文明礼貌、团结豁达的精神；而对抗激烈的跆拳道比赛，是心理、体能和智慧的较量，能培养勇敢果断、坚韧不拔、顽强奋战的意志品质。

(3) 娱乐观赏，陶冶情操：在跆拳道功力测验时，运动员以拳、掌、脚分别轻松击碎木板或瓦砖，使人为之叹服。在跆拳道比赛中，结合高超精湛的腿法运用，给人带来视觉上的冲击，激发人们的斗志，使人为之精神鼓舞，陶冶人们高尚的道德情操。

二、跆拳道的基本技术

跆拳道技术是根据人体的生理结构、攻防规律而设计的具有自身独特风格的动作。主要包括拳法、手法、步法、腿法。

(一) 基本手型、手法

1．基本手型——拳、掌 拳、掌是跆拳道练习和比赛中运用最广泛的部位之一。主要是攻击对方面部、胸腹部，以及用于防守的作用。

(1) 正拳：四指伸直并拢后，回屈紧握，拇指内扣在示指和中指的第二指关节上，拳面要平整。

(2) 平拳：四指伸直并拢后，第二指关节弯曲，指尖贴紧手掌，拇指扣于虎口处。

(3) 指节拳：在正拳基础上，将示指或中指第二指关节特别突出形成示指节拳或中指节拳。

(4) 手刀：四指伸直并拢后，拇指内扣弯曲紧贴示指，用小指侧掌外沿形成手刀。

(5) 熊掌：四指伸直并拢后，第二指节全部弯曲向内紧扣，拇指扣紧虎口处，用掌根击打。

(6) 底掌：也叫弧形掌。四指并拢，指关节微屈，拇指微屈外展，掌呈弧形。

2．手法——冲拳、鞭拳、砍掌 跆拳道比赛中，手法技术的运用必不可少，主要以拳、肘攻击和防守，常见的手法有冲拳、鞭拳、砍掌、挑肘、顶肘（以右拳/臂为例）。

(1) 冲拳：两脚左右开立，与肩同宽，双手握拳收于腰间，拳心朝上；左脚向前迈一步成弓步，同时右拳由腰间出拳平冲。

(2) 鞭拳：两脚前后开立，右脚在前，右臂屈肘至右肩处，拳心向后，随即以肘关节为轴小臂快速向前鞭打。

(3) 砍掌：两脚左右开立，与肩同宽，双手握拳收于腰间，拳心朝上；左脚向前迈步成弓步，同时右臂屈肘上举至左耳旁，随即向前伸臂由拳变手刀形向前横砍，掌心向上。

(4) 顶肘：两脚左右开立，与肩同宽，右臂屈肘握拳至胸前，拳心向下，左掌贴于右拳拳面上，右脚向右迈步同时左掌用力推动右拳，右肘快速向右顶击。

(5) 挑肘：两脚左右开立，与肩同宽，右脚向前迈步，同时右臂屈肘握拳，贴紧身体，以肩关节为轴，快速抬肘向上击打。

第十四章 休闲运动

学习导言

休闲运动是人们崇尚自由、休闲娱乐、获取身心健康为主要特征的运动项目，主要包括跆拳道、轮滑、攀岩和定向越野，具有一定的挑战性和刺激性。休闲运动作为一种实践活动，是当今大学生缓解学习压力的有效运动方式之一，也是一种文明、时尚、健康、科学的锻炼形式。通过本章的学习，使学生更好地了解休闲运动所带来的乐趣。

学习提要

1. 了解跆拳道项目的锻炼价值，掌握基本手法、步法和腿法。
2. 了解轮滑的特点与锻炼价值，掌握基本滑行技术。
3. 了解定向越野的起源与发展、特点与锻炼价值以及基本越野技术。
4. 了解攀岩项目的特点、锻炼价值以及基本技术。

第一节 跆拳道

一、跆拳道概述

（一）跆拳道的起源与发展

跆拳道运动是起源于朝鲜半岛的一项技击运动，因讲究礼仪和拼搏精神的特点逐渐为人们认识并在全世界推广开来。1966年，第一个国际组织——国际跆拳道联盟（ITF）在韩国成立；1973年，世界跆拳道联盟在韩国汉城（今首尔）成立；1980年，国际奥委会正式承认世界跆拳道联盟；1994年，跆拳道被列为2000年奥运会正式比赛项目，设有男女各四个级别。跆拳道运动已成为完全独立和正规的比赛项目。

（二）跆拳道的特点与锻炼价值

跆拳道动作相对简单易学，练习时可以采取单练、对练，除正式比赛外，对练习场地、器材没有特殊要求，由于技术动作实用性强，掌握相应的运动技能，可以达到防身自卫、强身健体的目的。

1. 跆拳道的特点

（1）以腿法为主，手脚并用：跆拳道是以腿法为主，以手为辅的同场对抗性项目。在人体四肢中，腿的攻击力要远大于手的力量，且威慑力大，路线长；手和臂往往只进行防守和格挡，进攻时主要采用腿法攻击对方，是得分的主要手段。就手法而言，手臂灵活性越好，就越可以自如地控制完成防守与进攻动作，还可以变化成拳、掌、肘、肩等多种手法形式。

（2）以攻为主，刚直硬打：在跆拳道实战中，很少采取躲闪的防守方式，多以掌、拳、手、臂进行格挡，以快速的腿法组合，采用直线连续进行攻击，以尽可能减少两点间距离，增加进攻的实效性，整个过程讲究以刚克刚、以快制快。

（3）功力测验，彰显水平：跆拳道练习者的水平可以通过实物进行测验，一般采用击打

（二）基本步法、腿法

1. 准备姿势与基本步法　准备姿势也称预备或实战姿势，左脚在前称左势，右脚在前称右势，以左势站立为例。

（1）准备姿势：两腿前后开立与肩同宽，前脚脚尖内扣45°，后脚脚跟略微提起，双膝微屈，身体重心在两腿之间，双手握拳，拳心相对，左拳略前伸与鼻同高，右拳置于胸前，两臂弯曲，肘自然下垂，头部直立，眼睛平视前方。

（2）上步：右脚向前上一步，由左势换成右势。

（3）后撤步：左脚向后退一步，由左势换成右势。

（4）前跃步、后跃步：两脚同时向前跃一步，称前跃步，反之为后跃步；跃步过程中身体始终保持准备姿势。

（5）跳换步：利用腰、髋部位的旋转力，两脚同时贴地前后交换，由左势换成右势，反之亦然。

（6）侧移步：左脚先向右（左）侧移一步，随之右脚迅速向右（左）侧移一步。

（7）弹跳步：双腿上下有节奏地弹跳。

（8）垫步：右脚向左脚内侧上步，同时左腿迅速上抬以便进攻和防守。

2. 基本腿法

（1）前踢：左势站立，右脚蹬地屈膝上抬大腿至水平面，髋关节向左转动，绷脚尖同时小腿快速向前弹出，用脚面击打目标，击打后小腿折叠快收，右腿顺势前落地，再后撤一步成左势（图14-1）。

图 14-1　前踢

（2）侧踢：左势站立，身体重心前移，右腿屈膝上抬，勾脚尖，同时以左脚前脚掌为轴外转，随即左腿快速伸膝，力集中在脚外侧或整个脚掌，沿直线迅速击打目标，继而顺势放松落地，再后撤一步成左势（图14-2）。

图 14-2　侧踢

(3) 横踢：左势站立，右脚蹬地，屈膝向前提起，大小腿折叠，脚面绷直，右腿继续向前上方抬至水平面时，左脚以前脚掌为轴向左转180°，重心移至左腿，拧腰转髋，增加力度，右腿快速鞭打，小腿由屈到伸快速向左侧踢出，击打目标后自然放松，收回小腿迅速落下成右势，继而后撤右脚，还原成左势（图14-3）。

图 14-3　横踢

(4) 后踢：左势站立，以左脚前脚掌为轴，身体向右旋转180°，同时抬起右大腿，大小腿折叠，勾脚尖，头部稍向右后方转动，左腿迅速向后平伸后蹬，用脚跟部位击打目标胸、腹部；击打后，右腿自然后落，随之身体右转180°成右势（图14-4）。

图 14-4　后踢

(5) 下劈：左势站立，重心移至左腿，右腿上抬膝关节绷直，用力上摆尽量使大腿部贴胸部时，踝关节放松，髋关节前送，当右脚接近目标时，力达右脚脚掌后小腿快速下压击打目标，同时上身稍后倾，击打后右腿顺势前落地，再后撤一步成左势（图14-5）。

图 14-5　下劈

第二节 轮 滑

一、轮滑概述

（一）轮滑的起源和发展

轮滑运动（roller skating），在我国北方俗称"滑旱冰"，在南方俗称"溜冰"，是指人体借助于带有滚轮的特制鞋在坚硬光滑的地面上进行半机械滑行的运动（图14-6）。该运动最早起源于18世纪，一位不知名的荷兰滑冰运动员为了在不结冰的季节继续训练，于是尝试把木线轴安在皮鞋下进行滑行，创造了用轮子鞋"滑冰"的历史。

20世纪初，轮滑作为速度滑冰的陆地训练手段在美国和欧洲被广泛使用。1938年英国伦敦举行了首届速度轮滑世界锦标赛，20世纪40年代以后，该运动很快从欧洲传到世界各地；1940年，第43届国际奥林匹克委员会上，正式成立了轮滑项目的国际联合会（FIRS），目前全世界有60多个国家和地区加入了该协会。轮滑运动传入亚洲时间较晚，1953年，日本成立了亚洲第一个轮滑组织——轮滑联盟。

图14-6 轮滑运动

（二）轮滑的特点与锻炼价值

1. 轮滑运动的特点

（1）受运动场地限制小，用具便于携带：轮滑运动受气候和场地条件限制小，护具、轮滑鞋也较轻巧，方便携带，技术易于掌握，也不受人数、性别、年龄等条件限制，只要有一双轮滑鞋和一块平整的地面就可以展开，即使在一块很小的地面上，也能进行高超的技巧和艺术表演。

（2）丰富的趣味性和娱乐性：初学者易被该项运动独有的魅力所迷住，脚轻轻一蹬就能轻松向前滑行，会激起初学者强烈的学习兴趣和欲望；当掌握一定的技术技巧后，会激励自己追求更高更精湛的技艺，同时在与同水平练习者竞技时，你追我赶、相互超越，使该项目更具有趣味性和娱乐性。

（3）参与度高：由于运动场地、年龄、气候等条件限制小，使该项目具有广泛适应性的特点，参与人群年龄段范围也较广。无论是学龄前儿童还是中老年人，只要身体条件允许，在掌握一定的轮滑技术技巧以及保护用具装备全面和安全的基础上，就能尽情享受滑行所带来的乐趣。

（4）代步工具：轮滑可作为一种流行时尚的代步工具，在校园中可以穿上轮滑鞋穿梭于楼群之间；在交通日益拥挤的今天，只要路面平整，在考虑安全的基础上，就可以滑行于车来人往的大街上，这是其他体育运动项目所不具备的一个特征。

2. 轮滑运动的锻炼价值

（1）提高人体运动系统能力：在极速滑行中，灵活改变人体重心，维持动态平衡，不断变化各种各样的动作，如向前、向后滑、跳跃、旋转等，经常进行练习，可以有效提高人体的平衡能力。其次，对提高和加强腿部肌肉力量也有很好的作用，人体主要运用下肢力量的蹬踏和轮滑鞋的惯性来达到滑行的目的，除了克服自身重量外，在各种技术变化中还要克服产生的巨大惯性、离心力及重力的作用，且要求全身协调发力，这在一定程度上又能发展协调性。因此，轮滑运动对人的运动系统能力有很好的锻炼作用。

（2）改善神经系统功能和心、肺功能：轮滑运动的运动量和强度都较大，较长时间进行练习可以提高人体的有氧耐力水平。对于心、肺系统功能较弱的人，运动量和运动强度要根据自身所能承受的能力逐渐加大，久而久之，心血管、呼吸系统可以得到很好的改善。旋转、跳跃等技术的变化，可以有效地刺激人的中枢神经系统，产生兴奋，长期练习可以使神经系统功能得到改善和提高。

（3）培养优良的意志品质：练习者在初学阶段，因技术掌握不熟练，易摔跤、碰撞，只要安全保护措施做到位，坚持不懈地练习，技术就会提高，而这一过程也是对练习者心理素质、意志品质磨炼的过程。当技术进步时，就会追求更高的能力，从而培养练习者勇敢顽强、坚韧不拔的意志品质。

二、轮滑的基本技术

（一）基本站立姿势

1．"T"字站立法　两脚成"T"形站立，前脚跟靠住后脚弓，两膝微曲，上体微前倾，重心略偏于后脚。此站立方式的前脚跟顶在后脚轮架上，不易产生滑动，因此比较稳定（图14-7）。

2．"八"字站立法　两脚自然分开成"八"字形，两膝微屈，上体微前倾，重心落在两脚中间，两臂自然下垂或背于腰后（图14-8）。

3．平行站立法　两脚平行分开略比肩宽，两脚尖稍内扣，膝部微屈，上体稍前倾，重心落在两脚中间。注意两脚略向内倾，以保持稳定（图14-9）。

 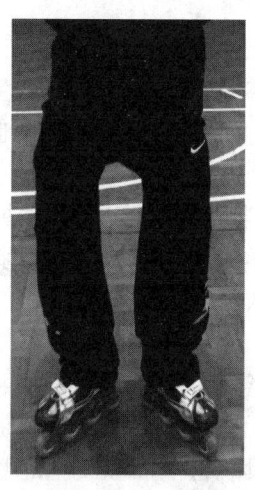 

图14-7　"T"字站立　　　图14-8　"八"字站立　　　图14-9　平行站立

（二）移重心技术

1．原地踏步　在平行站立的基础上，身体重心移至右腿上，左腿微屈上抬、放下，接着重心再移至左腿上，右腿微屈上抬、放下（图14-10）。

2．原地左右移重心　原地左右移重心是在不滑行的基础上改变人在轮滑鞋上重心的位置，主要目的是体会重心改变时人体的稳定性和掌握平衡能力。

以左腿开始为例：在平行站立的基础上，两肩放松下沉，含胸收腹，两臂自然背于腰后，身体向左侧移动，并逐渐将重心完全移至左腿上，右腿起辅助维持平衡的作用，待平稳后，身体再向右侧移动，并逐渐将重心移至右腿上（图14-11）。

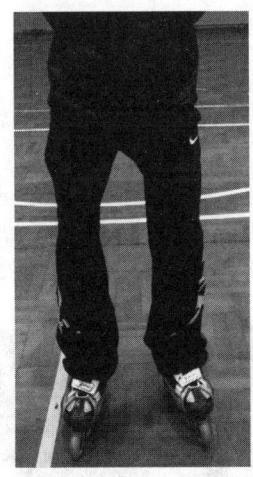

图 14-10　原地踏步

图 14-11　原地左右移重心

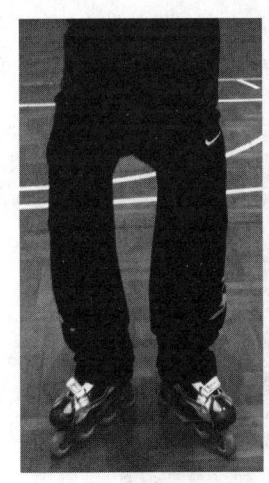

图 14-12　迈步移重心

3．迈步移重心　在较好掌握原地移重心技术的基础上，可以进行迈步移动重心练习。迈步移动重心是在支撑、蹬地和收腿之间很短的一个过程，重心的移动和收腿是同步进行的。

以右脚迈步开始为例：以"八"字行走为基础，保持好站立姿势，左脚内侧蹬地，同时右脚向前迈出一步，脚尖稍向外侧，呈八字形落地，重心紧跟至右脚；接着左脚抬起向前迈一步，脚尖稍向外侧，呈八字形落地，重心随着移至左脚上（图14-12）。

（三）向前滑行技术

1．单脚蹬地双脚滑行　双脚成"八"字形站立，左脚内侧蹬地，身体重心移至右脚上，蹬地后左脚迅速回收与右脚平行成双脚向前滑行；当靠惯性滑行即将停止时，右脚内侧蹬地，蹬地后右脚迅速回收与左脚平行成双脚向前滑行（图14-13）。

图14-13　单脚蹬地双脚滑行

2．单脚蹬地单脚滑行　双脚成"八"字形站立，右脚内侧蹬地，重心移至左脚，右脚蹬地后左腿半蹲支撑向前滑行，随后靠惯性滑行即将停止时，右脚落地同时左脚内侧蹬地，重心移至右脚，蹬地后右腿半蹲支撑向前滑行，整个过程注意保持身体平衡。

（四）弯道滑行技术

1．走步转弯　以左转弯为例：向前滑行后，右脚微上抬，迈步脚落地时脚尖向左侧方向偏一点，身体重心也随之移动一点，使之成较小弧线形滑行。

2．惯性转弯　以左转弯为例：在向前滑行达到一定的速度后，两脚平行可以间距缩小，左脚稍向前，右脚靠后，重心略偏向前落在左脚和右脚滑轮内侧，利用惯性向左滑行较大的弧形线。

（五）停滑技术

1．"T"字停滑法　以右脚在后成"T"字为例：右脚蹬地后抬起，左脚单脚向前滑行，身体重心移至左脚上，随即右脚横放在左脚后形成"T"字滑行，使右脚的滑轮横向与地面摩擦，减缓滑行速度，直到停止（图14-14）。

图14-14　"T"字停滑

2．双脚急停法　以"顺时针转90°"为例：在向前滑行过程中，两脚和上身同时向顺时针方向转90°，上身向右倾斜，两腿弯曲，使滑轮横向摩擦地面而急停。

第三节　定向越野

一、定向越野概述

定向越野是人们借助地图和指北针，以徒步赛跑的形式，按规定的顺序到达地图上所标示的各个点标，并以最短时间完成全赛程的体育运动项目。

（一）定向越野的起源和发展

"定向"一词最早出现在1886年的瑞典，至今已有128年的历史，最初只是一项军事体育活动。真正的定向比赛始于1895年瑞典的斯德哥尔摩和挪威奥斯陆的军营区，从此定向运动作为一种体育比赛项目而诞生。1932年举行了第一届世界定向锦标赛；1961年国际定向运动联合会（IOF）成立；2001年定向运动成为世界运动会的正式比赛项目。定向运动是国际承认的奥林匹克体育项目，也是国际大学生体育联合会的正式比赛项目之一。目前，国际定向运动联合会主办及正式认可的主要赛事有世界定向锦标赛、世界青少年定向锦标赛、世界元老锦标赛、世界杯赛以及世界公园定向锦标赛联赛。

（二）定向越野的特点与锻炼价值

1．定向越野的特点

（1）参与性强：定向越野比赛可根据不同性别、年龄分组参赛，路程可近可远，场地、路线可易可难，运动场地一般是在森林、山区、公园等自然环境中进行。对于久居城市、工作疲惫的人来说，能够使人充分了解、亲近和享受大自然，吸引人们广泛参与。

（2）趣味娱乐性强：一般来说，定向越野项目参与人数较多，参赛者根据地图上标明的运动方向，选择路线、寻找点标，探索未知路途的情境，相较于单纯赛跑更能提高运动兴趣；同时，这种野外活动具有游戏成分，使人从中获得无限乐趣。运动形式可以是正规比赛，也可以是以游戏和旅游化的方式进行，如开展滑雪定向、夜间定向、家庭定向等不同趣味性项目。

2．定向越野的锻炼价值

（1）益身益智：定向越野是一项益身益智型体育项目，也是智力与体力并重的运动。参与者在整个行程中仅凭自己的能力寻找点标，不仅考验个人思维判断能力，在较长距离的路途中也能考验运动能力，磨炼勇敢顽强的意志品质，除了能使参赛者强健体魄，还能锻炼其空间、方向感和培养独立思考、解决困难的能力。

（2）育德育心：由于定向越野项目环境、条件和运动形式的独特性，在培养人的道德品质上有独特作用。路途中遇到困难险阻，要有完全的信心和坚定的信念去克服，发扬团队精神和集体力量，相互鼓励、团结协作，只有具备坚定不移的信心和克服困难的勇气才能取得胜利，对培养人在陌生环境下的竞争、互助意识，适应环境的能力有很好的促进作用。

二、定向越野的基本技术

（一）奔跑技术

平路跑：适用于路途中较平坦的道路。

草地跑：时刻观察前方路面，注意坑洼或被草丛遮挡的石块、树枝，避免被绊倒或刮伤。

上坡跑：上身前倾，大腿高抬，步幅减小，前脚掌扒地。若坡较陡，采用"之"字形小跑或走的方式前进；若坡过陡，可利用双手辅助攀爬方式前行。

下坡跑：上身稍后倾，以全脚掌或脚跟着地的方式奔跑。若坡较陡，采用侧身侧脚掌着地；若坡过陡，采用蹲撑状或蹲坐状，手撑地或抓住树枝、藤条等方式下坡。

下跳跑：尽量降低身体重心，屈膝缓冲落地。

林中跑：选择树林稀疏处，双手虚掩面部，防止被树枝划伤，注意地面石头、树丛，防止绊倒。

跨越跑：途遇小水沟、小壕坑等需跨越的障碍时，应增加跑速，大步跨跳，落地时身体呈前倾趋势。

悬空跑：途遇独木桥等悬空物时，双脚应以外"八"字形平稳走过。

（二）辨别方向

确定方向，主要依靠经验和工具。利用地物特征，房屋一般坐北朝南；树木向南处枝繁叶茂，墙壁、石块向北处底部较湿滑；利用指北针辨别方向，红色指针永远指向北面。

（三）选择比赛路线

尽量沿公路、湖边等线形地貌前进，容易确定方位，地面也相对平坦，易于奔跑；走高不走低，若必须越野，则选择在山背、山脊等高处行进。

（四）熟练使用定向越野图和指北针

掌握地图比例尺是图上某线段长度与相应实地水平距离之比的基本知识；辨别不同颜色符号代表的实物含义；认清行进中主要甚至是唯一参照物——越野图的地貌；清楚、正确地理解越野图所代表的物体信息；磁北线——标定地图的方向、测量目标的方位角，粗略估计行进路线的方向和距离；充分利用指北针指明所处方位。

第四节 攀 岩

一、攀岩概述

攀岩是在借助技术装备和保护装备条件下，仅靠手脚和身体的平衡来攀登一些由岩石构成的峭壁、裂缝或人造岩墙，并集体能、技能、心理能力和智力于一体的心智型体育运动。由于它的技巧较易掌握，任何喜爱户外运动的人都可以去感受攀岩运动的魅力以及带来的乐趣，是目前大多数青少年朋友喜爱的极限运动之一。

（一）攀岩的起源和发展

攀岩运动起源于18世纪末的"阿尔卑斯山运动"。它是从登山运动中衍生出来的现代竞技项目，作为一项体育项目始于20世纪50年代的欧洲。1948年，苏联举办了世界上第一次攀岩比赛——首届攀岩锦标赛；1974年，攀岩运动被正式列入世界比赛项目，世界攀岩锦标赛每两年举办一次。目前，攀岩运动在中国范围内得到广泛推广和普及，群众基础逐渐雄厚，参与人群越来越多，参加者的职业越来越广泛，也不局限于青年学士，随着人们对攀岩这项运动了解的加深和参与积极性的不断提高，攀岩也慢慢褪下了神秘的外衣，日渐大众化和多元化了（图14-15、图14-16）。

图 14-15 自然岩壁

图 14-16 人工岩壁

（二）攀岩的特点与锻炼价值

1．攀岩运动的特点

（1）运动场地、器械装备的特殊性：攀岩运动场地不同于其他传统体育运动项目，它的场地是由天然岩石构成的悬崖、峭壁、裂缝等大自然创造的原生态环境或是人工岩壁等构成，岩石形状、大小的千变万化使该项目运动形式具备多样性以及高空攀爬过程中技术的复杂性等特点。由于具有一定的危险性，攀爬者在运动过程中需借助一系列特殊保护和辅助装备，如头盔、绳套、安全带、登山鞋等，还可根据自己的喜好去挑选适合自己的器械装备。

（2）创新性与挑战性：攀岩场地的特殊性和危险性对攀岩者身体素质要求较高，攀岩者可以享受一种独特的来自自身体能和心理上的挑战，攀爬场地、支点形状的千差万别决定了攀爬路线的复杂多样。攀爬者根据自身能力水平，在岩壁上通过自己的努力和探索，形成独具自身个性特点的攀爬技术风格，创造多种新式的路线。因此，攀岩运动是勇敢者的运动，更是自我的一种体验和挑战。

（3）普及性与观赏性：无论男女老少，只要敢于挑战自我，在保护措施、安全设备齐全的条件下，就可以因人而异设计不同难度的攀登路线，充分感受攀爬过程所带来的刺激与快乐。在攀岩比赛中，场面惊险刺激，运动员需要迅速判断最佳攀爬路线，以娴熟灵活的技术技巧赢得观众的喝彩；同时运动员们的"飞檐走壁"，能够给观众带来视觉上的冲击与享受。

（4）危险性与应变性：攀岩的运动形式在高空中进行，一旦攀爬者失误或保护器械出现问题，就会危及其人身安全，发生伤亡事故，因此，在训练中要充分利用保护与帮助技术使安全隐患降至最低限度，给攀爬者提供安全可靠的运动环境。攀岩场地和路线变化多样，要求攀爬者拥有良好的应变能力，即使发现路线不当也能及时调整心态，继续争取另一条最佳路线。

2．攀岩运动的锻炼价值 攀岩技术的复杂多样、线路设置的创新多变、攀爬过程的刺激挑战，使运动者能体会到该项运动带来的心理上的满足感，既要求参与者具有勇敢顽强、坚韧不拔的拼搏进取精神，又需要具备良好的柔韧性、节奏感及攀岩技巧。攀登者在岩壁上闪转腾挪、横跨穿跃，要求全身器官系统、肌肉神经和心智协调配合，力求不断保持身体的平衡状态，这个过程是全面提高身体素质水平，达到健身、健心功效的过程。随着人们生活水平的不断提高，对体育锻炼的观念也逐步由单纯的强身健体和枯燥乏味的机械重复中改变过来，开始追求一种自然、活泼、刺激并能乐在其中的运动方式，攀岩运动正合人们的"口味"，能够获得人们最大程度的肯定和认同。

二、攀岩的基本技术

（一）手法、手臂动作

手在攀岩中起的作用是抓住支点、维持身体平衡，借助手的力量可以使身体向上运动和贴近岩壁。岩壁支点形状千奇百怪，攀爬者要根据不同支点形状使用不同的手法，主要有抠、捏、握、拉、攥等（图14-17），攀爬过程中不能局限于一种手法，同一支点可以运用不同的手法。较为普遍的手臂动作为：双手第一指关节抓紧支点，同时手腕紧张，掌心紧贴岩面，小臂下垂并紧贴岩壁，双手用力下压支点，同时抬起手臂，重心要随身体攀登移位及时转换。为了更好地观察路线和选择支点，在攀爬自然岩壁过程中身体与岩壁不宜贴得太近（人工岩壁除外），上下肢协调用力，重心落在脚上。对于初学者而言，在不擅长利用腿部力量的情况下，手法、手臂动作就显得尤为重要，在熟练掌握手法、手臂动作后，再结合腿部动作配合练习。

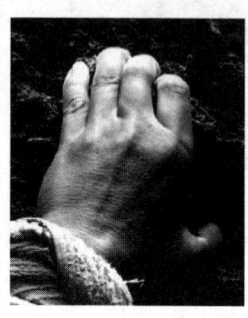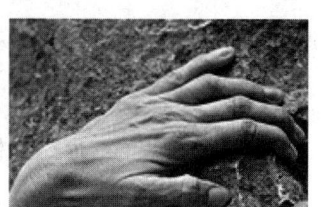

图 14-17　攀岩手法

（二）攀岩脚法

仅靠手臂力量进行攀爬无法坚持太久，由于腿脚的负重和爆发力较大，在攀爬过程中，应尽量利用腿部力量，节省手臂力量。双脚在攀爬中除了支撑身体重量外，还要维持平衡，双脚不是始终都踩在支点上，有时为了调整身体重心还可将一条腿悬空。腿的一般动作是：双腿外旋，大脚趾内侧紧贴岩壁，双膝微屈，维持身体重心主要靠脚踩踏支点，为了更好地维持身体平衡，膝部与岩壁面不要贴太近，否则易造成滑脱而致膝部受伤。

（三）手脚并用

手脚并用是攀爬过程中的关键技术所在。攀爬中双臂做引体动作，脚踩蹬支点并抬腿移动身体，若上肢力量较弱，攀爬时间久易出现疲劳，手臂无力麻木疼痛甚至失去抓握能力，下肢力量脚法掌握再好也难以继续攀爬。因此，初学者应在熟练掌握基本上肢攀爬动作后再配合脚踝、脚趾和腿部力量，练习不同方位路线进行攀爬，久而久之，手脚配合便能运用自如。

（四）节奏稳定

攀爬过程中动作要连贯、衔接平稳，节奏快慢有序，注意每个细节都要完整。向上攀爬时首先由腿发力，手臂主要是使身体拉向岩壁、维持平衡，对于技术不很熟练的攀爬者来说，动作与动作之间可稍加停顿，待重心调整，路线选择准确后，再紧接下一个动作，一般节奏是以"连贯、停顿、连贯、停顿"的方式间歇进行，每到一处支点后要尽快调整身体达到平衡状态。

思考题

1．跆拳道基本腿法有哪些？动作要领分别是什么？
2．轮滑的基本站立姿势有哪些？
3．如何使用定向越野图和指北针？
4．进行攀岩运动前，需要准备哪些辅助装备？

（卢　凤）

主要参考文献

1. 王钟音.大学体育.北京：北京体育大学出版社，2011.
2. 刘一平.生活方式、体育运动与健康.福建：福建人民出版社，2007.
3. 吴萍娜.大学生心理健康与发展.厦门：厦门大学出版社，2013.
4. 杨静宜.运动处方.北京：高等教育出版社，2005.
5. 周蕾.学生体质评价及运动处方.北京：北京体育大学出版社，2009.
6. 姚鸿恩.体育保健学.北京：人民体育出版社，2006.
7. 邹克扬.运动性损伤治疗学.北京：北京师范大学出版社，2008.
8. 陈胜.养生保健体育.北京：北京体育大学出版社，2007.
9. 李鸿江.田径.2版.北京：高等教育出版社，2013.
10. 王家宏.球类运动——篮球.北京：高等教育出版社，2005.
11. 蔡仲林，周之华.武术.2版.北京：高等教育出版社，2009.
12. 沈文益.游泳.北京：人民体育出版社，1999.
13. 张先松.健身健美运动.武汉：华中科技大学出版社，2009.
14. 张磊.街舞运动的文化功能与特征.体育科学研究，2007，11（4）：47-49.
15. 白微，纪英雷.论瑜伽的健身作用.沈阳体育学院学报，2007，26（4）：72-74.
16. 高谊，陈立人.跆拳道.北京：北京体育大学出版社，2001.
17. 谢向阳，潘明亮.轮滑运动.广州：华南理工大学出版社，2012.
18. 王相英.定向越野教程.北京：人民体育出版社，2007.
19. 朱江华.攀岩运动教程.上海：华东大学出版社，2011.
20. 毕春佑，刘大川.大学体育.3版.北京：北京体育大学出版社，2009.